高职语文教学改革系列教材

高职语文教学拓展训练

（第一册）

主编 孙晓榴 周晓庆

东南大学出版社
SOUTHEAST UNIVERSITY PRESS
·南京·

内容提要

教材共包括四个单元,入选篇目各有特色,大多为古今中外名篇佳作。

"诵读名篇"单元教学重点侧重于让学生掌握朗读的方法和技巧,培养诵读文章和文学作品的能力。本单元的篇目为古代诗文,代表作有陶渊明的《饮酒》(其五)和李白的《梦游天姥吟留别》等等。

"明确主旨"单元教学重点侧重于让学生阅读文章并且能正确领会主旨,了解写文章确立主旨的要求,写作时做到主旨正确、鲜明和集中。本单元的篇目有黄河浪的《故乡的榕树》和韩愈的《师说》等等。

"把握材料"单元教学重点侧重于让学生了解文章主旨与材料的关系,掌握选取材料的原则与方法,掌握议论时确立观点和运用材料的方法与技巧。本单元所收录的代表性篇目有《简笔与繁笔》和《六国论》。

"梳理结构"单元教学重点侧重于让学生了解文章结构的意义和要求,阅读不同类型的文章,能分析其结构特点;写作时做到内容完整、条理清晰、段落分明、过渡自然、前后照应。本单元所录代表作为司马迁的《鸿门宴》和鲁迅的《药》。

图书在版编目(CIP)数据

高职语文教学拓展训练.第一册 / 孙晓榴,周晓庆主编.—南京:东南大学出版社,2015.10
高职语文教学改革系列教材
ISBN 978-7-5641-6045-6

Ⅰ.①高… Ⅱ.①孙… ②周… Ⅲ.①大学语文课—高等职业教育—教学参考资料 Ⅳ.①H19

中国版本图书馆 CIP 数据核字(2015)第 229750 号

高职语文教学拓展训练(第一册)

主　　编	孙晓榴　周晓庆	电子邮箱	chenyue58@sohu.com
责任编辑	陈　跃	电　　话	025-83795627(办公室)
出版发行	东南大学出版社	出 版 人	江建中
社　　址	南京市四牌楼2号	邮　　编	210096
销售电话	(025)83795801(营销部)/83362442(传真)		
网　　址	http://www.seupress.com	电子邮箱	press@seupress.com
经　　销	全国各地新华书店	印　　刷	南京雄州印刷有限公司
开　　本	787 mm×1092 mm　1/16	印　　张	14.75
字　　数	332 千字		
版 印 次	2015年10月第1版　2015年10月第1次印刷		
书　　号	ISBN 978-7-5641-6045-6		
定　　价	37.00 元		

本社图书若有印装质量问题,请直接与营销部联系。电话:025-83791830。

高职语文教学改革系列教材

组　　长：景圣琪
副组长：刘海涛　张成国
组　　员：孙晓榴　张红梅　朱洁颖　周晓庆
　　　　　黄　凯　夏明珠　施慧敏　韩留勇

前　言

随着教改的变化和要求,江苏各地开放大学高职语文教学也随着形势变化而进行改革,按照全国广播电视大学五年制高等职业教育语文教学大纲,根据新时期社会的发展、生源的变化以及教学计划的调整,我们对原教材作了大幅度的调整,以适应新形势下高等职业教育的语文教学所需。

本系列教学教材是根据江苏开放大学五年制大专(高职)语文教学的需要而编写的。为了更好地学好江苏教育出版社出版的《语文》主教材,弥补原教材不足,提高学习者学习水平,打好学习基础,我们针对远距离教育的特点和五年制大专(高职)教育的培养对象和培养目标,组织有关教师编写了这套补充性《高职语文教学拓展训练》系列教材。

这套《高职语文教学拓展训练》系列丛书作为教材,与主教材的数量保持一致,仍然为四册,每个分册为四个或五个单元,所选课文篇目与顺序与主教材亦保持一致。第一、二册为基本教材,供所有专业使用,内容为读写序列、听说序列和语文活动序列;第三册为鉴赏提高板块,借以提高阅读鉴赏能力和思辨能力;第四册为应用文序列。前三册的体例大体如下:先列举精讲篇目名称,然后依次是作者简介、作品背景、作品分析、作品拓展、美文鉴赏以及相关篇目推荐,在编纂的过程中由编者灵活把握处理,不追求体例上的完美与整齐划一。

本教材在编写过程中参考了有关大学、高职、中职、中学教材,还引用了网络的诸多资料,在此一并致谢。本教材作为我校语文教研室同仁初次尝试编纂之作,难免有疏漏之处,祈请读者指正。

《语文》教参编写组
2015年10月

目 录

第一单元　诵读名篇 …… 1

- 饮酒 …… 3
- 山居秋暝 …… 11
- 梦游天姥吟留别 …… 18
- 登高 …… 26
- 雨霖铃 …… 34
- 念奴娇·赤壁怀古 …… 40
- 孔子语录十一则 …… 48
- 孟子语录三则 …… 57

第二单元　明确主旨 …… 61

- 故乡的榕树 …… 62
- 小提琴的力量 …… 70
- 奇妙的克隆 …… 74
- 拿来主义 …… 84
- 师说 …… 91

第三单元　把握材料 …… 97

- 琐忆 …… 98
- 钱学森——中国人的骄傲 …… 126
- 眼睛与仿生学 …… 137
- 简笔与繁笔 …… 142
- 六国论 …… 147

第四单元　梳理结构　156

一张诊断书 …………………………………………………… 157
荷叶咏 ………………………………………………………… 165
海洋与生命 …………………………………………………… 174
朋友四型 ……………………………………………………… 184
药 ……………………………………………………………… 190
鸿门宴 ………………………………………………………… 204
邹忌讽齐王纳谏 ……………………………………………… 218

第一单元 诵读名篇

 单元指要

　　本单元的学习重点是：读准字音,掌握诵读的方法和技巧,准确地把握诗词的节奏,培养学生诵读诗文的基本能力和良好习惯。

　　本单元选录诗歌四首,词两首。另外还有两篇语录。

　　本单元的语文活动是背诵名篇、交会古人,旨在了解朗读的基本知识,在反复朗读以至成诵的过程中,领会古代先哲的思想和高超的艺术表现手法。

　　1. 朗读

　　朗读,是把诉诸视觉的文字语言转化为诉诸听觉的有声语言的再创活动,是一门自成体系的语言艺术。只要是能写成文字的,就是能读的,因此朗读具有广泛的活动领域和很高的实用价值,对于学习普通话,学习演讲和其他口语表达形式,也都有很重要的规范和借鉴意义。

　　朗读不是一般的照文念字,而是要表情达意。朗读是教师必须熟练掌握的基本功。对于语文课堂来说,朗读又是一个重要的必不可少的教学环节。

　　朗读必须在有准备的情况下进行。朗读的准备本身就是一项重要的备课内容。

　　2. 朗读的准备

　　朗读的准备包括分析和理解作品,具体感受作品,了解对象,扫清文字障碍,对文章部分片断注上技巧符号,以作朗读提示。其中分析理解作品、感受作品尤为重要。朗读的准备主要有：

　　(1) 掌握作品的主题。主题就是作品的中心思想。归纳中心思想,有利于把握作品的精神实质。主题应归纳得明确、具体、有感染力。

　　(2) 了解作品的背景。包括作品内容的历史背景、作品完成的写作背景和朗读所处的朗读背景,尤以朗读背景为分析和理解的重点。分析时,要紧密联系作品,注意针对性,抓主流,抓本质。

　　(3) 分析作品结构层次。层次是作品的结构和布局。自然段是作品结构的基本单位。要从朗读出发对自然段做进一步的整理。整理的方法有归并和划分两种。归并是把内在联系比较紧的段落合为一个层次,或把内在联系比较紧的层次合为一个部分。划分是把一个自然段里的内容分成几个小层次。层次的整理有利于对作品发展脉络的把握。归并利于把握整体,划分利于体味局部。

(4) 掌握作品的重点。作品中最集中、最典型地表现主题的地方,最得力、最生动地体现目的的地方,最凝聚、最浓厚地抒发感情的地方,最直接、最恰当地感染听众的地方,都属于重点。

(5) 明确朗读的目的。朗读目的指朗读一篇作品时在德、智、美三方面所要实现的社会意义和作用。明确、正确、富有感染力的目的,是贯穿朗读全过程的一根红线,不可飘忽、失落。

(6) 确定朗读作品的基调。基调是作品总的感情色彩和分量。基调是分析理解的结果,是思想感情与具体作品内容相融汇的结晶。基调是总体稳定和局部变化的统一。基调往往是复合的,如岳飞的《满江红》,是凝重的,也是豪放的。基调也应该是理解与表达的统一。

(7) 具体感受作品。为了使朗读更富有感情,教师应该通过想象,具体感受作品。朗读感受是把思维引向情感的桥梁。通过它,我们把文字词语还原成了客观事物,把作者的笔下物变成了我们的心中物。

3. 朗读技巧

朗读的基本技巧包括停连、重音、语气、节奏。

(1) 停连

停连是指朗读语流中声音的中断和延续,是停顿和连接的合称。停连是一个过程。这个过程依次是句逗——顿歇——停顿——停连。无论从朗读者还是从听众哪一方面来看,停连都是传达或接受作品时生理和心理的双重需要,其中心理需要起主导作用。

(2) 重音

朗读时句子中需要强调突出的重要的词或短语,甚至某个音节,叫重音。重音之重为"重要"之重,非"加重"之重。朗读的"重音"是语句重音,而非词重音(或轻重格式里的"重")。词重音等是固定的,语句重音是不固定的。重音与朗读目的有密切的、直接的关系。

(3) 语气

在朗读中,语气贯穿于一句话的始终,在一句话里起作用,有语句的特殊性和具体性;同时,它还既有内在的思想感情,又有外在的声音气息的高低、强弱、快慢、虚实。这三方面构成了语气的基本内容,语气就是在朗读一句话时表现出一定思想感情的色彩和分量的语句的声音气息形式。

(4) 节奏

节奏是由一定的思想感情的波澜起伏所造成的、朗读全篇作品的过程中所显示的抑扬顿挫、轻重缓急的声音形式的回环往复。全篇作品是节奏的活动范围,思想感情的运动状态是节奏的动因,回环往复是节奏的本质。

饮 酒

一、作者介绍

陶渊明(365—427),字元亮,一说名潜字渊明,世称靖节先生,浔阳柴桑(今江西九江)人。东晋末至南朝宋初期伟大的诗人、辞赋家。他是中国第一位大量创作田园诗歌的诗人,被称为"古今隐逸诗人之宗",著有《陶渊明集》。陶渊明的作品现存的诗有120多首,散文6篇,辞赋3篇。代表作品有《饮酒》《桃花源记》《归园田居》《五柳先生传》《归去来兮辞》等。

陶渊明是名人之后,他的曾祖父陶侃曾做过大司马,祖父、父亲也做过太守县令一类的官。但陶渊明的父亲死得早,渊明少年时,家运已衰落。二十岁时,陶渊明开始了他的游宦生涯,以谋生路。年轻时的陶渊明本有"大济于苍生"之志,可是,在国家濒临崩溃的动乱年月里,陶渊明的一腔抱负根本无法实现。加之他性格耿直,清正廉明,不愿卑躬屈膝攀附权贵,因而和污浊黑暗的现实社会发生了尖锐的矛盾,产生了格格不入的感情。

为了生存,陶渊明最初做过州里的小官,可由于看不惯官场上丑恶作风,不久便辞职回家了。后来,为了生活他还陆续做过一些地位不高的官职,过着时隐时仕的生活。陶渊明最后一次做官,是义熙元年(405)。那一年,已过"不惑之年"(41岁)的陶渊明在朋友的劝说下,再次出任彭泽县令。有一次,县里派督邮来了解情况。有人告诉陶渊明说:那是上面派下来的人,应当穿戴整齐、恭恭敬敬地去迎接。陶渊明听后长长叹了一口气:"我不愿为了小小县令的五斗薪俸,就低声下气去向这些家伙献殷勤。"说完,就辞掉官职,回家去了。陶渊明当彭泽县令,不过80多天。他这次弃职而去,便永远脱离了官场。此后,他一面读书为文,一面参加农业劳动。后来由于农田不断受灾,房屋又被火烧,家境越来越恶化。但他始终不愿再为官受禄,甚至连江州刺史送来的米和肉也坚拒不受。朝廷曾征召他任著作郎,也被他拒绝了。

陶渊明是在贫病交加中离开人世的。他原本可以活得舒适些,至少衣食不愁,但那要以付出人格和气节为代价。陶渊明因"不为五斗米折腰"而获得了心灵的自由,获得了人格的尊严,写出了一代文风并流传百世的诗文。在为后人留下宝贵文学财富的同时,也留下了弥足珍贵的精神财富。他因"不为五斗米折腰"的高风亮节,成为中国后代有志之士的楷模。

陶渊明在文学史上地位是崇高的,影响也是深远的。陶渊明几度从政都官秩低微,坎壈困顿,仕途受阻却开阔了眼界,增广了阅历,洞察了社会现实,加深了他对晋宋时代门阀政治本质特征的认识,因而在他的文学作品中有着自己深切的人生体验与理性认知,他既然无力改变现实政治,因此选择了一条洁身自好、远离恶浊官场的主动归隐之路,因而在中国文学史上树立起完善自我、不与腐朽统治阶级合作的隐逸楷模,受到后代文人的景仰与效法,尤其对于那些怀才不遇、不愿同流合污的知识精英来说,陶渊明无疑是一座丰碑。当然,陶渊明毕竟是一个生活在一千多年前封建社会的士大夫,在他的思想和诗文中也不可避免存在安贫乐道、及时行乐、避世消极的东西,我们要客观看待。

二、作品背景

公元416年,刘裕调集全国的兵力,从东向西,分五路讨伐后秦。首先攻克了洛阳,西晋故都得到光复。第二年又攻克长安。长安经过百年沧桑,终于被晋军收复。消息传到江南,东晋朝野一片欢腾。刘裕通过北伐,极大地扩大了他个人的权力。朝廷为了讨好刘裕,下诏书封刘裕为相国,总管朝政,又封他为宋公,食邑十个郡,加九锡,位在各诸侯之上,刘裕故作推辞。明眼人一看就知道,朝廷控制在刘裕手里,他想要什么,朝廷就得下诏书给他什么。他想当朝廷的王,朝廷也得赶快让位给他,这是早晚的事。那一年秋天,陶渊明总是闷闷不乐,他早就看透东晋的气数已尽,刘裕篡位只是迟早的事,他整天为这件事悲伤郁悒。只要东晋存在,曾祖父陶侃的功绩就光辉灿烂,照耀家邦。一旦东晋灭亡,就一笔勾销了。他又想一切都在发展变化,兴衰荣辱也在不断地交替更换。大到一个国家,小到一个家庭,莫不如此。为这些事烦恼也没有用,还是多喝点酒,好好睡一觉吧。陶渊明只要弄到酒,没有一个晚上不喝他个一醉方休。他觉得人生在世像闪电一样,稍纵即逝,就应该坦荡从容,无忧无虑地度过。醉酒之后反而诗兴大发,胡乱扯出一张纸,书写感慨,等到第二天清醒后,再修改润色。写好的诗稿越积越厚,让老朋友帮忙整理抄录。一共得到20首诗,即为组诗《饮酒》。本文选的是其中第5首。

三、课文分析

这首诗的意境可分两层,前四句为一层,写诗人摆脱尘俗烦扰后的感受,表现了诗人鄙弃官场,不与统治者同流合污的思想感情。后六句为一层,写南山的美好晚景和诗人从中获得的无限乐趣,表现了诗人热爱田园生活的真情和不与恶势力同流合污的高洁人格。

"结庐在人境,而无车马喧",写诗人虽然居住在污浊的人世间,却不受尘俗的烦扰。"车马喧",正是官场上你争我夺、互相倾轧、奔走钻营的各种丑态的写照。但是,陶渊明"结庐的人境",并不是十分偏僻的地方,怎么会听不到车马的喧闹呢?诗人好像领会了读者的心理,所以用了一个设问句"问君何能尔",然后自问自答"心远地自偏"。只要思想上远离了那些达官贵人们的车马喧嚣,其他方面也自然地与他们没有纠缠了。这四句,包含着精辟的人生哲理,它告诉我们,人的精神世界,是可以自我净化的,在一定的条件下,只要发挥个人的主观能动性,就可以改变客观环境对自己的影响,到处都可以找到生活的乐趣。"心远"一词,反映了诗人超尘脱俗、淡泊名利的人生境界。

"采菊东篱下,悠然见南山",这是千年以来脍炙人口的名句。因为有了"心远地自偏"的精神境界,才会悠闲地在篱下采菊,抬头见山,是那样地怡然自得,那样地超凡脱俗!这两句以客观景物的描写衬托出诗人的闲适心情,"悠然"二字用得很妙,说明诗人所见所感,非有意寻求,而是不期而遇。苏东坡对这两句颇为称道:"采菊之次,偶然见山,初不用意,而境与意会,故可喜也。""见"字也用得极妙,"见"是无意中的偶见,南山的美景正好与采菊时悠然自得的心境相映衬,合成物我两忘的"无我之境",主观与客观融为一体。如果用"望"字,便是心中先有南山,才有意去望,成了"有我之境",就失去了一种忘机的天真意趣。南山究竟有什么胜景,致使诗人如此赞美呢?

接下去就是"山气日夕佳,飞鸟相与还",这也是诗人无意中看见的景色,在南山那美好的黄昏景色中,飞鸟结伴飞返山林,万物自由自在,适性而动,正像诗人摆脱官场束缚,悠然自在,诗人在这里悟出了自然界和人生的真谛。"飞鸟"二句给我们一种启示:作者直接告诉我们,太阳落山的时候是最美的,飞鸟倦了也知道回家。但是没有说出的言外之意是:有些人为什么还要奔波于龌龊的官场之中,不肯接受这美好的归宿,不愿返回这优美和宁静的大自然怀抱呢?

"此中有真意,欲辨已忘言。"诗人从大自然的飞鸟、南山、夕阳、秋菊中悟出了什么真意呢?是万物运转、各得其所的自然法则吗?是对远古纯朴自足的理想社会的向往吗?是任其自然的人生哲理吗?是直率真挚的品格吗?诗人没有明确地表示,只是含蓄地提出问题,让读者去思考,而他则"欲辨已忘言"。如果结合前面"结庐在人境,而无车马喧"来理解,"真意"我们可以理解为人生的真正意义,那就是人生不应该汲汲于名利,不应该被官场的龌龊玷污了自己自然的天性,而应该回到自然中去,去欣赏大自然的无限清新和生机勃勃!当然,这个"真意"的内涵很丰富,作者没有全部说出来,也无须说出来,这两句哲理性的小结给读者以言已尽而意无穷的想象余地,令人回味无穷。

全诗以平易朴素的语言写景抒情叙理,形式和内容达到高度的统一,无论是写南山傍晚美景,还是或抒归隐的悠然自得之情,或叙田居的怡然之乐,或道人生之真意,都既富于情趣,又饶有理趣。如"采菊东篱下,悠然见南山""山气日夕佳,飞鸟相与还",那样景、情、理交融于一体的名句不用说,就是"问君何能尔?心远地自偏""此中有真意,欲辨已忘言"这样的句子,虽出语平淡,朴素自然,却也寄情深长,托意高远,蕴理隽永,耐人咀嚼,有无穷的理趣和情趣。

课文写的是田园景物的美好和作者对归隐生活的热爱,反映作者不满现实、洁身自好的清高思想和恬静愉快的心情。作者的思想感情是复杂的,仕途生活使他憎恨达官贵人的腐朽和官场的险恶,参加劳动使他感到农民的淳朴可亲和田园生活的闲适自得。他实践了儒家"穷则独善其身"的原则,也接受了道家朴素唯物主义的世界观和蔑视权贵的思想。他过了二十几年的隐居生活,但仍不能忘世,借《拟古》《读山海经》和一些咏史的题目抒写有关政治的感慨。当然,隐逸的道路基本是逃避现实的,因此诗中不免有躲避矛盾、与世无争、明哲保身、知足安命的消极成分,这对后代作家曾起过不好的影响。鲁迅先生说:"倘要论文,最好是顾及全篇,并且顾及作者的全人,以及他所处的社会状态,这才较为确凿。"(鲁迅《且介亭杂文二集·题未定草七》)他又说:"陶潜正因为并非浑身是静穆,所以他伟大。"(引文出处同上),这个评论是正确的。

四、艺术特色

平淡自然,情、景、理交融一体。

梁实秋曰:"绚烂之极归于平淡,但是那平不是平庸的平,那淡不是淡而无味的淡,那平淡乃是不露斧凿之痕的一种艺术韵味。"本诗语言平淡自然,明白易懂,但其内涵还需细细品味,读来富有情致和趣味。一、二句叙事,概括写出诗人生活环境,第二句揭示的情境对于第一句是极少的例外,所以用"而"字作转折,自然引出后面两句。三、四两句议论,以自设宾主的设问方式揭示出心志淡远是在"人境"中独享安闲的缘由。因此,前4句在事理中融情,透露出诗人恬淡的心境。五—八句描写采菊的过程,并以所见写心境,景中寓情。"采菊东篱下,悠然见南山"两句,既是写景又是抒情,将诗人淡泊的心境和优美的环境水乳交融,历来被评为"静穆""淡远",为后世所称道;"山气日夕佳,飞鸟相与还"是写景,但从写景中流露出了诗人归隐后怡然自得的情怀,将情融于景中。诗的最后两句"此中有真意,欲辨已忘言"是直接抒情,"忘言"中渗透出诗人对隐居生活的由衷喜爱。同时又蕴涵了丰富的人生哲理。整首诗无不是景中含情,情中见理,余音绕梁,回味悠长。

五、知识拓展

(一)田园诗派

在中国文学史上,陶渊明第一个以田园景色和田园生活为题材进行了大量的诗歌创作,他的田园诗创立了中国古典诗歌的一个新流派——田园诗派,被历代诗人推崇备至。陶渊明的诗大部分取材于田园生活,来源于他对田园生活的深切感受,有的接近于口语,有的近似歌谣,有的直抒胸臆,直接表明了作者热爱躬耕生活之情。语言平淡而自然,朴实而又毫不缺乏色彩,给人一种清新淳美的感觉、诗情画意的感受。

陶渊明一生屡仕屡隐,留存下来的诗作仅有100多首,而最具代表性的为田园诗。陶氏田园诗的主要艺术特点是朴素、自然、真淳,可是却寄意深远、境界开阔。陶渊明的田园诗是中国文学史上的瑰宝,是我国田园诗的开山鼻祖,它开创了中国古典诗歌的一个重要流派,在艺术上取得了重大成就。特别是在描写农村风光和田园生活上,别开生面,以其强烈的艺术魅力,给读者以美的享受。陶渊明田园诗的艺术特色是多方面的。在他的笔下,田园、劳动第一次具有真正的审美意义。他开创的诗歌传统,被后代许多诗人继承和发扬。如唐代的王维、孟浩然、柳宗元等人,都是他的这一传统的继承者。而李白、白居易、苏轼、辛弃疾等大诗人,都直接或间接地受到陶渊明的影响。

(二)酒与诗

酒与诗的关系源远流长,以至于翻阅中国诗歌史的章章节节,随时都能闻到扑鼻的酒香。"酒里诗中三十年,纵横唐突世喧喧。"诗酒一家,构筑古典诗词文化。

唐朝是中国封建社会的鼎盛时期,也是诗歌创作最繁荣的时期,酒诗的成就也最为突出。唐代三大诗人都有大量的酒诗,李白200多首,杜甫300多首,白居易多达500多首。"李白斗酒诗百篇"是众所周知的。杜甫嗜酒不亚于李白,两人感情深厚,有酒同醉,有被同盖,携手同游,"醉眠秋共被,携手日同行"。晚于李杜的白居易是个醉吟先生,由于家道富裕,他喝酒比李白、杜甫容易多了,而且喝得多是美酒。"绿蚁新醅酒,红泥小火炉。晚来天欲雪,能饮一杯无?"写得很有诱惑力。

酒在诗歌中,往往表现为两种主要功能,追求快乐和消除忧愁。李白说:"花间一壶酒,独酌无相亲。举杯邀明月,对影成三人。"这便是李白借酒与明月清影共饮,想用一醉来忘却自己心中的忧愁苦闷和孤独寂寞。现代诗人余光中在《寻李白》中说李白："酒入豪肠,七分酿成了月光,余下的三分啸成剑气,绣口一吐就是半个盛唐。"其他如晚唐诗人罗隐的"今朝有酒今朝醉,明日愁来明日愁",范仲淹的"酒入愁肠,化作相思泪"都属此类。当文人们夙夜忧叹,举杯邀月的时候,愁绪便借着凄清的月光幽幽地流淌在血液中,又借着酒醉人心,灵感就飘然而至。于是,那些漾满了感情的诗词就呈现在眼前。酒,一度是忧国忧民忧自己的文人们的寄托。酒,还可以让人远离尘世的浮华,平复心头的郁积,回到不要名利、只留真情的实实在在的自我。

酒能壮胆。唐人王翰是一个"豪荡不羁"的人,他喜与才士豪侠饮乐游畋,伐鼓穷欢。至于他在《凉州词》中说"葡萄美酒夜光杯,欲饮琵琶马上催",这虽是说边塞军营中的豪饮场面,恐怕也是为了给士兵们壮胆,让他们在战斗中更加神勇。

酒能助兴。忧国忧民的伟大诗人杜甫,是一个连自己温饱问题都解决不了却还一心想着"安得广厦千万间,大庇天下寒士俱欢颜"的人。按理说,他应该是一个满腹忧愁的人,却也有过饮酒助兴的经历:"肯与邻翁相对饮,隔篱呼取尽余杯。"或许是明府大人来做客,他太过于感动了。杜牧《江南春绝句》:"千里莺啼绿映红,水村山郭酒旗风。"在令人心旷神怡的画面中,酒旗的飘舞不仅给人以动感,使江南春色显得更加生机勃勃,而且它仿佛在挑逗、引诱着游赏山水的人们,在饱览这如画的风景时不要忘记饮酒助兴。

酒能伤情。离别从古至今一直是最为伤情之事。这个时候便需要酒来慰藉自己,以去感伤之情。李叔同的《送别》写到:"长亭外,古道边,芳草碧连天,晚风拂柳笛声残,夕阳山外山。天之涯,地之角,知交半零落;一斛浊酒尽余欢,今宵别梦寒。"至于写离情别绪的绝唱,那就属柳永的:"今宵酒醒何处,杨柳岸、晓风残月。"不仅仅将依依不舍的伤感吐露出来,更是表达出心中千种辛酸,万般离痛。想以醉酒来忘记这离别之痛,然而醒来之时却是杨柳岸堤、晓风残月。举杯把盏之际,一首首精美的诗,裹着酒香,从肺腑中涌出,并从而交汇成中国古代诗酒文化的美妙乐章,从而酒把诗词带入一个新的领域,酒引领了寄托于诗词中的情绪:让喜者更喜,悲者更悲,让读者的心因酒的寓意起伏。当我们读懂了诗词中的"酒"时,就读懂了这篇诗词的灵魂,也读懂了这些诗词大家本人。

六、美文欣赏

(一)《饮酒》其四

陶渊明

栖栖失群鸟,日暮犹独飞。
徘徊无定止,夜夜声转悲。
厉响思清远,去来何依依。
因值孤生松,敛翮遥来归。
劲风无荣木,此荫独不衰。
托身已得所,千载不相违。

【翻译】

一只惶惶不安的失群鸟,日暮还在徘徊独飞。没找到合适的栖息之处。夜晚叫声悲切,依依恋恋,不肯远去。因遇孤生松,收敛翅归依。寒冷的劲风使万木凋谢,而松树独不衰。总算找到归所,既然得此寄身处,永远相依不违弃。

【简析】

全诗分为两个部分。上部分从开头到"去来何依依",写失群的孤鸟徘徊无依的哀苦,借以抒发自己渺无知音的失落与苦闷。开头两句"栖栖失群鸟,日暮犹独飞",是说孤鸟失群栖栖不安已经是够凄惶的了,何况又是在天色将晚的日暮。三、四两句"徘徊无定止,夜夜声转悲"写鸟儿飞来飞去,仍找不到栖息的地方,而且不止一天、两天了,为此它每天夜晚都悲鸣着,这等情形何等悲哀?五、六两句"厉响思清远,去来何依依",写它厉声高叫是希望找一个清静、远僻的环境,这样,它飞了很远很远去寻找,然而依旧找不到归宿,现在它无依无靠、孤苦伶仃。诗人用层层推进的写法叙述孤鸟无枝可栖的窘困,从"日暮独飞""徘徊无定"到"去来无依",写它飞翔的孤独。再进而写它的情感,"夜夜声转悲""厉响思清远",从"悲"到"厉",哀痛与悲愤越来越明显。这里作者尝试着想象自己飞身于茫茫九天寻觅方向,极目之间怅寥八极,风响之外,岂有人听?这是寻找心灵中那不衰之荫,不违之所,然而此瞬间,很难抵达期许中的家园。

下部分从"因值孤生松"到结尾,写失群鸟托身于孤松的适意与快慰。七、八两句"因值孤生松,敛翮遥来归",是说孤鸟在日暮彷徨、无依无靠,忽然恰巧遇到了一棵孤松,喜出望外。敛:收集,聚集。翮:羽毛中间的硬管,鸟的翅膀。敛翮:收拢羽翼,停止飞翔,比喻得到回归。唐·元稹《雉媒》有诗云:"敛翮远投君,飞驰势奔麋。胃挂在君前,向君声促促。"此时,失群鸟从这孤生松上找到了知音,有了皈依。孤松是一种静,飞鸟是一种动,喻人在社会的大风之中,动荡无已,何以安宁?风不止而树欲静。在自然和人之间,恰好有这一动一静的两物——失群鸟和孤生松它们合理地认同在,鸟得松以托身,松得鸟以放飞自己静的灵魂,彼此相遇、相合、相和谐。九、十两句"劲风无荣木,此荫独不衰",这是说,劲风萧瑟,万木凋零,而松树犹荣,依然挺立,它的树荫可以庇护这只失群的鸟。"松"与"鸟",两者皆偶然,鸟偶然失群,松偶然孤生,但恰是这偶然成就了它们相知相合,这偶然超越了集体,互相拥抱,升化成超越自我的更高境界。最后两句"托身已得所,千载不相违",诗人代失群之鸟说话了,在孤松上找到一个理想之处,从此不会分开,永远相守。陶渊明随着年龄的增长、社会环境的改变,几度出仕和归隐的经历,使他的思想不断地发生变化,诗歌中的"飞鸟"形象是他十三年的仕途坎坷、饱尝了仕途痛苦的写照,然而此时他在长期的出仕与归隐的思想矛盾与斗争中,最终找到归宿,"荣木难觅不衰荫",它的思想意义就在这里。

这首诗在艺术上运用了比喻的表现方法,表面上诗人咏的是失群"飞鸟",而实际上用以比喻经历了人生坎坷而最终归隐田园的自己。这里的"飞鸟"形象已不再是鸣叫于林间的欢乐之鸟了,而是寄托了诗人全部的政治苦闷和理想的孤独之鸟,这里的情态与遭遇正与诗人心灵深处的种种孤苦体验达到了"形"与"心"的默契,形象地再现了陶渊明的凄凉心态和"吾驾不可回"的坚定决心。诗的语言生动、形象、明快,且富有哲理。

【阅读训练】

这首诗用比喻的手法表达了什么寓意?

(二)《归园田居》其一
陶渊明

少无适俗韵,性本爱丘山。
误落尘网中,一去三十年。
羁鸟恋旧林,池鱼思故渊。
开荒南野际,守拙归园田。
方宅十余亩,草屋八九间。
榆柳荫后檐,桃李罗堂前。
暧暧远人村,依依墟里烟。
狗吠深巷中,鸡鸣桑树颠。
户庭无尘杂,虚室有余闲。
久在樊笼里,复得返自然。

【翻译】

从小没有投合世俗的气质,性格本来爱好山野。错误地陷落在人世的罗网中,一去就是三十年。关在笼中的鸟儿依恋居住过的树林,养在池中的鱼儿思念生活过的深潭。到南边的原野里去开荒,依着愚拙的心性回家耕种田园。住宅四周有十多亩地,茅草房子有八九间。

榆树、柳树遮掩着后檐,桃树、李树罗列在堂前。远远的住人村落依稀可见,树落上的炊烟随风轻柔地飘扬。狗在深巷里叫,鸡在桑树顶鸣。门庭里没有世俗琐杂的事情烦扰,虚静的居所中有的是空闲的时间。长久地困在笼子里面,现在总算又能够返回到大自然了。

【简析】

本篇写诗人离开仕途,归隐田园的简朴生活,抒发了他对官场生活的憎恶和归田后喜悦安适的心情。

这是一首优秀的抒情诗。诗人采用寓情于景、借景抒情的方法,使描绘的生活图景和表达的思想感情交融在一起,形成一种艺术境界,使读者通过想象觉得如同身临其境,感受到一种意境美,从而受到感染。如诗中我们所感触到的田亩草屋,成荫的榆柳,列植的桃李,黄昏的远村,依依的炊烟,深巷中的狗吠,桑颠上的鸡鸣,这些平平常常的事物,经过诗人的点化,都增添了无穷的情趣,构成一幅幅优美的画面,它们有近有远,有动有静,有声有色,有淡有浓,有活泼的生机,有自然的趣味。将这画面有机地组合起来,便构成一幅清新自然、恬静美好的田园生活的图景,并从这图景中体会到诗人那归隐的无穷乐趣和乡居的安适心情,使读者感受到一种艺术的意境美。

全诗语言平易朴实,多用偶句,对仗工整,琅琅成诵,富有音乐美。

【阅读训练】

1. 如何理解"羁鸟恋旧林,池鱼思故渊"这两句?
2. 找出描写田园生活情景的句子,用自己的话描述。
3. 找出诗中蕴含作者情感的诗句,体会作者的思想感情。

七、推荐陶渊明其他篇目

1. 陶渊明《饮酒》组诗
2. 陶渊明《归园田居》组诗
3. 陶渊明《桃花源记》
4. 陶渊明《归去来兮辞》

山居秋暝

一、作者介绍

王维(701—761),字摩诘,盛唐时期的著名诗人,官至尚书右丞,世称"王右丞"。原籍祁(今山西祁县),迁至蒲州(今山西省永济),晚年居于蓝田辋川别墅,汉族。因晚年无心仕途,专诚奉佛,故后世人称其为"诗佛"。著有《王右丞集》,存诗400首。

王维在诗歌上的成就是多方面的,无论边塞、山水诗还是律诗、绝句等都有流传人口的佳篇。尤其是在描写自然景物方面,有其独到的造诣。无论是名山大川的壮丽宏伟,或者是边疆关塞的壮阔荒寒、小桥流水的恬静,都能准确、精炼地塑造出完美无比的鲜活形象,着墨无多,意境高远,诗情与画意完全融合成为一个整体。

王维幼年即聪明过人。十五岁时去京城应试,由于他能写一手好诗,工于书画,而且还有音乐天赋,所以少年王维一至京城便立即成为京城王公贵族的宠儿。有关他在音乐上的天赋,曾有这样一段故事:一次,一个人弄到一幅奏乐图,但不知何题名。王维见后回答说:"这是《霓裳羽衣曲》的第三叠第一拍。"请来乐师演奏,果然分毫不差。

在诗歌方面,有他十五、十七、十八岁时写成的有文字记载的资料。可见,他在十几岁时已经是位有名的诗人了。这在诗人中是罕见的。当时,在那贵族世袭的社会中,像王维这样多才多艺的资质,自然会深受赞赏。因此,二十一岁时就考中了进士。

出仕后,王维利用官僚生活的空余时间,在京城的南蓝田山麓修建了一所别墅,以修养身心。该别墅原为初唐诗人宋之问所有,那是一座很宽阔的去处,有山有湖,有林子也有溪谷,其间散布着若干馆舍。王维在这里和他的知心好友过着悠闲自在的生活。这就是他的半官半隐的生活情况。

一直过着舒服的生活的王维,到了晚年却被卷入意外的波澜当中。玄宗天宝十四年(755)爆发了安史之乱。在战乱中他被贼军捕获,被迫当了伪官。而这在战乱平息后却成了严重问题,他因此被交付有司审讯。幸在乱中他曾写过思慕天子的诗,加上当时任刑部侍郎的弟弟的求情,才得免于难,仅受贬官处分。其后,又升至尚书右丞之职。

王维早年有过积极的政治抱负,希望能作出一番大事业,后值政局变化无常而逐渐消沉下来,吃斋念佛。四十多岁的时候,他特地在长安东南的蓝田县辋川营造了别墅,过着半官半隐的生活。这首诗是他隐居生活中的一个篇章,主要内容是"言志",写诗人远离尘俗,继续隐居的愿望。诗中写景并不刻意铺陈,自然清新,如同信手拈来,而淡远之境自见,大有渊明遗风。

王维的诗、画成就都很高,尤以山水诗成就为最,善画人物、丛竹、山水。他多才多艺,不但有卓越的文学才能,是出色的画家,而且还擅长音乐,与孟浩然合称"王孟"。苏轼赞他:"味摩诘之诗,诗中有画;观摩诘之画,画中有诗。"他是唐代山水田园派的代表。

二、作品背景

约在天宝三年(744),王维购得了原属初唐诗人宋之问的蓝田辋川别墅。经过一番修缮,辋川山庄成了王维远离世事、怡山乐水的清静之所。这首诗是王维晚年隐居辋川时所作,其所居辋川别墅在终南山下,故称山居。一场秋雨过后,秋山如洗,清爽宜人。时近黄昏,日落月出,松林静而溪水清,浣女归而渔舟从。如此清秋佳景,风雅情趣,自可令王孙公子流连陶醉,忘怀世事。

三、课文分析

这首诗写的是居住在山中的诗人,在秋天日落之后的所见所闻、所思所感。诗人仅用淡淡的几笔就勾画出一幅雨后山村的晚景图,清新、宁静而又洋溢着和平安乐的气氛,犹如世外桃源一般,真是隐士们的好居处。在这幅画里,山村的自然美和村民们的生活美、人情美是水乳交融的。

这首诗首联着力描写所处的大环境,渲染出一种清新自然的意境。开头两句"空山新雨后,天气晚来秋",是诗人用大手笔勾画的雨后山村的自然画卷。其清新、宁静,淡远之境如在目前。一个"空"字,渲染出天高云淡,万物空灵之美。诗人隐居于此是何等的闲适,如此描绘山水田园之典型环境流露出诗人的喜爱之情。

"明月松间照,清泉石上流",天色已暝,却有皓月当空;群芳已谢,却有青松如盖。写秋山傍晚,雨后的山,雨过天晴,空气格外清新。山上的松林一尘不染,显得格外苍翠,夜幕降临,天气凉爽。秋月银辉,洒遍了苍翠的松林,腾起一片朦胧的雾气;接着皎洁的月光透过茂密的青松林的空隙,照射到地面上,斑斑点点,恍如满地碎银;四野一片静寂,久违的清凉包围了山林;给人以明净、清幽的感觉,好像连自己的心也被洗净了一样。山雨汇成的股股清泉顿时流淌于拾级而上的石板上,又顺着山涧蜿蜒而下,发出淙淙的清脆悦耳的欢唱,好似宛转的"小夜曲"。"照"与"流",一上一下,一静一动,静中有动,动中有静,仿佛让人感受到大自然的脉搏在跳动。此时此刻诗人仿佛觉得自己也被洗净了一般,自然的美与心境的美完全融为一体,创造出如水月镜般的纯美诗境。此种禅意非隐居者莫属。山高月小,松林青翠,泉水叮咚,飞瀑如练,多么幽美的意境。

接下来诗人由写景转为写人。在这幅山水画作之中,山村的自然美和村民们的生活美是水乳交融的。"竹喧归浣女,莲动下渔舟。"描绘了山中的动态,与先前清雅的静态山景共同构成一幅立体的图样,有月光照着晚归的浣女,有清泉送回满载的渔舟,一切都是那样自然,那样恬淡。诗人采用了"未见其人,先闻其声"的写法。可不是么,既是夜间,又被竹林遮挡,怎么能见到浣洗完衣服归来的女人们呢!然而,竹海之中传来的女人们缓步挪移时拨动夜露浸润的翠竹,发出"沙沙"的声响,又伴着她们银铃般的笑声,好一派欢声笑语的喧闹竟打破了如此宁静的夜空;再听水面莲叶波动,渔舟顺流而下,这是渔夫要乘着今晚的月光去捕鱼。诗人触景生情,感慨油然而生:山民们戴月而作,随性而起,这般勤劳、朴素、开朗的生活,远比宦途官场清明、纯净得多。这纯洁美好的生活图景,反映了诗人过安静纯朴生活的理想,同时也从反面衬托出他对污浊官场的厌恶。

这两句写得很有技巧,诗人勾勒出这样一幅风习画的用意十分明显:山村的风景如此清幽,民风如此淳厚,这正是他理想的生活环境,他不愿离开这里,回到官场上那种纷纷扰扰的生活中去,这就给结句"王孙自可留"作了有力的铺垫。对诗人来说,可以没有名利,可以没有权势,却不能没有新雨后空山中简单的清雅、自然。其实,说先前几句是简单写景并不确切,诗人笔下的"月""泉""松""竹""莲"不都象征着他所向往的高尚情操么?他正是将这样高尚的人格融入了诗中,才使这首诗有了灵气,有了魂。

所以诗的末联,情不自禁地叹道:芳菲的春天过去了,就随它过去吧,眼前这秋天的山野,不是一样的美好吗?"王孙自可留",意思是自己大可以待在山中,赏心悦目悠游岁月了。这里,王维化用了《楚辞·招隐士》:"王孙游兮不归,春草生兮萋萋""王孙兮归来,山中兮不可以久留"的典故,而取其相反的意义,进一步表明了诗人对秋天山野的深厚感情,从而表示了归隐的决心。

总之,这首山水田园诗画山绣水,清新宁静,于诗情画意中寄托了诗人的高洁情怀和对理想的追求,表达诗人乐于归隐的生活意趣。

四、艺术特色

(一)勾画简约,画意盎然

苏东坡题《蓝田烟雨图》时曾说:"味摩诘之诗,诗中有画;观摩诘之画,画中有诗。"诗中有画,正是王维山水诗的一个显著特点。本诗描写一场秋雨后湿润、宁静的青山,松林间柔和、安谧的月光,山涧里清澈见底的泉水,亭亭玉立的翠竹,随波摇晃的绿荷,打鱼归来的小楫轻舟,活泼美丽的浣纱姑娘……在诗人的笔下都历历在目,清晰可见,如同一幅清秀的山水画。王维多才多艺,他不仅善于写诗,还是一位出色的山水画家。他开创了水墨渲染的画法,笔质简约,风格淡雅,因而被明代的董其昌尊为水墨山水画的南宗鼻祖。《山居秋暝》的景物描绘也明显受到他绘画风格的影响。本诗描摹景物,不用重彩繁笔进行细致刻画,也不用华丽富艳的词汇进行涂抹藻饰,而是以"空"饰"山",以"明"饰"月",以"清"饰"泉"等,仅略加点染,意到即止。整首诗的景物描写如同一幅极其简单朴素的白描,虽未穷形极相,然而画意盎然。

(二)安谧恬静的意境

诗的首联写秋雨过后的山间景色,作者既不临摹山形之奇异秀美,也不描绘山色之碧绿苍翠,而是遗貌取神,有意突出它的宁静——万籁俱寂,如同无物。因为山静而显得"空",而作者也正是以"空"的感觉来突出山的宁静,表现自己清幽静穆的情怀。中间两联也是如此,那默默屹立在山坡的松树,那静静投射在林间的月光,那缓缓流淌的清澈山泉,那安然偃卧在泉底的鹅卵石,莫不安谧恬静,悄然静静。即使写竹林中浣纱姑娘的喧笑及荷塘中荷叶莲花的晃动,也是为了衬托山间的宁静。正因为静,所以山坡那畔的喧笑才能透过竹林的包裹、山峦的遮挡悠然飘来,入人耳膜,引人注目,正如所谓"蝉噪林逾静,鸟鸣山更幽"。五、六两句的描写,不仅以动衬静,进一步突出了山间秋夜的安谧,还使画面显得生机勃勃,表现出诗人侧耳聆听、凝目注视、陶醉其中的情趣,使整首诗的意境安谧宁静而又不显得沉寂冷清。

王维厌烦官场生活和尘世喧嚣，向往大自然的天然质朴、安谧宁静，从而求得心灵的宁静。山间秋色，虽然没有春日之花卉烂漫，鸟声啼啭，然而这里的安谧恬静却使作者感到心平气和，陶醉其中，心灵得到了安宁。他不仅在尾联明确表示"随意春芳歇，王孙自可留"，而且把自己由山间秋景中得到的心理感受，把自己陶醉其中的愉悦之情含蓄地描绘在笔下的景物之中，使诗呈现出一种安谧恬静的意境。

（三）错落有致的笔法

本诗笔法错落有致，变换灵活。中间四句，两句写所见，两句写所闻；颔联上句写所见，下句写所闻；颈联上句写所闻，下句写所见。颔联上句写无声静态，下句写有声动态；颈联上句写有声动态，下句写无声动态。颔联上句写月光，目光由远及近；下句写流泉，目光由近而远。颈联上句写岸上，由喧笑而寻竹，也是由远而近，由隐而显；下句写水中，因莲动而见渔舟，又是由近而远，由显而隐。总共只有20个字，作者却尽其能事，交叉转换，穷极变化，而且声、色、光、态无不包括，天、地、远、近互相交叉，动、静、显、隐随时变化，使整个画面富有层次感和立体感。

五、知识拓展

山 水 诗

山水诗，是指描写山水风景的诗。在一首山水诗中，并非纯写山水，亦可有其他的辅助内容；并非山和水都得同时出现，有的只写山景，有的却以水景为主。但不论水光或山色，必定都是未曾经过诗人知性介入或情绪干扰的山水，也就是山水必须保持耳目所及之本来面目。当然，诗中的山水并不局限于荒山野外，其他经过人工点缀的著名风景区，以及城市近郊、宫苑或庄园的山水亦可入诗。山水诗由谢灵运开创，脱胎于玄言诗。

山水诗鼻祖是东晋的谢灵运。谢灵运所开创的山水诗，把自然界的美景引进诗中，使山水诗成为独立的审美对象。他的创作，不仅把诗歌从"淡乎寡味"的玄理中解放了出来，而且加强了诗歌的艺术技巧和表现力，并影响了一代诗风。山水诗的出现，不仅使山水成为独立的审美对象，为中国诗歌增加了一种题材，而且开启了南朝一代新的诗歌风貌。继陶渊明的田园诗之后，山水诗标志着人与自然进一步的沟通与和谐，标志着一种新的自然审美观念和审美趣味的产生。

东晋出现大量的山水诗，主要是纷乱的国情使然。南迁的文士几乎都有"风景不殊，正自有山河之异"的慨叹，加上受政治暴力和军事暴力的迫害，失落感愈来愈沉重。从清丽无比的山水风物中寻求抚慰和解脱，是行之有效的办法，于是流连山水，写作山水诗便相因成习，以致蔚然成风。

优秀的山水诗大都具有"诗中有画，画中有诗"的特征。所谓"诗中有画"，就是用画笔把山水风物中精深微妙的蕴涵点染出来，使读者获得直接的审美感受。如孟浩然《秋登兰山寄张五》，把登高的"怡悦"之情抒发得淋漓尽致。

山水田园诗是古代诗歌的一个重要的种类，其著名的诗人有王维、孟浩然、陶渊明等人，诗人们把细腻的笔触投向静谧的山林、悠闲的田野，缘景抒情，因寄所托，表达自己的理想、志趣。明朝胡应麟在《诗薮》中说:"作诗不过情、景二端";王国维亦云"一切景语皆情语"。因此,在鉴赏山水诗时首先要以"景"为基础,紧紧抓住"情",从景物入手来理解情。

六、美文欣赏

(一)《鸟鸣涧》
王 维

人闲桂花落,夜静春山空。
月出惊山鸟,时鸣春涧中。

【翻译】

很少有人活动只有桂花无声地飘落,夜里一片静谧春日的山谷寂寂空空。
明月升起光辉照耀惊动了山中栖鸟,不时地高飞鸣叫在这春天的溪涧中。

【简析】

关于这首诗中的桂花,颇有些分歧意见。一种解释是桂花有春花、秋花、四季花等不同种类,此处所写的当是春日开花的一种。另一种意见认为文艺创作不一定要照搬生活,传说王维画的《袁安卧雪图》,在雪中还有碧绿的芭蕉,现实生活中不可能同时出现的事物,在文艺创作中是允许的。不过,这首诗是王维题友人所居的《皇甫岳云溪杂题五首》之一。五首诗每一首写一处风景,接近于风景写生,而不同于一般的写意画,因此,以解释为山中此时实有的春桂为妥。

桂树枝叶繁茂,而花瓣细小。花落,尤其是在夜间,并不容易觉察。因此,开头"人闲"二字不能轻易看过。"人闲"说明周围没有人事的烦扰,说明诗人内心的娴静。由此作为前提,细微的桂花从枝上落下,才被觉察到了。诗人能发现这种"落",或仅凭花落在衣襟上所引起的触觉,或凭声响,或凭花瓣飘坠时所发出的一丝丝芬芳。总之,"落"所能影响于人的因素是很细微的。而当这种细微的因素,竟能被从周围世界中明显地感觉出来的时候,诗人则又不禁要为这夜晚的静谧和由静谧格外显示出来的空寂而惊叹了。这里,诗人的心境和春山的环境气氛,是互相契合而又互相作用的。

在这春山中,万籁都陶醉在那种夜的色调、夜的宁静里了。因此,当月亮升起,给这夜幕笼罩的空谷带来皎洁银辉的时候,竟使山鸟惊觉起来。鸟惊,当然是由于它们已习惯于山谷的静默,似乎连月出也带有新的刺激。但月光之明亮,使幽谷前后景象顿时发生变化,亦可想见。所谓"月明星稀,乌鹊南飞"(曹操《短歌行》)是可以供读者联想的。但王维所处的是盛唐时期,不同于建安时代的兵荒马乱,连鸟兽也不免惶惶之感。王维的"月出惊山鸟",大背景是安定统一的盛唐社会,鸟虽惊,但决不是"绕树三匝,无枝可依"。它们并不飞离春涧,甚至根本没有起飞,只是在林木间偶尔发出叫声。"时鸣春涧中",它们与其说是"惊",不如说是对月出感到新鲜。因而,如果对照曹操的《短歌行》,在王维这首诗中,不仅可以看到春山由明月、落花、鸟鸣所点缀的那样一种迷人的环境,而且还能感受到盛唐时期和平安定的社会气氛。

王维在他的山水诗里,喜欢创造静谧的意境,这首诗也是这样。但诗中所写的却是花落、月出、鸟鸣,这些动的景物,既使诗显得富有生机而不枯寂,同时又通过动,更加突出地显示了春涧的幽静。动的景物反而能取得静的效果,这是因为事物矛盾着的双方,总是互相依存的。在一定条件下,动之所以能够发生,或者能够为人们所注意,正是以静为前提的。"鸟鸣山更幽",这里面是包含着艺术辩证法的。

【阅读训练】

1. 这首诗歌不是简单地罗列材料,而是一个立体的、流动的画面,这些景物融合在一起的春夜是静还是动?
2. 找出本诗中使用反衬手法的句子。

(二)《秋登兰山寄张五》
孟浩然

北山白云里,隐者自怡悦。
相望试登高,心随雁飞灭。
愁因薄暮起,兴是清秋发。
时见归村人,沙行渡头歇。
天边树若荠,江畔洲如月。
何当载酒来,共醉重阳节。

【翻译】

面对北山岭上白云起伏霏霏,我这隐者自己能把欢欣品味。
我试着登上高山是为了遥望,心情早就随着鸿雁远去高飞。
忧愁每每是薄暮引发的情绪,兴致往往是清秋招致的氛围。
在山上时时望见回村的人们,走过沙滩坐在渡口憩息歇累。
远看天边的树林活像是荠菜,俯视江畔的沙洲好比是弯月。
什么时候你能载酒到这里来,重阳佳节咱们开怀畅饮共醉。

【简析】

这是一首临秋登高远望,怀念旧友的诗。全诗情随景生,以景烘情,情景交融,浑然一体。"情飘逸而真挚,景清淡而优美。"诗人怀故友而登高,望飞雁而孤寂,临薄暮而惆怅,处清秋而发兴,希望挚友到来一起共度佳节。"愁因薄暮起,兴是清秋发""天边树若荠,江畔洲如月",细细品赏,令人玩味。

开头两句从晋代陶弘景《答诏问山中何所有》诗脱化而来,点明"自怡悦",为登高望远的缘由之一。三、四两句起,进入题意。"相望"表明了对张五的思念。由思念而登山远望,望而不见友人,但见北雁南飞。这是写景,又是抒情,情景交融。雁也看不见了,而又近黄昏时分,心头不禁泛起淡淡的哀愁,然而,清秋的山色却使人逸兴勃发。

"时见归村人,沙行渡头歇。天边树若荠,江畔洲如月",是写从山上四下眺望。天至薄暮,村人劳动一日,三三两两逐渐归来。他们有的行走于沙滩,有的坐歇于渡头。显示出人们的行动从容不迫,带有几分悠闲。再放眼向远处望去,一直看到"天边",那天边的树看上去细如荠菜,而那白色的沙洲,在黄昏的朦胧中却清晰可见,似乎蒙上了一层月色。

这四句诗是全篇精华所在。在这些描述中,作者既未着力刻画人物的动作,也未着力描写景物的色彩。用朴素的语言,如实地写来,是那样平淡,那样自然。既能显示出农村的静谧气氛,又能表现出自然界的优美景象。正如皮日休所谓:"遇景入咏,不拘奇抉异……涵涵然有云霄之兴,若公输氏当巧而不巧者也。"沈德潜评孟诗为"语淡而味终不薄",实为孟诗的重要特征之一。这四句诗创造出一个高远清幽的境界,同"松月生夜凉,风泉满清听""微云淡河汉,疏雨滴梧桐""野旷天低树,江清月近人"等诗的意境是颇为近似的。这也代表了孟诗风格的一个重要方面。

"何当载酒来,共醉重阳节",照应开端数句。既明点出"秋"字,更表明了对张五的思念,从而显示出友情的真挚。

【阅读训练】

"语淡而味终不薄"是孟浩然诗歌的一个重要风格,请找出本诗中最典型的四句并加以体会。

七、推荐其他篇目

1. 谢灵运《登池上楼》
2. 柳宗元《江雪》
3. 王维《山中》
4. 孟浩然《过故人庄》

梦游天姥吟留别

一、作者介绍

李白(701—762),汉族,字太白,号青莲居士,生于安西都护府碎叶城,幼年迁居四川绵州昌隆县(今四川江油),唐代伟大的浪漫主义诗人。其诗风豪放飘逸洒脱,想象丰富,语言流转自然,音律和谐多变。他善于从民歌、神话中汲取营养素材,构成其特有的瑰丽绚烂的色彩,是屈原以来积极浪漫主义诗歌的新高峰,与杜甫并称"大李杜",又称为"诗仙"。

李白祖籍陇西成纪(今甘肃省秦安县),隋朝末年,迁徙到中亚碎叶城(今吉尔吉斯斯坦北部托克马克附近),李白即诞生于此。他的一生,绝大部分在漫游中度过。五岁时,其家迁入绵州彰明县(今四川江油)。二十岁时只身出川,开始了广泛漫游,南到洞庭湘江,东至吴、越,寓居在安陆(今湖北省安陆市)。他到处游历,希望结交朋友,干谒社会名流,从而得到引荐,一举登上高位,去实现政治理想和抱负。可是,十年漫游,却一事无成。他又继续北上太原、长安,东到齐、鲁各地,并寓居山东任城(今山东济宁)。这时他已结交了不少名流,创作了大量优秀诗篇,诗名满天下。天宝初年,由道士吴筠推荐,唐玄宗召他进京,命他供奉翰林。不久,因权贵的谗毁,于天宝三、四年间(744或745),被排挤出京。此后,他在江、淮一带盘桓,思想极度烦闷。

天宝十四年(755)冬,安禄山叛乱,他这时正隐居庐山,适逢永王李璘的大军东下,李白下山入幕府。后来李璘反叛肃宗,被消灭,李白受牵连,被判处流放夜郎(今贵州省境内),中途遇赦放还,往来于浔阳(今江西九江)、宣城(今安徽宣城)等地。代宗宝应元年(762),病死于安徽当涂县。

李白生活在唐代极盛时期,具有"济苍生""安黎元"的进步理想,毕生为实现这一理想而奋斗。他的大量诗篇,既反映了那个时代的繁荣气象,也揭露和批判了统治集团的荒淫和腐败,表现出蔑视权贵、反抗传统束缚、追求自由和理想的积极精神。

在艺术上,他的诗想象新奇,构思奇特,感情强烈,意境奇伟瑰丽,语言清新明快,气势雄浑瑰丽,风格豪迈潇洒,形成豪放、超迈的艺术风格,达到了我国古代积极浪漫主义诗歌艺术的高峰。李白诗中常将想象、夸张、比喻、拟人等手法综合运用,从而创造出神奇异彩、瑰丽动人的意境,这就是李白的浪漫主义诗作给人以豪迈奔放、飘逸若仙的原因所在。他的语言正如他的两句诗所说,"清水出芙蓉,天然去雕饰",明朗、活泼、隽永。存诗900余首,有《李太白集》,是盛唐浪漫主义诗歌的代表人物。代表作品:《将进酒》《蜀道难》《长相思》《清平调》《梦游天姥吟留别》等。杜甫赞曰:"笔落惊风雨,诗成泣鬼神。"

李白的诗歌对后代产生了极为深远的影响。中唐的韩愈、孟郊、李贺,宋代的苏轼、陆游、辛弃疾,明清的高启、杨慎、龚自珍等著名诗人,都受到李白诗歌的巨大影响。

二、作品背景

此诗作于李白出翰林之后。唐玄宗天宝三载(744),李白在长安受到权贵的排挤,被放出京。天宝四载(745),李白将由东鲁(在今山东)南游吴越,写了这首描绘梦中游历天姥山的诗,留给在东鲁的朋友,所以也题作《梦游天姥山别东鲁诸公》。

李白早年就有济世的抱负,但不屑于经由科举登上仕途。因此他漫游全国各地,结交名流,以此广造声誉。唐玄宗天宝元年(742),李白的朋友道士吴筠向玄宗推荐李白,玄宗于是召他到长安来。李白对这次长安之行抱有很大的希望,在给妻子的留别诗《别内赴征》中写道:"归时倘佩黄金印,莫见苏秦不下机。"李白初到长安,也曾有过短暂的得意,但他一身傲骨,不肯与权贵同流合污,又因得罪了权贵,及翰林院同事进谗言,连玄宗也对他不满。他在长安仅住了一年多,就被唐玄宗赐金放还,他那由布衣而卿相的梦幻从此完全破灭。这是李白政治上的一次大失败。离长安后,他曾与杜甫、高适游梁、宋、齐、鲁,又在东鲁家中居住过一个时期。这时东鲁的家已颇具规模,尽可在家中怡情养性,以度时光。可是李白没有这么做,他有一个不安定的灵魂,他有更高更远的追求,于是离别东鲁家园,又一次踏上漫游的旅途。这首诗就是他告别东鲁诸公时所作,通过诗歌表达自己的心情:蔑视权贵,向往自由的生活。

三、课文分析

这是一首记梦诗,也是游仙诗。诗写梦游名山,着意奇特,构思精密,意境雄伟。感慨深沉激烈,变化惝恍莫测于虚无缥缈的描述中,寄寓着生活现实。虽离奇,但不做作。内容丰富曲折,形象辉煌流丽,富有浪漫主义色彩。

全诗共分三个层次。第1段写入梦缘由,"海客谈瀛洲,烟涛微茫信难求;越人语天姥,云霞明灭或可睹。"诗一开始先说古代传说中的海外仙境——瀛洲,虚无缥缈,不可寻求;而现实中的天姥山在浮云彩霞中时隐时现,真是胜似仙境。以虚衬实,突出了天姥胜景,暗蕴着诗人对天姥山的向往,写得富有神奇色彩,引人入胜。天姥山临近剡溪,传说登山的人听到过仙人天姥的歌唱,因此得名。天姥山与天台山相对,峰峦峭峙,仰望如在天表,冥茫如堕仙境,容易引起游者想入非非的幻觉。浙东山水是李白青年时代就向往的地方,初出川时曾说"此行不为鲈鱼鲙,自爱名山入剡中"。入翰林前曾不止一次往游,他对这里的山水不但非常热爱,也是非常熟悉的。天姥山号称奇绝,是越东灵秀之地。但比之其他崇山峻岭如我国的五大名山——五岳,在人们心目中的地位仍有小巫见大巫之别。可是李白却在诗中夸说它"势拔五岳掩赤城",比五岳还更挺拔。有名的天台山则倾斜着如拜倒在天姥的足下一样。这个天姥山,被写得耸立天外,直插云霄,巍巍然非同凡比。这座梦中的天姥山,应该说是李白平生所经历的奇山峻岭的幻影,它是现实中的天姥山在李白笔下夸大了的影子。

第2段写梦中仙境,此时展现出的是一幅幅瑰丽变幻的奇景:天姥山隐于云霞明灭之中,引起了诗人探求的想望。诗人进入了梦幻之中,仿佛在月夜清光的照射下,他飞渡过明镜一样的镜湖。明月把他的影子映照在镜湖之上,又送他降落在谢灵运当年曾经歇宿过的地方。他穿上谢灵运当年特制的木屐,登上谢公当年曾经攀登过的石径——青云梯。只见:"半壁见海日,空中闻天鸡。千岩万转路不定,迷花倚石忽已暝。熊咆龙吟殷岩泉,栗深林兮惊层巅。云青青兮欲雨,水澹澹兮生烟。"继飞渡而写山中所见,石径盘旋,深山中光线幽暗,看到海日升空,天鸡高唱,这本是一片曙色;却又于山花迷人、倚石暂憩之中,忽觉暮色降临,旦暮之变何其倏忽。暮色中熊咆龙吟,震响于山谷之间,深林为之战栗,层巅为之惊动。不止有生命的熊与龙以吟、咆表示情感,就连层巅、深林也能战栗、惊动,烟、水、青云都满含阴郁,与诗人的情感,协成一体,形成统一的氛围。前面是浪漫主义地描写天姥山,既高且奇;这里又是浪漫主义地抒情,既深且远。这奇异的境界,已经使人够惊骇的了,但诗人并未到此止步,而诗境却由奇异而转入荒唐,全诗也更进入高潮。在令人惊悚不已的幽深暮色之中,霎时间"丘峦崩摧",一个神仙世界"訇然中开","青冥浩荡不见底,日月照耀金银台。霓为衣兮风为马,云之君兮纷纷而来下。"洞天福地,于此出现。"云之君"披彩虹为衣,驱长风为马,虎为之鼓瑟,鸾为之驾车,皆受命于诗人之笔,奔赴仙山的盛会来了。这是多么盛大而热烈的场面。"仙之人兮列如麻",群仙好像列队迎接诗人的到来。金台、银台与日月交相辉映,景色壮丽,异彩缤纷,何等的惊心炫目,光耀夺人!仙山的盛会正是人世间生活的反映。这里除了有他长期漫游经历过的万壑千山的印象、古代传说、屈原诗歌的启发与影响,也有长安三年宫廷生活的印迹,这一切通过浪漫主义的非凡想象凝聚在一起,才有这般辉煌灿烂、气象万千的描绘。接着,仙境倏忽消失,梦境旋亦破灭,诗人终于在惊悸中返回现实。梦境破灭后,人,不是随心所欲地轻飘飘地在梦幻中翱翔了,而是沉甸甸地躺在枕席之上。

第3段是出梦慨叹,从而揭示全诗主旨:安能摧眉折腰事权贵,使我不得开心颜。值得注意的是,这首诗写梦游奇境,不同于一般游仙诗,它感慨深沉,抗议激烈,并非真正依托于虚幻之中,而是在神仙世界虚无缥缈的描述中,依然着眼于现实。神游天上仙境,而心觉"世间行乐亦如此"。"古来万事东流水",其中包含着诗人对人生的几多失意和深沉的感慨。此时此刻诗人感到最能抚慰心灵的是"且放白鹿青崖间,须行即骑访名山"。倘徉山水的乐趣,才是最快意的,也就是在《春夜宴从弟桃花园序》中所说:"古人秉烛夜游,良有以也。"本来诗意到此似乎已尽,可是最后却愤愤然加添了两句"安能摧眉折腰事权贵,使我不得开心颜!"一吐长安三年的郁闷之气。诗人由梦醒后的低徊失望,引出了最后一段。这一段由写梦转入写实,揭示了全诗的中心意思。这首诗是用来留别的,要告诉留在鲁东的朋友,自己为什么要到天姥山去求仙访道。这一段是全诗的主旨所在,在短短的几句诗里,表现了诗人的内心矛盾,迸发出诗人强烈的感情。他认为,如同这场梦游一样,世间行乐,总是乐极悲来,古来万事,总是如流水那样转瞬即逝,还是骑着白鹿到名山去寻仙访道的好。这种对人生的伤感情绪和逃避现实的态度,表现了李白思想当中消极的一面。

封建社会里属于封建统治阶级的知识分子,在政治上遭受挫折的情况下,对人生抱消极态度是可以理解的。但是,我们评价这首诗里所表现的李白的思想,绝不能只看到这一面,还要看到另一面,更强烈的一面。在李白的思想当中,和"人生无常"相伴而来的,不是对人生的屈服,不是跟权臣贵戚同流合污,而是对上层统治者的蔑视和反抗。他的求仙访道,也不是像秦始皇、汉武帝那样为了满足无穷的贪欲,而是想用远离现实的办法表示对权臣贵戚的鄙弃和不妥协，正像诗的结句所说："安能摧眉折腰事权贵，使我不得开心颜！"哪能够低头弯腰伺候那些有权有势的人，使得我整天不愉快呢！从这里可以看出诗人的思想是曲折复杂的，但是它的主要方面是积极的，富有反抗精神的。

四、艺术特色

（一）构思和表现手法上富有浪漫主义色彩

李白是我国古代诗人中浪漫主义流派的杰出代表。这首诗，在构思和表现手法方面，就富有浪漫主义色彩。它完全突破了一般送别、留别诗的惜别伤离的老套，而是借留别来表明自己不事权贵的政治态度。诗人构思出一幅梦游奇景，塑造出一个个梦幻中的生动形象，这就很容易使人联想到楚辞的风格，加重了诗的浪漫主义色彩。再把这些与当时丑恶的现实加以对比，才回到不事权贵的主旨上来，几乎是天衣无缝。这奇特的构思是运用了比喻、对比、衬托、夸张、联想等手法，诗人显示了非凡的才能，他写熊咆龙吟，写雷电霹雳，写空中楼阁，写霓衣风马……把幻想的场面写得活灵活现，令人眼花缭乱，惊心动魄。杜甫说李白"笔落惊风雨，诗成泣鬼神"，是十分恰当的评论。还应该注意，作者不是为写幻想而写幻想的，写幻想是为"不事权贵"的主旨服务的。他写神仙世界的美丽，正是反衬现实世界的丑恶；写自己一心想遨游仙境，正是表现对现实世界的憎恶，不愿跟权臣贵戚同流合污。不事权贵的主旨，像一盏聚光灯，把全诗照亮，幻想在这灯光里才生动起来，否则，即使再铺张百倍，也是不会放出动人的光彩的。

（二）以七言为主，夹用五言等

这首诗是七言古诗。七言古诗是旧体诗的一种，在唐以前就形成了。到了唐代，在思想内容和艺术形式上都得到充分的发展。这种诗体，主要是七言，也可以兼用或长或短的句子。用韵，可以一韵到底，也可以中间换韵。句数不限，篇幅可长可短，于旧体诗中是比较少受格律拘束的一种。李白很善于写七言古诗。这大概是由于这种诗体流畅自然的特点，更适合于表现他的豪迈奔放的思想感情。就这首诗来说，句法的变化极富于创造性。虽然以七言为基调，但是还交错地运用了四言、五言、六言和九言的句子。这样灵活多样的句法用在一首诗里，却并不觉得生拼硬凑，而是浑然一体，非常协调。这是因为全诗为一条感情发展的脉络所贯穿，随着感情的起落，诗句有长有短，节拍有急有缓。有人说李白的诗"虽千变万化，如珠之走盘，自不越乎法度之外"，这是十分恰当的。（刘国正）

五、知识拓展

唐代诗歌发展四阶段

唐代诗歌的发展大致可分为初唐、盛唐、中唐和晚唐四个阶段。

初唐（618—712）时期，号称初唐"四杰"的王勃、杨炯、卢照邻、骆宾王逐渐完成了诗歌声律化过程，奠定了中国诗歌中律诗的形式，使唐代诗歌呈现出自己的面貌。经过他们的努力，诗歌的题材从宫廷的奢靡走向社会的大众生活，风格也从纤柔卑弱转变为明快清新。初唐最杰出的诗人是陈子昂，他主张恢复诗歌反映现实生活的优良传统。陈子昂的诗歌刚健朴素,为唐诗的发展开拓了道路。

从公元712年到762年称为盛唐,这时期是诗歌最为繁荣、成就最高的时期。盛唐诗歌题材丰富,风格各异,有人歌颂自然,有人向往边塞,有人高歌英雄主义,有人发出失意的叹息。众多的诗人在浪漫的氛围中自由地创作,共同营造出震撼后世的"盛唐气象"。盛唐中最著名的诗人有李白、杜甫、王维、孟浩然、高适、岑参等。岑参以写边塞诗见长,高适的诗歌较能反映民间的疾苦。真正能代表盛唐诗坛的大诗人当推"诗仙"李白和"诗圣"杜甫。他们的诗歌对中国后世的诗歌创作产生了深远的影响。

中唐(762—827)诗人中的佼佼者有白居易、元稹和李贺等人。白居易以讽喻诗见长,他在诗歌中讽刺横征暴敛,反对黩武战争,攻击豪门权贵。另外,白居易努力使自己的诗歌语言更加通俗、流畅,生动感人,因而也为广大读者所喜爱。李贺是一个短命的诗人,只活了二十余年,他生活穷困潦倒,仕途不顺,但他的诗歌想象丰富,立意新奇,构思精巧,用词瑰丽,富有浪漫主义色彩和较浓厚的唯美倾向、伤感情绪。

公元827年到859年的晚唐时期,是诗人李商隐和杜牧活跃的时代。杜牧的诗歌将清新与冷峻熔为一炉,这非常适合他在诗歌中表达政治抱负和激情。李商隐则以精心的结构,瑰丽的语言,沉郁的风格,体现出自己在仕途上历尽的坎坷,诗歌常流露出伤感的情调。他著名的《无题》诗究竟是爱情之作,还是隐喻政治内容,中国诗歌评论界至今还有争论。

六、美文欣赏

(一)《将进酒》

李 白

君不见黄河之水天上来,奔流到海不复回。
君不见高堂明镜悲白发,朝如青丝暮成雪!
人生得意须尽欢,莫使金樽空对月。
天生我材必有用,千金散尽还复来。
烹羊宰牛且为乐,会须一饮三百杯。
岑夫子,丹丘生,将进酒,杯莫停。
与君歌一曲,请君为我倾耳听。
钟鼓馔玉不足贵,但愿长醉不复醒。
古来圣贤皆寂寞,唯有饮者留其名。
陈王昔时宴平乐,斗酒十千恣欢谑。
主人何为言少钱,径须沽取对君酌。
五花马,千金裘,呼儿将出换美酒,与尔同销万古愁!

【翻译】

你没见那黄河之水从天上奔腾而来,
波涛翻滚直奔东海,再也没有回来。

你没见那年迈的父母,对着明镜感叹自己的白发,
年轻时候的满头青丝如今已是雪白一片。
人生得意之时应当纵情欢乐,
莫要让这金杯无酒空对明月。
每个人只要生下来就必有用处,
黄金千两一挥而尽还能够再来。
我们烹羊宰牛姑且作乐,
一次痛饮三百杯也不为多!
岑夫子和丹丘生啊!
快喝吧!别停下杯子。
我为你们高歌一曲,
请你们都来侧耳倾听:
钟鸣馔食的豪华生活有何珍贵,
只希望长驻醉乡不再清醒。
自古以来圣贤都是寂寞的,
只有那喝酒的人才能够留传美名。
陈王曹植当年宴设平乐观你可知道,
斗酒万钱也豪饮宾主尽情欢乐。
主人呀,你为何说我的钱不多?
你只管端出酒来让我喝。
五花千里马,千金狐皮裘,
快叫那侍儿拿去换美酒,
我和你们共同消解这万古愁!

【简析】

　　李白咏酒的诗篇极能表现他的个性,这类诗数长安放还以后所作思想内容更为深沉,艺术表现更为成熟。《将进酒》即其代表作。置酒会友,乃人生快事,又恰值"怀才不遇"之际,于是乎对酒抒情,挥洒个淋漓尽致。诗人的情感与文思在这一刻如同狂风暴雨势不可挡;又如江河入海一泻千里。

　　时光流逝,如江河入海一去无回;人生苦短,看朝暮间青丝白雪;生命的渺小似乎是个无法挽救的悲剧,能够解忧的唯有金樽美酒。这便是李白式的悲哀:悲而能壮,哀而不伤,极愤慨而又极豪放。表是在感叹人生易老,里则在感叹怀才不遇。理想的破灭是黑暗的社会造成的,诗人无力改变,于是把冲天的激愤之情化做豪放的行乐之举,发泄不满,排遣忧愁,反抗现实。

　　《将进酒》篇幅不算长,却五音繁会,气象不凡。它笔酣墨饱,情极悲愤而作狂放,语极豪纵而又沉着。诗篇具有震动古今的气势与力量,这诚然与夸张手法不无关系,比如诗中屡用巨额数目字("千金""三百杯""斗酒十千""千金裘""万古愁"等等)表现豪迈诗情,同

时,又不给人空洞浮夸感,其根源就在于它那充实深厚的内在感情,那潜在酒话底下如波涛汹涌的郁怒情绪。此外,全篇大起大落,诗情忽翕忽张,由悲转乐、转狂放、转愤激、再转狂放、最后结穴于"万古愁",回应篇首,如大河奔流,有气势,亦有曲折,纵横捭阖,力能扛鼎。通篇以七言为主,而以三、五、十言句"破"之,极参差错综之致;诗句以散行为主,又以短小的对仗语点染(如"岑夫子,丹丘生""五花马,千金裘"),节奏疾徐尽变,奔放而不流易。此篇如鬼斧神工,足以惊天地、泣鬼神,是诗仙李白的巅峰之作。

【阅读训练】

1. 全诗紧紧围绕一个"酒"字,感情跌宕起伏,请概括诗人情感变化的线索。
2. 从哪里可以读出诗人的"悲",他在悲什么?
3. 诗人正自伤感,却为何突而转悲为欢?请用文中的原话来回答。

(二)《行路难》其一

李　白

金樽清酒斗十千,玉盘珍馐直万钱。
停杯投箸不能食,拔剑四顾心茫然。
欲渡黄河冰塞川,将登太行雪满山。
闲来垂钓碧溪上,忽复乘舟梦日边。
行路难,行路难,多歧路,今安在?
长风破浪会有时,直挂云帆济沧海。

【翻译】

金杯盛清酒一斗可值一万元,
玉盘装着珍贵的菜肴可值万数的钱。
吃不下去只得停下酒杯,放下筷子,
抽出宝剑,环顾四周,心中一片茫然。
想渡过黄河,又被冰封了河道,
准备登太行山,又积雪满山。
闲时学太公在碧溪上钓鱼,
忽然又像伊尹梦见乘船经过了太阳的旁边。
行路难呀,行路难! 岔路多啊,如今身在何处?
总会有个时候能乘长风破万里浪,
高挂着风帆渡过茫茫大海,到达彼岸。

【简析】

这是李白写的三首《行路难》的第一首,这组诗从内容看,是写在天宝三年(744)李白离开长安的时候。

诗的前四句写朋友出于对李白的深厚友情,出于对这样一位天才被弃置的惋惜,于是不惜金钱,设下盛宴为他饯行。而面对金樽美酒、玉盘珍馐,却只能"停杯投箸""拔剑四顾",一片茫然。"欲渡黄河冰塞川,将登太行雪满山。"象征了人生路上的艰难险阻。才学识见如李白,曾经在宫廷中得到唐玄宗的赏识,却因为小人进馋而"赐金放还",从此险山恶水,天各一方。未来的生活中,闲来垂钓,宛如昔日垂钓而受周文王之聘,助文王打下江山的姜尚(姜太公)。而历史上又有这样一个典故:伊尹在受汤之聘前曾梦见自己乘舟绕日月而过。想起这两位历史人物的经历,诗人又有了对未来的新的信心。"行路难,行路难,多歧路,今安在?"前路多艰,虽然未来还会有机会,但是万般的艰难险阻、矛盾,都闪现在诗人的脑海中。最后,出于诗人本身积极入世的愿望和毅力、决心,他吟出了这样的千古名句:"长风破浪会有时,直挂云帆济沧海。"

这首诗共十四句八十二字,在七言歌行中属短篇。但诗中跌宕起伏的感情,跳跃式的思维,以及高昂的气势,使它成为后人称颂的千古名篇。

这首诗在题材、表现手法上都受到鲍照《拟行路难》的影响,但却青出于蓝而胜于蓝。两人的诗,都在一定程度上反映了封建统治者对人才的压抑,而由于时代和诗人精神气质方面的原因,李诗揭示得更加深刻强烈,同时还表现了一种积极的追求、乐观的自信和顽强地坚持理想的品格。因而,和鲍作相比,李诗的思想境界就显得更高。

【阅读训练】

1. 诗的一、二句给我们描绘了一幅丰盛的宴会图。"金樽清酒""玉盘珍馐"至少是五星级的标准,可是李白为什么"停杯投箸"食不下咽呢?诗文在哪些地方暗示我们原因了?

2. 最后两句诗表达了诗人怎样的志向?

七、推荐李白其他篇目

1. 李白《蜀道难》
2. 李白《行路难》三首

登 高

一、作者介绍

　　杜甫(712—770),祖籍襄阳,出生于巩县(在今河南省),唐朝伟大诗人。由于他在长安时一度住在城南少陵附近,自称少陵野老,在成都时被荐为节度参谋、检校工部员外郎,后世又称他为杜少陵、杜工部。杜甫与李白合称"李杜",为了与另外两位诗人李商隐与杜牧即"小李杜"区别开来,杜甫与李白又合称"大李杜"。他忧国忧民,人格高尚,他的1 400余首诗被保留了下来,诗艺精湛,在中国古典诗歌中备受推崇,影响深远。

　　杜甫生长在"奉儒守官"并有文学传统的家庭中,杜甫的祖父杜审言是武后时的著名诗人,官膳部员外郎;父亲杜闲,曾任兖州司马、奉天县令。他7岁即开始学诗,15岁时诗文就引起洛阳名士的重视。他的生活从20岁后可分为四个时期。

　　(一) 读书和漫游时期(三十五岁以前)

　　开元十九年(时二十岁)开始漫游吴越,5年之后归洛阳应举,不第,之后杜甫再漫游齐赵。之后在洛阳遇李白,两人相见恨晚,结下了深厚友谊,继而又遇高适,三人同游梁、宋(今开封、商丘),后来李杜又到齐州,分手后又遇于东鲁,再次分别,这便是"诗仙"与"诗圣"的最后一次相见。

　　(二) 困居长安时期(三十五至四十四岁)

　　这一时期,杜甫先在长安应试,落第。当朝宰相李林甫为了达到权倾朝野的目的,竟然向唐玄宗说无人中举。后来向皇帝献赋,向贵人投赠,过着"朝扣富儿门,暮随肥马尘,残杯与冷炙,到处潜悲辛"的生活,最后才得到右卫率府胄曹参军(主要是看守兵甲仗器,库府锁匙的小官)的职位。这期间他写了《兵车行》《丽人行》等批评时政、讽刺权贵的诗篇。而《自京赴奉先县咏怀五百字》尤为著名,标志着他经历十年长安困苦生活后对朝廷政治、社会现实的认识达到了新的高度。玄宗在751年正月8日到10日接连举行了三个盛典。杜甫借此机会写成了三篇《大礼赋》,玄宗使待制集贤院,但并未得重用。

　　(三) 陷贼和为官时期(四十五至四十八岁)

　　安史之乱爆发,潼关失守,杜甫把家安置在鄜州,独自去投肃宗,中途为安史叛军俘获,押到长安。他面对混乱的长安,听到官军一再败退的消息,写成《月夜》《春望》《哀江头》等诗。后来他潜逃到凤翔行在,做左拾遗。由于忠言直谏,上书为宰相房琯事被贬华州司功参军(房琯善慷慨陈词,为典型的知识分子,但不切实际,与叛军战,采用春秋阵法,结果大败,肃宗问罪。杜甫始为左拾遗,上书言房琯无罪,肃宗怒,欲问罪,幸得脱)。其后,他用诗的形式把他的见闻真实地记录下来,成为他不朽的作品,即"三吏""三别"。

　　(四) 西南漂泊时期(四十八至五十八岁)

　　随着九节度官军在相州大败和关辅饥荒,杜甫弃官,携家随人民逃难,经秦州、同谷等地,到了成都,过了一段比较安定的生活。严武入朝,蜀中军阀作乱,他漂流到梓州、阆州。后严武为剑南节度使摄成都,杜甫投往严武处。严武死,他再度漂泊,在夔州住两年,继又漂流到湖北、湖南一带,病死在湘江上。这时期,其作品有《春夜喜雨》《茅屋为秋风所破歌》《蜀相》《闻官军收河南河北》《登高》《登岳阳楼》等大量名作。其中最为著名的诗句为:"安得广厦千万间,大庇天下寒士俱欢颜。"而《登高》中的:"无边落木萧萧下,不尽长江滚滚来"更是千古绝唱。

在杜甫中年,因其诗风沉郁顿挫,忧国忧民,杜甫的诗被称为"诗史"。他的诗词以古体、律诗见长,风格多样,以"沉郁顿挫"四字准确概括出他自己的作品风格,而以沉郁为主。杜甫生活在唐朝由盛转衰的历史时期,其诗多涉笔社会动荡、政治黑暗、人民疾苦,他的诗反映当时社会矛盾和人民疾苦,记录了唐代由盛转衰的历史巨变,表达了崇高的儒家仁爱精神和强烈的忧患意识,因而被誉为"诗史"。杜甫一生写诗1 400多首,其中很多是传颂千古的名篇,比如"三吏"和"三别"。其中"三吏"为《石壕吏》《新安吏》和《潼关吏》,"三别"为《新婚别》《无家别》和《垂老别》。杜甫流传下来的诗篇是唐诗里最多最广泛的,是唐代最杰出的诗人之一,对后世影响深远。杜甫作品描绘了民间疾苦,世上疮痍,被称为诗中圣哲,是现实主义诗歌的代表作。宋代著名诗人如王安石、苏轼、黄庭坚、陆游等,对杜甫都推崇备至,他们的诗歌各自从不同方面继承了杜甫的传统。宋末民族英雄文天祥被元人俘虏,囚拘狱中,用杜甫五言诗句集诗200首,在《集杜诗·自序》里说:"凡吾意所欲言者,子美先为代言之。"杜诗的影响所及,不局限于文艺范围,更重要的是诗中爱国爱人民的精神感召着千百年来的广大读者,直到今天还有教育意义。

二、作品背景

此诗作于唐代宗大历二年(767)秋天,杜甫时在夔州。这是56岁的老诗人在极端困窘的情况下写成的。当时安史之乱已经结束4年了,但地方军阀又乘时而起,相互争夺地盘。杜甫本入严武幕府,依托严武。不久严武病逝,杜甫失去依靠,只好离开经营了五六年的成都草堂,买舟南下。本想直达夔门,却因病魔缠身,在云安待了几个月后才到夔州。如不是当地都督的照顾,他也不可能在此一住就是3个年头。而就在这3年里,他的生活依然很困苦,身体也非常不好。一天他独自登上夔州白帝城外的高台,登高临眺,百感交集。目中所见,激起意中所感;萧瑟的秋江景色,引发了他身世飘零的感慨,渗入了他老病孤愁的悲哀。于是,就有了这首被誉为"七律之冠"的《登高》。

三、课文分析

这首诗通过诗人登高的所见、所闻、所感,描绘了大江边的深秋景象,抒发了诗人对艰难身世的感慨。意境深沉,含蓄不尽;慷慨激越,动人心弦。

前四句写江边秋景。首联开篇,"风急天高猿啸哀,渚清沙白鸟飞回",这是诗人登高首先看到的景象。天高风急,秋气肃杀,猿啼哀啸,十分悲凉;清清河洲,白白沙岸,鸥鹭低空回翔。疾风、白沙、小洲、啸猿、飞鸟,构成了一幅悲凉的秋景图画,为全诗的"悲秋"定下了基调。登高而望,江天本来是开阔的,但诗人的文字,却令人强烈地感受到,风之凄急、猿之哀鸣、鸟之回旋,都笼罩着浓浓的"悲秋"气氛,仿佛万物都对秋天的来临惶然无主。"风急"两字,起句非凡,气势磅礴,令人敬畏;"猿啸哀",则极度渲染"悲秋"气氛,大有"空谷传响,哀转久绝"之意。仔细品味,首联十四字,无一虚设,字字精练;用字遣词,神斧鬼凿,达到了奇妙难名的境界。颔联"无边落木萧萧下,不尽长江滚滚来",为千古名句,极写秋天肃穆肃杀、空旷辽阔的景象,集中地表现了"悲秋"的典型特征。在诗人登高之处,仰望,落叶飘零,无边无际,纷纷扬扬,萧萧而下;俯视,不尽长江,汹涌澎湃,滚滚奔腾,激流而来。这一联,仰视与俯视结合的景象描写,颇有疏宕之气。"无边",放大了落叶的阵势,"萧萧下",又加快了飘落的速度;"不尽",拓展了长江的博大,"滚滚来",又渲染了激流的态势。我们可以体会出,这一联在写景的同时,更深沉地抒发了诗人的情怀。"无边""不尽",使"萧萧""滚滚"更加形象化,不仅使人联想到落木窸窣之声,长江汹涌之状,也无形中传达出韶光易逝、壮志难酬的感慨。它的境界非常壮阔、雄浑,对人们的触动不仅仅限于岁暮的感伤,同时也让人想到了生命的易逝与有限,宇宙的无穷与永恒。这一联对仗精工,沉郁悲凉,显示着诗人出神入化的笔力,有"建瓴走坂""百川东注"的磅礴气势,被誉为"古今独步"的"句中化境"。

后四句抒发感慨。诗人在前两联极力描写"悲秋"的景象,直到颈联,才点出"悲秋"两字。"万里悲秋常作客,百年多病独登台。"万里漂泊,常年客居他乡,对比秋景,更觉伤悲;有生以来,疾病缠身,今日独临高台,诗人不禁感慨万千。此联是诗人一生颠沛流离生活的高度概括,有顿挫之神。诗人从空间(万里)、时间(百年)两方面着笔,把久客最易悲秋,多病独自登台的感情,融入一联雄阔高浑的对句之中,情景交融,使人深深地感到他那沉重的感情脉搏。语言极为凝练。"独登台",表明诗人是在高处远眺,这就把眼前景和心中情紧密地联系在一起了。"常作客",则指出了诗人漂泊无定的生活。"百年",本喻有限的人生,此处专指暮年。"悲秋"两字写得极为沉重。秋天不一定可悲,只是诗人目睹苍凉恢廓的秋景,不由得想到自己沦落他乡、年老多病的处境,故而生出无限悲愁之绪。此联的"万里""百年"和上一联的"无边""不尽",有相互呼应的作用。诗人的羁旅愁与孤独感,就像落叶和江水一样,推排不尽,驱赶不绝,情与景交融相洽。诗到此处,已给作客思乡的一般含意,添上了久客孤独的内容,增加了悲秋苦病的情思,加进了离乡万里、人在暮年的感叹,使诗意更见深沉。这一联,十四字含有八层意思,且对仗极其精确。八层意思,无不含"悲":他乡作客,一可悲;长年作客,二可悲;万里作客,三可悲;寒秋作客,四可悲;暮齿无为,五可悲;亲朋亡散,六可悲;孤独登高,七可悲;身患疾病,八可悲。这种种的可悲,使诗人倍感人世的凄凉。"艰难苦恨繁霜鬓,潦倒新停浊酒杯。"时世艰难,生活困苦,常恨鬓如霜白;浊酒消忧,却怎奈潦倒多病,以致需要停杯戒酒。尾联转入对个人身边琐事的悲叹,与首两联的雄浑之境,形成强烈的对比,并分承五、六两句。诗人备尝艰难潦倒之苦,国难家仇,使自己白发日添,再加上因病断酒,悲愁就更难排遣了。这一联,无限悲凉之意,溢于言外。

纵观整首诗,布局极为严谨,前半部分的四句重在写景,后半部分的四句重在抒情。但无论是写景还是抒情,都是情景交融,景中含情;每一句各有偏重,在写法上又有错综之妙。首联着重刻画眼前的具体景物,好比画家的工笔技法,形、声、色、态,逐一得到表现。颔联着重渲染秋天的气氛,好比画家的写意技法,传神会意,含蓄深刻,让人用自己的想象去补充。三联表现情感,从纵(时间)、横(空间)两方面着笔,由异乡漂泊写到多病残生。第四联又从白发日添、抑病断饮,归结到时世艰难、潦倒不堪。这样的写法和布局,使诗人忧国伤时的情操,跃然纸上。

四、艺术特色

(一)情随境生,情感深沉

在古代诗歌中,情随境生是常见的手法。情随境生就是诗人在生活中遇到了某种物境,突有所悟,情绪满怀,于是,诗人借着对物境("境"即孕育诗人心中的主观情感和外物景的统一)描写,把自己现实的情意表达出来,从而达到意与境和谐统一的一种表现手法。正如朱熹说过:"人生而静,天之性也;感于物而动,性之欲也。夫既有欲,则不能无思;既有思矣,则不能无言;既有言矣,则言之所不能尽而发于咨嗟咏叹之余者,必有自然之音响节奏,而不能已焉。此诗之所以作也。"这其中的"情"往往是极为深沉的,甚至表现出凝重感,也许是早已孕育心中的情感。就《登高》这首诗歌来说,前四句写登高所见。首联"风急天高猿啸哀,渚清沙白鸟飞回"着重刻画眼前具体景物,颔联"无边落木萧萧下,不尽长江滚滚来"着重渲染整个秋天气氛。诗人面对这样的境象,后四句"万里悲秋常作客,百年多病独登台;艰难苦恨繁霜鬓,潦倒新停浊酒杯"就由此而生,抒写了"登高"的感慨。其中,颈联中"万里"和"百年"从时空两方面着笔,由异乡漂泊写到多病残生,尾联"艰难苦恨繁霜鬓,潦倒新停浊酒杯"又从白发日多,因病无法喝酒,最后归结到时世艰难是悲秋多病、潦倒不堪的根本原因。本诗前半部写景,后半部抒情,运用情随境生的手法,不但使诗歌具有较强的形象感,也使诗歌具有了浓郁的抒情氛围,而且诗人触景生情,忧国伤时之情也表现得淋漓尽致。

(二)对仗工整,境界开阔

对仗是指用字数相等、结构相同、意义相关的两个短语或者句子对称地排列在一起的一种表现手法。在诗歌中,对仗手法的运用不但便于展开空间描写,空间跳跃,形成诗歌的审美境界,而且给人在视听觉上以整齐美、匀称美,从而提高诗歌的审美表达效果。因而,在中国古代诗歌中,特别是唐代格律诗中,特别讲究对仗。就律诗来说,要求首尾两联可以对,也可以不对,但中间颔联和颈联必须对仗。就杜甫这首《登高》来看,从首联到尾联全诗都对仗,而且显得流畅自然,所以后人推此诗为唐人七律第一。比如,首联"风急天高猿啸哀,渚清沙白鸟飞回",不仅上下两句相对,"风急天高"对"渚清沙白","猿啸哀"对"鸟飞回",十分工整,而且还有句中自对,上句"天"对"风","高"对"急";下句"沙"对"渚","白"对"清"。颔联:"无边落木"对"不尽长江","萧萧下"对"滚滚来"。颈联:"万里悲秋"对"百年多病","常"对"独","作客"对"登台"。所有相对仗的文字(词语)句法一致,词性相同,极其工整。整首诗的每一联都构成对仗,且十分工整,又句中自对,这在律诗中极为少见。

(三)言简意丰,意蕴深刻

古代诗人特别注重"炼字"和"炼句",做到"言简意丰",即洗练而内涵丰富。这样,使诗歌语言达到形象逼真,活泼生动,在富于动态中,实现以少胜多的要求。所以,"言简意丰"是中国古代诗歌的特点之一,也是杜甫诗歌的主要特点。在《登高》这首诗中,每一句都表现出言简意丰的特点。就千古传颂的"万里悲秋常作客,百年多病独登台"这一联来说,宋人罗大经说这两句具有八层意思。其大意是说,"万里",离家之远;"悲秋"言秋天让人感到悲凉;"作客"点出了羁旅之愁,"常作客"说明了半生飘零;"百年"喻指有限的人生;"多病"指百病缠身;"登台"登高远眺,表示思乡情怀,"独登台"表示孤独的境遇。上下两句一共才十四个字,就蕴含着八层意义,如果再从整体上看,也许意义更为丰富,意蕴更为深刻,足见这首诗歌"言简意丰"的特点,也可以看出杜甫诗歌意象的密集性特征。

五、知识拓展

格律诗简介

格律诗也称近体诗,是古代汉语诗歌的一种,是唐以后成型的诗体,主要分为绝句和律诗。按照每句的字数,可分为五言和七言。形式有一定规格,音韵有一定规律,倘有变化,需按一定规则。中国古典格律诗中常见的形式有五言、七言的绝句和律诗,即所谓近体诗。词、曲也可称为格律诗。这种古老和传统的诗体,结构严谨,字数、行数、平仄或轻重音、用韵都有一定的限制。它的句数是一定的。如,律诗一般讲究平仄和押韵、押韵和对仗。例如"平平仄仄平平仄,仄仄平平仄仄平"。不同的国家有不同的格律诗。如中国的近体诗(绝句、律诗),西方的十四行诗、五行打油诗、四行诗,西班牙的八行诗,意大利的三行诗,以及日本俳句等。其结构特点主要有:(1)四句为绝句,八句为律诗,长于八句叫长律,也叫排律;(2)各句字数相等(五言或七言);(3)讲究对仗(首联、颔联、颈联、尾联四联中,一般情况下,颔联和颈联必须对仗,首联和尾联可对仗也可不对仗);(4)注意押韵和平仄(即必须按律诗平仄格律)。

六、美文欣赏

(一)《石壕吏》

杜 甫

暮投石壕村,有吏夜捉人。老翁逾墙走,老妇出门看。
吏呼一何怒,妇啼一何苦。听妇前致词,三男邺城戍。
一男附书至,二男新战死。存者且偷生,死者长已矣。
室中更无人,唯有乳下孙。有孙母未去,出入无完裙。
老妪力虽衰,请从吏夜归。急应河阳役,犹得备晨炊。
夜久语声绝,如闻泣幽咽。天明登前途,独与老翁别。

【翻译】

日暮时投宿石壕村,夜里有差役来强征兵。老翁越墙逃走,老妇出门应付。差役喊叫得是那样凶狠,老妇人啼哭得是那样悲伤。我听到老妇上前说:"我的三个儿子去参加邺城之战。其中一个儿子捎信回来,说另外两个儿子刚刚战死。活着的人姑且活一天算一天,死去的人就永远不会复生了！老妇我家里再也没有其他的人了,只有个正在吃奶的小孙子。因为有小孙子在,他母亲还没有离去,但进进出出连一件完好的衣裳都没有。老妇虽然年老力衰,但请允许我跟从你连夜赶回营去。赶快到河阳去应征,还能够为部队准备早餐。"夜深了,说话的声音逐渐消失,隐隐约约听到低微断续的哭泣声。天亮后我继续赶路,只能与返回家中的那个老翁告别。

【简析】

这是杜甫著名的新题乐府组诗"三吏"之一。唐肃宗乾元二年(759)春,已经四十八岁的杜甫,由左拾遗贬为华州司功参军。他离开洛阳,历经新安、潼关、石壕,夜宿晓行,风尘仆仆,赶往华州任所,所经之处,哀鸿遍野,民不聊生,这引起诗人感情上的强烈震动。

当时唐王朝集中郭子仪等九节度使步骑二十万,号称六十万,将安庆绪围在邺城。由于战争吃紧,唐王朝为补充兵力,到处征兵。这时,杜甫正由新安县继续西行,投宿石壕村,遇到吏卒深夜捉人,于是实录所见所闻,写成这篇不朽的诗作。

这首五言古诗篇幅不长,一共二十四句,一百二十字,而内容十分丰富。它以"耳闻"为线索,按时间的顺序,由暮——夜——夜久——天明,一步步深入,从投宿叙起,以告别结束;从差吏夜间捉人,到老妇随往;从老翁逾墙逃走,到事后潜归;从诗人日暮投宿,到天明登程告别。整个故事有开始、发展、高潮、结局,情节完整,并颇为紧张。诗的首尾是叙事,中间用对话,活动着的人物有五六个之多,诗人巧妙地借老妇的口,诉说了她一家的悲惨遭遇。诗人的叙述、老妇的说白,处处呼应,环环紧扣,层次十分清楚。诗中刻画了官吏的横暴,反映了安史之乱给人民带来的深重灾难和自己痛苦的心情。

诗人虚实交映,藏问于答,不写差吏的追问,而只写老妇的哭诉,从哭诉中写出潜台词、画外音,将差吏的形象融入老妇的"前致词"中,有一种言有尽而意无穷的境界。诗人写老妇的哭诉,语言朴实无华,一个典故也不用,很切合老妇的口吻,且随着内容的多次转韵,形成忧愤深广、波澜老成、一唱三叹、高低抑扬的韵致,使沉郁顿挫达到极致。

【阅读训练】

1. 本文的主体部分是"吏"与"老妇"的对话,老妇的回答是从几个方面来说的?
2. 尝试分小组把这首诗歌改编成一幕短剧,并作表演。

(二)《新婚别》

杜 甫

兔丝附蓬麻,引蔓故不长。嫁女与征夫,不如弃路旁。
结发为君妻,席不暖君床。暮婚晨告别,无乃太匆忙。
君行虽不远,守边赴河阳。妾身未分明,何以拜姑嫜。
父母养我时,日夜令我藏。生女有所归,鸡狗亦得将。
君今往死地,沈痛迫中肠。誓欲随君去,形势反苍黄。
勿为新婚念,努力事戎行。妇人在军中,兵气恐不扬。

自嗟贫家女,久致罗襦裳。罗襦不复施,对君洗红妆。
　　仰视百鸟飞,大小必双翔。人事多错迕,与君永相望。

【翻译】

菟丝把低矮的蓬草和大麻缠绕,它的蔓儿怎么能爬得远!
把女儿嫁给就要从军的人哪,倒不如早先就丢在大路旁边!
我和你做了结发夫妻,连床席一次也没能睡暖;
昨天晚上草草成亲,今天早晨便匆匆告别,这婚期岂不是太短,太短!
你到河阳去作战,离家虽然不远,可已经是边防前线;
我们还没有举行拜祭祖先的大礼呀,叫人怎么好去把公婆拜见?
我做女儿的时光,不论黑夜还是白天,爹妈从不让我抛头露面;
有道是"嫁鸡随鸡,嫁狗随狗",如今我嫁到你家,爹妈盼的是平平安安!
你今天就要上战场,我只得把痛苦埋藏在心间;
多想跟你一块儿去呀,只怕是形势紧急,军情多变。
你不用为新婚离别难过啊,要在战争中为国家多多出力;
我不能随你去,妇女跟着军队,恐怕会影响士气。
唉!我本是穷人家女儿,好不容易才制办了这套丝绸的嫁衣;
可从现在起我就把它脱掉,再当面洗掉脂粉,一心一意等着你!
你看,天上的鸟儿都自由自在地飞翔,不论大的小的,全是成对成双;
可人世间不如意的事儿本来就多啊,但愿你和我两地同心,永不相忘!

【简析】

这是杜甫著名的新题乐府组诗"三别"之一,作于唐肃宗乾元二年(759)。诗中描写了一对新婚夫妻的离别,塑造了一个深明大义的少妇形象。头天结婚,第二天新郎就去当兵,这完全违背当时新婚者不服兵役的常理和习俗。一想到丈夫就要到九死一生的战场上去,新娘悲痛得心如刀割。但她同样认识到,丈夫的生死,爱情的存亡,与国家民族命运,是不可分割地联结在一起的,要实现幸福的爱情理想,必须作出牺牲。于是,她强抑悲怨痛楚,在离情别绪中,平静而深情地鼓励丈夫,同时炽热坚定地表达至死不渝的爱情誓言。这首诗写出了当时人民面对战争的态度和复杂的心理,以及他们对正常人生和亲情的留恋,他们为国家承担责任的勇气。《新婚别》的叙事抒情主人公是新娘,其倾诉对象为新郎。诗歌所述内容,主要是这对新婚夫妇暮婚晨别时的复杂情怀。

这一首感人至深的千古佳作,其最大的闪光点就是对新娘这一叙事抒情主人公的塑造。一方面,在新娘的身上倾注了作者浪漫主义的理想色彩,另一方面,在具体刻画上,既鲜明地体现了现实主义的精雕细琢的特点,同时也运用了大胆的艺术虚构:实际上杜甫未必有这样的生活经历,也不可能听到新娘对新郎说的私房话,况且洞房之夜,即是生离死别之夜,如此巧合,本是现实生活中可能有而不一定有的事。但诗中的这一主人公形象,有血有肉有发展,人物的语言生动而逼真,丝毫不感到勉强和抽象。她通过曲折剧烈的痛苦的内心斗争,最后毅然勉励丈夫从军,表现战争环境中人物思想感情的发展变化,显得非常自然,符合事件和人物性格发展的逻辑。

诗中一连用了七个"君"字:"君妻""君床",见出聚之暂;"君行""君往",见出别之速;"随君",见出情之切;"对君",见出意之伤;"与君永望",见出志之贞且坚。如此频频呼君,出语沉痛,动人心魄,几乎一声一泪,充满生死离别之感。

【阅读训练】

诗人化身为新娘,用新娘的口吻说话,非常生动、逼真,还采用了不少俗语,请体会人物语言的个性化。

七、推荐杜甫其他篇目

1. 杜甫《新安吏》
2. 杜甫《潼关吏》
3. 杜甫《无家别》
4. 杜甫《垂老别》

雨霖铃

一、作者介绍

柳永,原名三变,字耆卿,崇安(今福建崇安县)人。仁宗景祐元年(1034)进士,官至屯田员外郎,世称柳屯田。早年屡试不第,一生仕途很不得意,生活穷愁潦倒,处事方面抱着一种玩世不恭的态度。他在城市生活的时间很长,经常出入倡馆酒楼间,与教坊乐工和歌伎们交往,因而熟悉市民、歌伎的生活,并通晓乐律。他是北宋第一个专力写词的作家,由于他的生活环境及其他各个方面的条件,使他成为以描写城市风貌见长的婉约派的代表词人。《雨霖铃》为其代表作。

柳永对北宋词的发展有重要的贡献与影响。第一,他制作了大量的慢词长调,使词从小令为主过渡到慢词占优势地位,从而为词容纳更多的内容提供了相应的表现方式。第二,他发展了词的表现手法,善于铺叙,善于运用白描,写景抒情密切结合,语言通俗易懂,音律和谐优美。柳永词对秦观等人都有影响,对后来的说唱文学和戏曲作家在曲词创作上也有影响。柳词在宋元时期流传最广,相传当时"凡有井水饮处,即能歌柳词"。有词集《乐章集》。

二、作品背景

柳永才情卓著,但一生仕途坎坷不济,更多的时日跟歌伎们一起,过着依红偎翠、浅斟低唱的生活。他深深了解这些歌伎们的生活,深切同情她们的不幸遭遇。在他的作品中,很多是反映同她们在一起的悲欢离合。《雨霖铃》便是其中为世人传诵的一首。这首词写的是他离开都城汴京城(今河南开封)时与一位红颜知己缠绵悱恻、哀婉动人的别离情景。

三、课文分析

此词为抒写离情别绪的千古名篇,也是柳词和有宋一代婉约词的杰出代表。词中,作者将他离开汴京与恋人惜别时的真情实感表达得缠绵悱恻,凄婉动人。词的上片写临别时的情景,下片主要写别后情景。全词起伏跌宕,声情双绘,是宋元时期流行的"宋金十大曲"之一。

起首三句写别时之景,点明了地点和节序。《礼记·月令》云:"孟秋之月,寒蝉鸣。"可见时间大约在农历七月。然而词人并没有纯客观地铺叙自然景物,而是通过景物的描写,氛围的渲染,融情入景,暗寓别意。秋季,暮色,骤雨寒蝉,词人所见所闻,无处不凄凉。"对长亭晚"一句,中间插刀,极顿挫吞咽之致,更准确地传达了这种凄凉况味。

这三句景色的铺写,也为后两句的"无绪"和"催发",设下伏笔。"都门帐饮",语本江淹《别赋》:"帐饮东都,送客金谷。"他的恋人在都门外长亭摆下酒筵给他送别,然而面对美酒佳肴,词人毫无兴致。接下去说:"留恋处、兰舟催发",这七个字完全是写实,然却以精炼之笔刻画了典型环境与典型心理:一边是留恋情浓,一边是兰舟催发,这样的矛盾冲突何其尖锐!这里的"兰舟催发",却以直笔写离别之紧迫,虽没有他们含蓄缠绵,但却直而能纡,更能促使感情的深化。于是后面便迸出"执手相看泪眼,竟无语凝噎"二句。寥寥十一字,语言通俗而感情深挚,形象逼真,如在目前。

词人凝噎在喉的是"念去去"二句的内心独白。这里的去声"念"字用得特别好,读去声,作为领格,上承"凝噎"而自然一转,下启"千里"以下而一气流贯。"念"字后"去去"二字连用,则愈益显示出激越的声情,读时一字一顿,遂觉去路茫茫,道里修远。"千里"以下,声调和谐,景色如绘。既曰"烟波",又曰"暮霭",更曰"沉沉",着色一层浓似一层;既曰"千里",又曰"阔",一程远似一程。道尽了恋人分手时难舍的别情。

上片正面话别,下片则宕开一笔,先作泛论,从个别说到一般。"多情自古伤离别"意谓伤离惜别,并不自我始,自古皆然。接以"更那堪冷落清秋节"一句,则极言时当冷落凄凉的秋季,离情更甚于常时。"清秋节"一词,映射起首三句,前后照应,针线绵密;而冠以"更那堪"三个虚字,则加强了感情色彩,比起首三句的以景寓情更为明显、深刻。

"今宵"三句蝉联上句而来,是全篇之警策,成为柳永光耀词史的名句。这三句本是想象今宵旅途中的况味,遥想不久之后一舟临岸,词人酒醒梦回,却只见习习晓风吹拂萧萧疏柳,一弯残月高挂杨柳梢头。整个画面充满了凄清的气氛,客情之冷落,风景之清幽,离愁之绵邈,完全凝聚在这画面之中。这句景语似工笔小帧,无比清丽。清人刘熙载在《艺概》中说:"词有点,有染。柳耆卿《雨霖铃》云:'多情自古伤离别,更那堪冷落清秋节。今宵酒醒何处?杨柳岸、晓风残月。'上二句点出离别冷落,'今宵'二句乃就上二句意染之。点染之间,不得有他语相隔,隔则警句亦成死灰矣。"也就是说,这四句密不可分,相互烘托,相互陪衬,中间若插上另外一句,就破坏了意境的完整性、形象的统一性,而后面这两个警句,也将失去光彩。

"此去经年"四句,改用情语。他们相聚之日,每逢良辰好景,总感到欢娱;可是别后非止一日,年复一年,纵有良辰好景,也引不起欣赏的兴致,只能徒增惆怅而已。"此去"二字,遥应上片"念去去""经年"二字,近应"今宵",在时间与思绪上均是环环相扣,步步推进。"便纵有千种风情,更与何人说",以问句归纳全词,犹如奔马收缰,有住而不住之势;又如众流归海,有尽而未尽之致。

四、艺术特色

此词之所以脍炙人口,是因为它在艺术上颇具特色,成就甚高。早在宋代,就有记载说,以此词的缠绵悱恻、深沉婉约,"只合十七八女郎,执红牙板,歌'杨柳岸、晓风残月'"。这种格调的形成,有赖于意境的营造。词人善于把传统的情景交融的手法运用到慢词中,把离情别绪的感受,通过具有画面性的境界表现出来,意与境会,构成一种诗意美的境界,给读者以强烈的艺术感染。全词虽为直写,但叙事清楚,写景工致,以具体鲜明而又能触动离愁的自然风景画面来渲染主题,状难状之景,达难达之情,而出之以自然。末尾二句画龙点睛,为全词生色,为脍炙人口的千古名句。

五、知识拓展

(一)词的常识

词是一种音乐文学,它的产生、发展,以及创作、流传,都与音乐有直接关系。词所配合的音乐是所谓燕乐,又叫宴乐,其主要成分是北周和隋以来由西域胡乐与汉族民间里巷之曲相融而成的一种新型音乐,主要用于娱乐和宴会的演奏,隋代已开始流行。而配合燕乐的词的起源,也就可以上溯到隋代。宋人王灼《碧鸡漫志》卷一说:"盖隋以来,今之所谓曲子者渐兴,至唐稍盛。"词最初主要流行于汉族民间,《敦煌曲子词集》收录的160多首作品,大多是从盛唐到唐末五代的汉族民间歌曲。大约到中唐时期,诗人张志和、韦应物、白居易、刘禹锡等人开始写词,把这一文体引入了文坛。到晚唐五代时期,文人词有了很大的发展,晚唐词人温庭筠以及以他为代表的"花间派"词人以李煜、冯延巳为代表的南唐词人的创作,都为词体的成熟和基本抒情风格的建立作出了重要贡献。词终于在诗之外别树一帜,成为中国古代最为突出的文学体裁之一。进入宋代,词的创作逐步蔚为大观,产生了大批成就突出的词人,名篇佳作层出不穷,并出现了各种风格、流派。《全宋词》共收录流传到今天的词作1 330多家将近20 000首,从这一数字可以推想当时创作的盛况。词的起源虽早,但词的发展高峰则是在宋代,因此后人便把词看作是宋代最有代表性的文学,与唐代诗歌并列,而有了所谓"唐诗、宋词"的说法。

(二) 豪放派与婉约派

宋词是继唐诗之后的又一种文学体裁,分为婉约派、豪放派两大类。

婉约派代表人物:柳永、晏殊、晏几道、周邦彦、李清照、秦观、姜夔、吴文英、李煜、欧阳修等。婉约派的特点,主要是内容侧重儿女风情。结构深细缜密,重视音律谐婉,语言圆润,清新绮丽,具有一种柔婉之美。内容比较窄狭。由于长期以来词多趋于宛转柔美,人们便形成了以婉约为正宗的观念。就以李后主、柳永、周邦彦等词家为"词之正宗",代表了这种看法。婉约词风长期支配词坛,直到南宋姜夔、吴文英、张炎等大批词家,无不从不同的方面承受其影响。

豪放派代表人物:苏轼、辛弃疾、陈亮、陆游、张孝祥、张元干、刘过等。豪放派的特点:创作视野较为广阔,气象恢弘豪放,喜用诗文的手法、句法和字法写词,语词宏博,用事较多,不拘守音律,北宋黄庭坚、晁补之、贺铸等人都有这类风格的作品。南渡以后,由于时代巨变,悲壮慷慨的高亢之调,应运发展,蔚然成风,辛弃疾更成为创作豪放词的一代巨擘。豪放词派不但屹然别立一宗,震烁宋代词坛,而且广泛地沾溉词林后学,从宋、金直到清代,历来都有标举豪放旗帜,大力学习苏、辛的词人。

六、美文欣赏

(一) 八声甘州

柳 永

对潇潇、暮雨洒江天,一番洗清秋①。渐霜风凄紧,关河冷落②,残照当楼③。是处红衰翠减④,苒苒物华休⑤。惟有长江水,无语东流。

不忍登高临远,望故乡渺邈⑥,归思难收⑦。叹年来踪迹,何事苦淹留⑧。想佳人、妆楼颙望⑨,误几回、天际识归舟⑩。争知我、倚阑干处⑪,正恁凝愁⑫。

【注释】

① 对潇潇暮雨洒江天,一番洗清秋:写眼前的景象。潇潇暮雨在辽阔江天飘洒,经过

一番雨洗的秋景分外清朗寒凉。潇潇,下雨声。一说雨势急骤的样子。一作"萧萧",意同。清秋:清冷的秋景。

② 霜风:指秋风。凄紧:凄凉紧迫。关河:关塞与河流,此指山河。

③ 残照:落日余光。当:对。

④ 是处:到处。红衰翠减:指花叶凋零。红,代指花。翠,代指绿叶。此句为借代用法。

⑤ 苒苒(rǎn):同"荏苒",形容时光消逝,渐渐(过去)的意思。物华:美好的景物。休:这里是衰残的意思。

⑥ 渺邈(miǎo):远貌,渺茫遥远。一作"渺渺",意同。

⑦ 归思(旧读:sì,做心绪愁思讲):渴望回家团聚的心思。

⑧ 淹留:长期停留。

⑨ 佳人:美女。古诗文中常用代指自己所怀念的对象。颙(yóng)望:抬头凝望。颙,一作"长"。

⑩ 误几回:多少次错把远处驶来的船只当作心上人的归舟。语意出温庭筠《望江南》词:"过尽千帆皆不是,斜晖脉脉水悠悠,肠断白苹洲。"天际,指目力所能达到的极远之处。

⑪ 争(zěn):怎。处:这里表示时间。"倚阑干处"即"倚栏杆时"。

⑫ 恁(nèn):如此。凝愁:愁苦不已,愁恨深重。凝,表示一往情深,专注不已。

【翻译】

面对着潇潇暮雨从天空洒落在江面上,经过一番雨洗的秋景,分外寒凉清朗。凄凉的霜风一阵紧似一阵,关山江河一片冷清萧条,落日的余光照耀在高楼上。到处红花凋零翠叶枯落,一切美好的景物渐渐地衰残。只有那滔滔的长江水,不声不响地向东流淌。

不忍心登高遥看远方,眺望渺茫遥远的故乡,渴求回家的心思难以收拢。叹息这些年来的行踪,为什么苦苦地长期停留在异乡?想起美人,正在华丽的楼上抬头凝望,多少次错把远处驶来的船当作心上人回家的船。她哪会知道我,倚着栏杆,愁思正如此的深重。

【赏析】

本篇为词人的名篇,融写景抒情于一体,通过描写羁旅行役之苦,表达了强烈的思归情绪,语浅而情深。

上片写所望之景色,词人以如椽之笔描绘江野暮秋萧瑟寥廓、浑莽苍凉的景色:以"潇潇"暮雨、"凄紧"的霜风、江流展现了风雨急骤的秋江雨景;以"冷落"的关河、夕阳"残照"描绘了骤雨冲洗后苍茫浩阔、清寂高远的江天景象,充满了萧瑟、肃杀的悲秋情调。"苒苒物华休"比喻青春时光的短暂,只剩下"无语东流"的长江水,暗示词人的惆怅和悲愁无处诉说。

下片写登高远眺的感想,抒写了思乡怀人欲归不得的愁苦。"不忍登高"说明词人所处的位置,"不忍"二字点出曲折,增加了一番情致。接下来几句层层说明了缘何"不忍",一是"望故乡渺邈",因而"归思难收";二是"叹年来踪迹",深感游宦淹留;三是"想佳人"之思绪,此乃"不忍"之根源。"误几回、天际识归舟",不知她会有多少回误认归舟?相思太苦。最后两句转到自己身上,"倚阑干处,正恁凝愁",怎会知道我身倚栏杆苦苦思念满怀忧愁?

在词人多篇写羁旅行役的长调中,本篇是最富于意境的典范之作。词的写景层次清晰有序,抒情淋漓尽致,写尽了他乡游子的羁旅哀愁。全词语言通俗,将思乡怀人之意绪表达得明白如话,然感情真挚而强烈,跌宕起伏。词中"渐霜风"几句为千古登临名句,苏轼赞为"此语于诗句不减唐人高处"。

【阅读训练】

1. "惟有长江水,无语东流"一句,有人以为当做"无声"更好,试谈你的看法。
2. 此词描绘了一幅怎样的图景,抒发什么感情?试结合具体内容分析。
3. 上片"渐霜风凄紧,关河冷落,残照当楼"三句,笔墨平淡,却极有表现力,连一向鄙视柳词的苏轼也称赞"此语于诗句不减唐人高处"。请简要赏析。

(二)望海潮

柳 永

江南形胜①,三吴②都会③,钱塘自古繁华。烟柳画桥,风帘④翠幕,参差⑤十万人家。云树⑥绕堤⑦沙,怒涛⑧卷霜雪⑨,天堑⑩无涯。市列珠玑⑪,户盈⑫罗绮,竞豪奢。

重湖⑬叠巘⑭清嘉⑮,有三秋⑯桂子,十里荷花。羌管⑰弄晴,菱歌泛夜⑱,嬉嬉⑲钓叟莲娃⑳。千骑㉑拥高牙㉒,乘醉听箫鼓,吟赏烟霞㉓。异日㉔图㉕将好景,归去凤池㉖夸。

【注释】

① 形胜:地理条件优越。
② 三吴:《水经注》以吴兴、吴郡、会稽为三吴。钱塘,旧属吴郡。
③ 都会:大都市。
④ 风帘:挡风的帘子。
⑤ 参差:指房屋楼阁高低不齐。
⑥ 云树:树木远望似云,极言其多。
⑦ 堤:钱塘江防潮汛的大堤。
⑧ 怒涛:汹涌的潮水。
⑨ 霜雪:比喻浪花。
⑩ 天堑(qiàn):天然的险阻,这里指钱塘江。
⑪ 珠玑:泛指珍宝等珍贵商品。
⑫ 盈:充满,言其多。
⑬ 重湖:这里指西湖。西湖以白堤为界,分为外湖、里湖,故称重湖。
⑭ 叠巘(yǎn):重叠的山峰。
⑮ 清嘉:清秀美丽。嘉,一般作"佳"。
⑯ 三秋:农历九月。
⑰ 羌管:笛子出自羌族,故称羌管。这里泛指乐器。
⑱ 泛夜:指在夜间飞扬。
⑲ 嬉嬉:欢乐快活的样子。

⑳ 莲娃：采莲的姑娘。
㉑ 千骑：形容州郡长官出行时随从众多。
㉒ 高牙：古代将军旗杆用象牙装饰，故称牙旗。这里指大官高扬的仪仗旗帜。
㉓ 烟霞：山水美景。
㉔ 异日：他日。
㉕ 图：描绘。
㉖ 凤池：即凤凰池。原指皇帝禁苑中的池沼，多代指中书省，这里泛指朝廷。

【翻译】

杭州地理位置优越，风景优美，是三吴的都会。这里自古以来就十分繁华。如烟的柳树、彩绘的桥梁、挡风的帘子、翠绿的帐幕，楼阁高高低低，大约有十万户人家。高耸入云的大树环绕着钱塘江沙堤，澎湃的潮水卷起霜雪一样白的浪花，宽广的江面一望无涯。市场上陈列着琳琅满目的珠玉珍宝，家家户户都存满了绫罗绸缎，争相比奢华。

里湖、外湖与重重叠叠的山岭非常清秀美丽。秋天桂花飘香，夏季十里荷花。晴天欢快地吹奏羌笛，夜晚划船采菱唱歌，钓鱼的老翁、采莲的姑娘都喜笑颜开。千名骑兵簇拥着巡察归来的长官。在微醺中听着箫鼓管弦，吟诗作词，赞赏着美丽的水色山光。他日把这美好的景致描绘出来，回京升官时向朝中的人们夸耀。

【赏析】

《望海潮》属柳永首创，词牌与词的内容以及地域性特点密切结合。上片主要从"形势之胜、城市风光、钱塘江雄伟、士民殷富"等方面做了描述；下片着重描绘西湖胜景，刻画出一派"山水秀丽、花木繁茂、箫管悠扬、叟娃嬉戏"的太平景象。

在这首词中，词人以生动的笔墨，描绘了西湖的美景，钱塘江潮的壮观，杭州市区的繁华富庶以及当时上层人物的享乐，下层人民的劳动生活，勾画出一幅杭州的锦山秀水以及当地风土人情的生动画卷。全词以点带面，明暗交叉，铺叙晓畅，形容得体，一反柳永惯常的风格，以大开大阖、波澜起伏的笔法，浓墨重彩地铺叙展现了杭州的繁荣、壮丽景象。此词慢声长调和所抒之情起伏相应，音律协调，情致婉转，是柳永的一首传世佳作。

【阅读训练】

这首词中，词人是如何形象地描绘杭州的繁华、钱塘江的壮观和西湖的秀色的？

七、推荐宋代其他词人篇目

1. 秦观《鹊桥仙》
2. 李清照《如梦令》《醉花阴》
3. 周邦彦《蝶恋花》
4. 晏殊《浣溪沙》(一曲新词酒一杯)《浣溪沙》(一向年光有限身)

念奴娇·赤壁怀古

一、作者介绍

苏轼(1037—1101)字子瞻,又字和仲,号"东坡居士",世称"苏东坡"。汉族,眉州眉山(今四川眉山,北宋时为眉山城)人,祖籍栾城。北宋著名散文家、书画家、词人、诗人,是豪放词派的代表。和父亲苏洵、弟弟苏辙合称为唐宋八大家中的"三苏"。

苏轼一生经历了北宋仁宗、英宗、神宗、哲宗、徽宗五朝。他二十一岁中进士,初入仕途,正是北宋政治与社会危机开始暴露,士大夫改革呼声日益高涨的时候。宋神宗熙宁年间,王安石实行新法,希望改变宋朝积贫积弱的局面。苏轼虽主张改革,反对因循守旧,抑制豪强,但也不同意王安石的变法理论,苏轼认为"欲速则不达",建议神宗皇帝不要"求治太速,进人太锐,听言太广"。由于这些意见和建议遭到变法派的反对,苏轼被迫外调,先通判杭州,以后又做过密州、徐州、湖州等地的知州。在他为官之处,注意了解民情,关心百姓的生产和生活,所到之处都受到人民群众的拥戴和热爱。1079年(元丰二年),苏轼到任湖州还不到三个月,就因为作诗讽刺新法,以"文字毁谤君相"的罪名入狱,史称"乌台诗案"。受诬陷后,他被贬黄州任团练副使,在黄州四年多曾于城东之东坡开荒种田,故自号"东坡居士"。

哲宗即位后,高太后听政,以王安石为首的新党被打压,司马光重新被启用为相。苏轼复为朝奉郎知登州(今山东蓬莱)。四个月后,以礼部郎中被召还朝。当苏轼看到新兴势力拼命压制王安石集团的人物及尽废新法后,认为其与所谓"王党"不过一丘之貉,再次向皇帝提出谏议。他对旧党执政后,暴露出的腐败现象进行了抨击,由此,他又引起了保守势力的极力反对,于是又遭诬告陷害。苏轼至此是既不能容于新党,又不能见谅于旧党,因而再度自求外调。徽宗即位后,苏轼被调廉州安置、舒州团练副使、永州安置。元符三年四月(1100)大赦,复任朝奉郎,北归途中,于建中靖国元年七月二十八日(1101年8月24日)卒于常州(今属江苏)。葬于汝州郏城县(今河南郏县),享年六十五岁。宋高宗即位后,追赠苏轼为太师,谥为"文忠"。

苏轼诗现存约2 700余首,其诗内容广阔,风格多样,以豪放为主,笔力纵横,穷极变幻,具有浪漫主义色彩,为宋诗发展开辟了新的道路。叶燮(字星期)《原诗》说:"苏轼之诗,其境界皆开辟古今之所未有,天地万物,嬉笑怒骂,无不鼓舞于笔端。"赵翼《瓯北诗话》说:"以文为诗,自昌黎始,至东坡益大放厥词,别开生面,成一代之大观……其尤不可及者,天生健笔一枝,爽如哀梨,快为并剪,有必达之隐,无难显之情,此所以继李、杜后为一大家也,而其不如李、杜处亦在此。"其诗清新豪健,善用夸张比喻,在艺术表现方面独具风格。少数诗篇能反映民间疾苦,指责统治者奢侈骄纵。词开豪放一派,对后代很有影响。《念奴娇·赤壁怀古》《水调歌头·丙辰中秋》传诵甚广。诗文有《东坡七集》等。

苏轼的词现存340多首,冲破了专写男女恋情和离愁别绪的狭窄题材,具有广泛的社会内容。苏轼在我国词史上占有特殊的地位。他将北宋诗文革新运动的精神,扩大到词的领域,扫除了晚唐五代以来的传统词风,开创了与婉约派并立的豪放派,扩大了词的题材,丰富了词的意境,冲破了诗庄词媚的界限,对词的革新和发展做出了重大贡献。

二、作品背景

这首词是公元1082年(宋神宗元丰五年)苏轼谪居黄州时所写,当时作者47岁,因"乌台诗案"被贬黄州已两年多了,苏轼由于诗文讽喻新法,为新派官僚罗织论罪而被贬,心中有无尽的忧愁无从述说,于是四处游山玩水以放松情绪。正巧来到黄州城外的赤壁(鼻)矶,此处壮丽的风景使作者感触良多,更是让作者在追忆当年三国时期周瑜无限风光的同时也感叹时光易逝,年岁渐老,功业无成,因此写下此词抒发内心的苦闷之情。

三、课文分析

本词选自《东坡乐府》。元丰五年(1082)7月,苏轼47岁,偕友人同游黄州赤壁,联想到历史上的名迹——古战场赤壁,触景生情,俯仰古今,自抒怀抱,填了这首词。

"念奴娇",词牌名。双调,共100字,所以又名《百字令》。此曲调始于唐代天宝年间,原本是填写儿女情长内容。到了宋代,苏轼将其内容大胆创新,改为状写江山之胜和英雄业绩,气势宏大,音节铿锵,是对词的重大突破与发展。"赤壁怀古",是词的题目。这首词题为怀古,意在抒发自己奋发之情和失意之怀。它如同一首激情澎湃而丰富多变的交响乐,撼人心魄。

这首词当时在词坛震动很大,宋俞文豹《吹剑续录》说:"东坡在玉堂,有幕士善歌,因问:'我词比柳词何如?'对曰:'柳郎中词,只合十七八女郎,执红牙板,唱杨柳岸,晓风残月;学士词,须关西大汉,铜琵琶,铁绰板,唱大江东去'。"正因为苏轼《赤壁怀古》词特别有名,所以又称《大江东去》《大江东》《酹江月》等。它是苏轼词风革新、词艺臻于精绝的代表作之一。

本词通过对月夜江上壮美景色的描绘,借对古代战场的凭吊和对风流人物才略、气度、功业的追念,曲折地表达了自己怀才不遇、功业未就、老大未成的忧愤心情。

上阕写赤壁的雄奇景色,缅怀古代英雄人物。

开头"大江东去,浪淘尽,千古风流人物"三句,是词人登赤壁临长江而发出的感叹。他以龙骧不羁之才,挥动濡染大笔,囊括千古群英,催人引起一种超越时空的遐想,从而为下面赞美三国时英雄周瑜设下了伏笔,创造了气氛。"浪淘尽"三字,将"大江"与"千古风流人物"融合写来,意境壮阔深远,豪壮与感伤之情隐约其间,而且暗暗点出"怀古"的题旨。这浪淘人物,当然也包括词人自己与周郎在内。"故垒西边,人道是,三国周郎赤壁",这两句是上承"风流人物"而来,点明"怀古"的特定时代、人物、地点,引入对古战场的凭吊。据考证,赤壁之战的古战场本来在今湖北蒲圻县西北36公里,长江南岸。苏轼写这首词时所游之地,并不是赤壁大战的古战场,而是黄州附近的赤鼻山,亦称赤鼻矶,其山断崖临江,截然如壁,色呈赭赤,形如悬鼻。"人道是"三字巧妙点明这里并不是三国时那场决定历史走向的赤壁大战的所在地,作者仅只取其音、形有相似之处,借以引发联想,抒发怀古之情而已。"周郎赤壁"四字,耐人寻味。赤壁因周郎火攻破曹建立丰功伟业而著称,周郎也以赤壁而名扬天下,一场确立三分局面的大战,把周郎与赤壁紧密地联系在一起,为下面描写赤壁景色作了铺垫。"乱石穿空,惊涛拍岸,卷起千堆雪"三句景语,气势逼人,写活了赤壁,形象地描绘出赤壁古战场上雄伟壮丽的景色。"乱""穿"二字,状山岩参差错落、冲破云天的险峻形势,衬托了当时赤壁大战的情况;"惊""拍"二字,状巨浪狂奔、冲击崖石的浩大气势,一个"卷"字用得极好,它活画出波涛翻滚的长江水冲击江岸所形成波浪时那最美的形态,生动传神。进而词人又用"千堆雪"来比喻那翻滚涌起的浪花,使诗句更富神韵和色彩,巧妙地为下阕追怀英雄人物点染出壮阔的背景。"江山如画,一时多少豪杰!"这两句触景生情,有力地收束了上阕。其中前句承上概括风景,后句启下引出周瑜,由咏赞江山胜迹转入对历史英雄人物的颂扬,抒情中含有议论,转折自然。在用词技巧方面,"一时"较"千古"范围大大缩小,为下文集中笔墨写周郎奠定了基础。

  下阕,怀古抒情,借对周瑜的仰慕,抒发自己功业无成的感慨。

  "遥想公瑾当年,小乔初嫁了,雄姿英发",紧承上阕结句,转入着重描写赤壁之战主帅周瑜。"遥想"两字照应"一时",领起下文,把读者从现实之中带到赤壁之战的古战场。词人在"公瑾当年"与"雄姿英发"两句中间插进一句"小乔初嫁了",这里是顺手借用。事实上,周瑜是汉献帝建安三年娶小乔为妻的,赤壁之战周瑜火攻破曹这一年是建安十三年,此时他俩已是十年结发夫妻。因此,必须说明的是,这里读者不必将"初嫁"一词看得太机械,这样写的目的是用"美人"来衬托"英雄"少年英俊,突出周瑜仪表堂堂、才华卓越、气度超人、婚姻美满、春风得意、令人羡慕。作者于豪语健句中插入温情柔笔,寓庄于谐,摇曳生姿,饶有风趣。

  "羽扇纶巾,谈笑间,樯橹灰飞烟灭"两句,着力刻画了周瑜赤壁之战时面对强大的曹军进攻,他从容娴雅、运筹帷幄、指挥若定、克敌制胜的儒将风采,赞颂了他建立的赫赫战功。笔力省净,栩栩如生,十分传神,追慕之情跃然纸上。与此同时,也为自己的坎坷失意作了有力的反衬。

  "故国神游,多情应笑我,早生华发",则由对英雄人物的追慕到感叹自己年长功业未成。这里多为词人浪漫的想象,诙谐而又风趣。赤壁是周瑜当年建立功勋之地,又是他东吴的故地,作者想象周瑜虽早已殒亡,而心必定仍依恋故土,不断"神游"于此,如今自己以逐臣身份在叱咤风云的古战场上空自凭吊,倘若遇上周郎,他将会笑我老大年纪还功业未成,却早生白发。"多情"两字颇有趣味,词人敬慕周瑜的才华业绩,并把周瑜当成知心朋友看待,他对周瑜的赞美完全是对知心朋友的亲切称赞,而他想象中的周瑜笑他,也完全应该是一种朋友之间的体贴关怀和善意的同情。还有"笑我"两字,既饱含着词人对身世的深沉感慨,同时也带有一种自我解嘲的意味,另外,又巧妙地点出这首词的命意所在。此时,词人借怀古之题而抒己抱负的深刻用意不言自明,表现出他对建功立业的极度渴望心情,也流露出对自己没能遇上贤明君主,竟遭此被贬谪命运的愤懑情绪。

  结尾两句"人生如梦,一樽还酹江月",是对开头的照应深化,又是叹喟人生短促,无可奈何,只好借酒浇愁,寄情江月,以求自我解慰。这流露出他政治上失意,心灰意冷的情怀,也隐含着不安现状的愤慨。尽管显得超逸旷达,但已经失去了奔放腾跃的激情,情调较为低沉消极,反映了词人的理想与现实存在的极大矛盾。

综观全词,作者以纵横之笔将写景、怀古、咏史、抒情、议论熔于一炉,写尽江山胜迹,抒尽奋发之情,叹尽失意之怀,其气势磅礴,联想丰富,开合有致,跌宕多姿,笔力遒劲,高唱入云,真有"一洗万古凡马空"气象,很能代表苏词的典型风格。难怪南宋胡仔《苕溪渔隐丛话前集》盛赞本词:"语意高妙,真古今绝唱。"后人推尊此词,和韵之作甚多。

四、艺术特色

(一)写景、怀古、抒情相统一

《念奴娇》一词在写作方法上的主要特点是结合写景和怀古来抒发感情。如上半阕对赤壁的描写和赞美,寓情于景,情景交融。下半阕刻画周瑜形象倾注了作者对历史英雄的敬仰。最后借"一樽还酹江月"表达自己年岁渐老、渴望建功立业的感慨。全词意境开阔,感情奔放,语言也非常生动形象。

(二)映衬手法的运用

这首词中作者要塑造的人物形象是周瑜,却从"千古风流人物"说起,由此引出赤壁之战时"多少豪杰",最后才集中为周瑜一人,突出了周瑜在作者心中的重要地位。词中有两种映衬:一种是实景和虚景相互映衬,另一种是周瑜的"雄姿英发"和作者的"早生华发"相互映衬。用"大江东去"四字来雄视千古,自古以来,无人超越。它极简洁、质朴却又气象宏大,声势极豪壮,并且富含哲理,把读者带到千古兴亡的历史氛围之中,抒发了诗人对往昔英雄人物的无限怀念。

五、知识拓展

(一)苏轼的诗歌与散文

关于诗歌:苏轼对社会的看法和对人生的思考都毫无掩饰地表现在其文学作品中,其中又以诗歌最为淋漓酣畅。在2 700多首苏诗中,反映社会现实和思考人生的题材十分突出。苏轼对社会现实中种种不合理的现象抱着"一肚皮不入时宜"的态度,始终把批判现实作为诗歌的重要主题。更为可贵的是,苏轼对社会的批判并未局限于新政,也未局限于眼前,他对封建社会中由来已久的弊政、陋习进行抨击,体现出更深沉的批判意识。

苏轼一生宦海浮沉,奔走四方,生活阅历极为丰富。他善于从人生遭遇中总结经验,也善于从客观事物中见出规律。在他眼中,极平常的生活内容和自然景物都蕴含着深刻的道理,如《题西林壁》和《和子由渑池怀旧》两诗。在这些诗中,自然现象已上升为哲理,人生的感受也已转化为理性的反思。尤为难能可贵的是,诗中的哲理是通过生动、鲜明的艺术意象自然而然地表达出来,而不是经过逻辑推导或议论分析所得。这样的诗歌既优美动人,又饶有趣味,是名副其实的理趣诗。"不识庐山真面目"和"雪泥鸿爪"一问世即流行为成语,说明苏轼的理趣诗受到普遍喜爱。苏诗中类似的作品还有很多,如《泗州僧伽塔》《饮湖上初晴后雨》《慈湖夹阻风》等。苏轼极具灵心慧眼,所以到处都能发现妙理新意。

关于散文:据史料记载,苏轼对散文用力甚勤,他以扎实的功力和奔放的才情,为散文创作开拓了新天地。谈史议政的论文,包括奏议、进策、史论等,大都是同苏轼政治生活有密切联系的作品。其中除有一部分大而无当带有浓厚的制科气外,确也有不少有的放矢、颇具识见的优秀篇章。如《进策》《思治论》《留侯论》等,见解新颖,不落窠臼,雄辩滔滔,笔势纵横,善于腾挪变化,体现出《孟子》《战国策》等散文的影响。

叙事纪游的散文在苏文中艺术价值最高,有不少广为传诵的名作。记人物的碑传文,如《潮州韩文公庙碑》,记楼台亭榭的散文,如《喜雨亭记》。其写景的游记,更以捕捉景物特色和寄寓理趣见长,如《石钟山记》、前后《赤壁赋》,即地兴感,借景寓理,达到诗情画意和理趣的和谐统一。苏轼的记叙体散文,常常熔议论、描写和抒情于一炉,在文体上,不拘常格,勇于创新;在风格上,因物赋形,汪洋恣肆;更能体现出《庄子》和禅宗文字的影响。

书札、题记、叙跋等杂文,在东坡集中也占有重要地位,所写书札尺牍如《上梅直讲书》《与李公择书》等,大都随笔挥洒,不假雕饰,使人洞见肺腑,最能显现出作者坦率、开朗、风趣的个性。苏轼写了不少题记、序跋、杂文,品诗评画,谈论书法,总结创作经验。如《南行前集叙》《书吴道子画后》《文与可画筼筜谷偃竹记》等。此外,苏轼还有一些记述治学心得的杂文,如《日喻》《稼说》等,写法上能就近取譬,深入浅出,内容上也有不少独道之见。苏轼还有流传较广的笔记文《东坡志林》,此书东坡生前已提及,但未完成,今传本实后人编辑。《稗海》所收《志林》,内容较多,史论而外,还有不少随笔、杂感、琐记,写人记事,言简而明,信笔挥洒,颇饶情致,随手拈来,即有意境和性情。

(二)苏轼与辛弃疾词的异同

苏轼、辛弃疾同属豪放派词人,但苏词在豪放中蕴有清旷之意,较偏于洒脱疏朗,旷达雄放;而辛词则在豪情之外给人以慷慨悲歌,激情飞扬之感。两者相得益彰,共同形成了繁盛而辉煌的豪放词派。具体差异体现在如下几个方面:

(1)题材内容:二人都善于写景、写人,写怀古、隐逸之情,但在处理方法上有所不同,苏词偏旷达之情,辛词偏向豪放之情。

(2)艺术表现:二人都有意提高词体地位,苏轼"自是一家",辛弃疾"如诗如文",他们把诗文丰富的表现手法都移植到词创当中,体现了对词的高度看待。

(3)心境:二者都有内在的感悟之心,艺术修养全面深厚,且都有建功立业的理想抱负,但二人在对待事物上的处理方法却不同。

苏轼:

① 忘掉自我,返归自然,把自己有限的生命融入自然,使之在无限的自然中得到永恒,也使自己的人生痛楚升华为动力,将之融入文学创作中。他追求的是诗书事业,是文人政治上的功名。

② 苏轼三贬,贬地越来越远,生活越来越苦,年龄越来越老,但他却并没有因此而一蹶不振,没有被打垮,相反他的心境越来越旷达。苏轼一生仕途多坎坷,命运多舛,屡受群小猜疑、嫉恨、排挤。长期外放,流落他乡,但是他始终没有放弃自己的理想追求,没有失去对生活的火热激情,敢于直面惨淡的人生,就在最失意的外放为地方官的时候,他还是能够做到为民谋利益,乐观、积极地生活。

辛弃疾：

① 具有崇高的理想和强烈的使命感、坚定的进取精神和执著的人生信念。他对于自己的境遇无法释怀,始终不能摆脱现实的痛苦,岁月蹉跎,壮志难酬让他渴望铲除现实中的黑暗,在痛苦中热烈地追求。

② 对在战场上成就功名有着巨大的向往,无论遭受什么打击,遭遇什么样的磨难,他对理想的追求始终没有放弃,虽然有许多时光在田园中度过,但他的心一刻也没有离开政治和军事,他的隐居是被迫的,他追求的是军事和政治上的功勋,是英雄所肩负的民族独立统一大业。

六、美文欣赏

（一）水调歌头·明月几时有

苏 轼

（丙辰中秋,欢饮达旦,大醉,作此篇,兼怀子由。）

明月几时有,把酒问青天。不知天上宫阙,今夕是何年。我欲乘风归去,又恐琼楼玉宇,高处不胜寒。起舞弄清影,何似在人间。

转朱阁,低绮户,照无眠。不应有恨,何事长向别时圆？人有悲欢离合,月有阴晴圆缺,此事古难全。但愿人长久,千里共婵娟。

【翻译】

丙辰年的中秋节,高兴地喝酒(直)到(第二天)早晨,(喝到)大醉,写了这首(词),同时怀念(弟弟)子由。

明月从何时才有？端起酒杯来询问青天。不知道天上宫殿,今天晚上是哪年。我想要乘御清风回到天上,又恐怕美玉砌成的楼宇受不住高耸九天的寒冷。起舞翩翩玩赏着月下清影,哪里像在人间。

月儿转过朱红色的楼阁,低低地挂在雕花的窗户上,照着没有睡意的人(指诗人自己)。明月不该对人们有什么怨恨吧,为何偏在人们离别时才圆呢？人有悲欢离合的变迁,月有阴晴圆缺的转换,这种事自古以来难以周全。但愿亲人能平安健康,虽然相隔千里,也能共享这美好的月光。

【赏析】

本词作于宋神宗熙宁九年的中秋节,当时苏轼正任密州知府。中秋,皓月当空,银光泻地,苏轼想起了分别七年的苏辙。词人举杯望月,心中生起无限遐思,"江畔何人初见月,江月何年初照人",张若虚痴情地追问,在苏轼心中回响,不禁触景生情,睹物思人。

本词开篇,豪迈的意气,在"把酒问天"中排空直入,似乎潇洒地带走了一些作者的郁愤。"不知天上宫阙,今夕是何年"将天上与人间作对比,突出了他当时"仕"与"隐"的矛盾心理,词人不满现实,企望天上的纯洁。但天上恰如人间,同样不能圆满,同样有种缺陷的美好。苏轼遥望月宫,似与嫦娥共舞,身处瑶池仙境,起舞弄影的飘逸中带着几分酒后的轻狂。

随着月光的移动,低照在门窗上,照得屋里的词人难以入眠。无眠的孤清与亲人分离的悲凉只能唯圆月是问。但作者知道人之离合与月之圆缺是自古而然。既知此理便"不应有恨",从而感情转入理智,化悲怨而为旷达。"但愿人长久,千里共婵娟"表达了作者乐观的态度:只要人常在,纵然千里阻隔,也能同赏一轮明月,恍如咫尺相依。

本词通篇咏月,月是词的中心形象,却处处契合人事。在月的阴晴圆缺中,渗进浓厚的哲学意味,本词意境虚虚实实,文字在幻想与现实中穿梭,思绪在天上与人间徘徊。孤独的作者终于求得出路:离合的悲欢,政途的苦闷,只可借自宽自慰来消解,只能旷达地一笑而过。

【阅读训练】

1. 赏析"但愿人长久,千里共婵娟"。
2. 简要评析这首词运用的艺术手法和风格。

(二)《破阵子·为陈同甫赋壮词以寄之》

辛弃疾

醉里挑灯看剑,梦回吹角连营。八百里分麾下炙,五十弦翻塞外声。沙场秋点兵。马作的卢飞快,弓如霹雳弦惊。了却君王天下事,赢得生前身后名。可怜白发生!

【翻译】

醉里挑亮油灯观看宝剑,梦中听到军营的号角声响成一片。把牛肉分给部下享用,让乐器奏起雄壮的军乐鼓舞士气。这是秋天在战场上阅兵。

战马像卢马那样跑得飞快,弓箭像惊雷一样震耳离弦。一心想完成替君王收复国家失地的大业,取得世代相传的美名。可惜壮志难酬,白发已生!

【赏析】

《破阵子·为陈同甫赋壮词以寄之》是宋代词人辛弃疾的作品。此词通过对作者早年抗金部队豪壮的阵容和气概以及自己沙场生涯的追忆,表达了作者杀敌报国、收复失地的理想,抒发了壮志难酬、英雄迟暮的悲愤心情;通过创造雄奇的意境,生动地描绘出一位披肝沥胆、忠一不二、勇往直前的将军形象。全词在结构上打破成规,前九句为一意,末一句另为一意,以末一句否定前九句,前九句写得酣恣淋漓,正为加重末五字失望之情,这种艺术手法体现了辛词的豪放风格和独创精神。

【阅读训练】

1. 从词中的哪两个典型细节我们可以看出词人念念不忘报国?
2. 词的末尾一句"可怜白发生!"表达了作者怎样的思想感情?

七、推荐宋词其他篇目

1. 苏轼《江城子·密州出猎》
2. 辛弃疾《永遇乐·京口北固亭怀古》

孔子语录十一则

一、作者介绍

孔子(前551—前479),名丘,字仲尼,祖籍宋国夏邑(今河南省商丘市夏邑县),春秋时期鲁国陬邑人(今山东省曲阜市)。中国著名的大思想家、大教育家、政治家。孔子开创了私人讲学的风气,是儒家学派的创始人。

孔子曾受业于老子,相传有弟子3 000人,贤弟子72人,孔子曾带领弟子周游列国14年。晚年潜心致力于古文献整理,修《诗》《书》,定《礼》《乐》,序《周易》,作《春秋》。其思想以"仁"为核心,"仁"即"爱人",倡导推行"仁政",且应以"礼"为规范,"克己复礼为仁";提出"正名"主张,以为"君君、臣臣、父父、子子",都应实副其"名";注重"学"与"思"的结合,所谓"学而不思则罔,思而不学则殆";首创私人讲学风气,主张因材施教,"有教无类""学而不厌,诲人不倦",强调"君子学道则爱人,小人学道则易使也"。自西汉以后,孔子学说成为两千余年封建社会的文化正统,影响极其深远。现存《论语》一书,记载有孔子与门人的问答,是研究孔子学说的主要资料。

孔子早年丧父,家境衰落。他曾说过:"吾少也贱,故多能鄙事。"年轻时曾做过"委吏"(管理仓廪)与"乘田"(管放牧牛羊)。虽然生活贫苦,孔子十五岁即"志于学"。他善于取法他人,曾说:"三人行,必有吾师焉。择其善者而从之,其不善者而改之。"(《论语·述而》)他学无常师,好学不厌,乡人也赞他"博学"。

孔子"三十而立",并开始授徒讲学。凡带上一点"束修"的,都收为学生。如颜路、曾点、子路、伯牛、冉有、子贡、颜渊等,是较早的一批弟子。连鲁大夫孟僖子、其子孟懿子和南宫敬叔都来学礼,可见孔子办学已名闻遐迩。私学的创设,打破了"学在官府"的传统,进一步促进了学术文化的下移。

孔子终生热衷于从事政治,有一腔报国热血,也有自己的政治见解,但最高统治者对于他始终是采取一种若即若离、敬而远之的态度。他真正参与政治的时间只有4年多,在这4年多的时间里,他干了不少事,职务提升也很快。但终究因为与当权者政见不同而分道扬镳。此时他已50多岁,迫于形势,他离开了鲁国,开始了被后人称之为周游列国的政治游说。14年中,东奔西走,多次遇到危险,险些丧命。后虽被鲁国迎回,但鲁终不用孔子。

孔子创立了以仁为核心的道德学说,他自己也是一个很善良的人,富有同情心,乐于助人,待人真诚、宽厚。"己所不欲,勿施于人""君子成人之美,不成人之恶""躬自厚而薄责于人"等等,都是他的做人准则。

孔子的政治思想核心内容是"礼"与"仁",在治国的方略上,他主张"为政以德",用道德和礼教来治理国家是最高尚的治国之道。这种治国方略也叫"德治"或"礼治"。这种方略把德、礼施之于民,严格了等级制,把贵族和庶民截然划分为治者与被治者。打破了贵族和庶民间原有的一条重要界限。

　　孔子的经济思想最主要的是重义轻利、"见利思义"的义利观与"富民"思想。这也是儒家经济思想的主要内容,对后世有较大的影响。

　　在教育上,他提倡"有教无类",创办私学,广招学生,打破了奴隶主贵族对学校教育的垄断,人人都可以受教育,人人都应该受教育,把受教育的范围扩大到平民,顺应了当时社会发展的趋势。

　　孔子在古代被尊奉为"天纵之圣""天之木铎",是当时社会上最博学者之一,被后世统治者尊为孔圣人、至圣、至圣先师、万世师表。其儒家思想对中国和世界都有深远的影响,孔子被列为"世界十大文化名人"之首。

二、《论语》简介

　　《论语》是中国春秋时期一部语录体散文集,主要记录孔子及其弟子的言行,它较为集中地反映了孔子的思想,内容大多是关于学习、道德修养、为人处世的一般原则,由孔子弟子及再传弟子编纂而成。《论语》属于学术著作,但因其文体是纯粹的语录体,章节简短,一言一事各自起讫,前后不相连属,也无长篇议论。而其文字颇为生动,往往三言两语就表现一个完满的意思,且每有格言警句式的语言,言简意深,耐人回味。有时还在简单的对话和行动中展示人物形象,不同人物的性格宛然若现。因此,《论语》又具有很强的文学性。

三、课文翻译

学 而

　　(1) 孔子说:"学了,又经常复习它,不也是令人高兴的吗?有志同道合的人从远方来,不也是令人快乐的吗?人家不了解我,我也不恼怒,不也是君子吗?"

　　(2) 曾子说:"我每天再三检查反省自己,为他人出主意办事,有没有不忠的地方?与朋友交往,有没有做到恪守信用,诚实无欺?老师传授给我的东西,是不是复习了呢?"

　　(3) 孔子说:"君子不追求吃喝,不追求安逸,做事敏捷,说话谨慎,向有道德的人看齐以改正自己的错误,这样就可以说是好学的了。"

为 政

　　(1) 孔子说:"温习学过的知识,从而得到新的理解与体会,可以凭借这点做别人的老师了。"

　　(2) 孔子说:"只学习却不思考,就会感到迷茫而无所适从;光是思考但不学习,就会产生疑惑。"

　　(3) 孔子说:"仲由啊,我教导你的话明白了吗?知道就是知道,不知道就是不知道,这样的人才是聪明的。"

　　(4) 孔子说:"一个人不讲信用,是根本不可以的,就好像大车没有𫐐,小车没有𫐄一样,它怎么能行走呢?"

述 而

　　(1) 孔子说:"默默地记住,学习不能够满足,教人不知道疲倦,这对我有什么困难呢?"

　　(2) 孔子说:"品德不去修养,学问不去讲求,听到了应当做的事,却不能去做,有了过错不能改正,这些都是我所忧虑的。"

　　(3) 孔子说:"吃粗粮,喝白水,弯着胳膊当枕头,这里边也是很有乐趣的,用不义的手段得到富贵,对我来说就像浮云一样。"

　　(4) 叶公问子路孔子为人如何,子路不答。孔子说:"你为什么不这样说:'他的为人,发愤得忘记了吃饭,高兴得忘记了忧愁,连快要老了都不知道,仅此而已'。"

四、课文简析

　　儒家十分重视个人的道德修养,以求塑造成理想人格。在春秋时代,社会变化十分剧烈,反映在意识领域中,即人们的思想信仰开始发生动摇,传统观念似乎已经在人们的头脑中出现危机。于是,曾参提出了"反省内求"的修养办法,不断检查自己的言行,使自己修善成完美的理想人格。《论语》书中多次谈到自省的问题,要求孔门弟子自觉地反省自己,进行自我批评,加强个人思想修养和道德修养,改正个人言行举止上的各种错误。这种自省的道德修养方式在今天仍有值得借鉴的地方,因为它特别强调进行修养的自觉性。

　　课文节选的十一则语录,主要可分为学习和道德修养两方面的内容。在学习态度和学习方法上,提出"学而时习之""温故而知新""学而不厌"等观点;在道德修养方面,孔子提出"人不知而不愠",强调不患得患失方能进取,认为"不义而富且贵,于我如浮云",表现了儒家高尚的道德情操。

五、知识拓展

于丹《论语》心得《交友之道》节选

　　序言:人们常说,在家靠父母,出门靠朋友。社会环境中朋友是最重要的,物以类聚,人以群分,从你的朋友身上可以照见自己的影子。于丹教授告诉我们《论语》中对交友有非常明确的标准,谓之:益者三友,损者三友。也就是说,好朋友有三种,坏朋友也有三种。这三种好朋友的标准是什么,会给我们的生活事业带来什么样的帮助呢? 而那三种坏朋友又是什么样的呢? 会给我们的人生带来怎样的影响,我们又如何来分辨好朋友和坏朋友呢?

　　今天我们说一个话题,关于《论语》中的交友之道。其实人这一生有什么样的朋友直接反映他是一个什么样的为人,好朋友就是一本书,他可以打开你的整个世界,也就是我们经常说的物以类聚人以群分。什么样的人你只要观察他的社交圈子,从这样一个外在环境是可以看到他自己内心价值取向的。那么论语中鼓励交什么样的朋友呢? 很简单,孔子说:在这个世界上,益者三友,损者三友;友直、友谅、友多闻,益矣;友便辟、友善柔、友便佞,损矣。

　　先说三种好朋友,所谓益者三友就是友直、友谅、友多闻。也就是第一这个朋友为人要正值、要坦荡、要刚正不阿,一个人不能有谄媚之色,要有一种朗朗人格,在这个世界上顶天立地,这是一种好朋友。因为他的人格可以映校你的人格,他可以在你怯懦的时候给你勇气,在你犹豫不前的时候给你一种果断,这是一种好朋友。第二种是友谅,也就是宽容的朋友。其实宽容有的时候是一种美德,是这个世界上最深沉的美德之一。我们会发现,当我们不小心犯了过错或者对他人造成伤害的时候,有时候过分的苛责和批评,都不如宽容的力量来得恒久。

【于丹心语】过分的苛责不如宽容的力量更恒久

其实有时候最让我们内心受不了的是一个人在忏悔的时候没有得到他人的怨气反而得到淡淡的一种包容,所以有一个好朋友,他会给我们内心增加一种自省的力量;宽容的朋友不会使我们堕落或者更多的放纵自己,反而会让我们从他人的内心包容上找到自己的弊病,找到自己的缺失。所以有一个宽容的好朋友,他是一种做人的情怀,他是一种悲悯,他是在这个世界上对于一花一叶、一草一木关怀中所折射出来的光芒,这是第二种好朋友。第三种叫做友多闻,在先秦那个时代,不像我们有电脑,有这么发达的资讯,有铺天盖地的媒体,那个时候人要想广视听怎么办呢,最简单的一个办法,交个好朋友,让你朋友所读的书,那些间接经验转化成你自己的直接经验系统。当你在这个社会上感到犹豫彷徨有所踌躇的时候,到朋友那里以他的广见博识为你做一个参考,来帮助自己做出选择。所以结交一个多闻的朋友就像翻开了一本辞典一样,我们总能从他人的经验里面得到自己的一个借鉴系统。所以,这就是孔夫子所说的三种好朋友,叫友直、友谅、友多闻。

画外音:《论语》中的益者三友就是正直的朋友,宽容的朋友,广见博识的朋友,这就是孔老夫子所称道的三种好朋友;那孔老夫子所说的三种坏朋友又是些什么样的人呢?

同时,他说还有三种坏朋友,叫做友便辟、友善柔、友便佞,这三者损矣。这是损者三友。这是三种什么人呢,首先,什么是友便辟,就是性情暴躁的朋友。当然,每一个人的生活不一样,遇到的情况也不一样,很有可能遇到一件事,你还迷茫的时候你的朋友先怒了,先告诉你这件事情不能这么做。咱们现在经常能看到,社会上说青少年犯罪有好多都是打群架,打群架一不小心打出人命了,这个孩子就判劳教了。其实打出人命这件事情很少是一个孩子去单个所为,往往是一群孩子裹挟在一起。我在评全国法制节目奖的时候,有很多次都看到,一个孩子当他打伤对方,甚至是误杀了对方的时候,他还不知道对方是个什么人。他为什么要去呢,就是哥们儿义气啊,就觉得我朋友说了大家要去打一架,所以一定要去。其实这就说明你遇到这种暴躁的朋友,他一个人就像是一个炮仗捻,他可以把一群朋友心中的一种义愤点燃,而这个义愤往往是没有理由的,往往是一种盲目的意气。作为成年世界不见得说我们都要付出这种打群架的代价,但是一个人燃烧了一场愤怒,这对我们来说只有坏处,没有多少益处。坏朋友为什么把便辟这种情绪暴躁作为第一位呢? 因为盲目的激情有可能会出现永远无法追回的后果。好朋友之间应该以理性为先,告诉他怎么样去过上一种没有危险的生活。我曾经看到也是国外的一个故事:一位富孀,这个老太太家财万贯,她自己想要招聘一个司机,她就在全国范围内发出招聘广告,说我要看看哪个司机的驾驶技术最好。千挑万选从众多的应聘者里面最后选出了三个人站在她面前,她给他们出了同一道题,她说如果我的车子前方是个悬崖,我考考你们的技术,你能把车停在离悬崖多远的地方。第一个司机说我技术好,我能把车子停在离悬崖1米的地方,稳稳地刹住;第二个司机很不服气,说我的技术比他好,我能把车子停在离悬崖10公分的地方;第三个司机说,我不像他们俩,我远远看见悬崖我就停住了。后来老太太就录取了第三个人。因为在这个世界上,技术永远不是最终的保障。人规避风险的理智才是他根本性的前提。也就是说,这第三个人之所以被录取,不是靠他自己逞能,而是靠他的明智。

第二种叫做友善柔。这个正好反着,这个不是脾气特别暴躁的朋友,是脾气特别优柔寡断的朋友。我们发现,过分优柔寡断其实他在浪费你的生命能源,也可能你要去辞职了,你说有一个机会我要下海或者我要跳槽,你去问朋友,朋友说,啊呀,想想吧,你现在的地方也不错呀,你要是万一走了你什么什么就丢掉了。我们有很多朋友都会在这种关键的时候给你一种制约的力量,让你觉得说我还是退一步吧,我还是慎重一点吧。韩国人有一个非常形象的描述,说在这个世界上有这么一种东西它很怪,它前脸长头发,但是后边是一个秃脑勺,这个东西迎着你走过来的时候,由于它满脸头发,所以它面目不清你不知道它是什么,你琢磨琢磨等到它从身边走过去,你突然看清它了,你伸手去一抓,发现它后脑勺上没有头发,它已经彻底走过去了。这个东西它叫什么呢,它的名字就是机遇。这个世界上机遇就是这么一个怪物,它迎面走来的时候你永远心存疑虑,但是等它要走的时候你是永远也抓它不着。善柔的朋友往往耽误了你身边的机遇。我们发现在这个世界上有很多事情不在于你做与不做,而在于你什么时间做是有用的。其实生活中有很多事情是有保值期的,你说一个罐头,一块糖,这个东西是不是好东西呢?没有说搁上十年八年还是好东西的,过了保值期它就变成了毒药。我们这一生要做很多事情,不要被过分优柔寡断的朋友干扰了你的思维,这种朋友太多,也是一种危害。

至于第三种,所谓友便佞,这是最坏的一种朋友。大家都知道佞臣之说,佞,就是那种心怀鬼胎的,有心计的,要以一种不择手段的方法去谋取个人利益的这种小人。他们是真正的小人,是那种心理阴暗的人,但是这种人往往会打扮出来一副善良的面孔。由于他内心有所企图所以他对人的热情比那些没有企图的人可能要高好几十倍,所以你一不小心要是被这种人利用的话,那么你的一生就给自己套上了枷锁。如果你不付出惨痛的代价,这个朋友是不会放过你的。这其实是在考验我们自己的眼光和知人论事的能力。

损者三友,益者三友,它告诉你,你在这一辈子里面所做的所有事情,内心是应该以朋友作为一个坐标的,这种标准有可能是防微杜渐的,不见得这个朋友作出多么伤大雅的事情来,哪怕就是一个苗头,他可能就觉得说这个人做我的朋友以后有可能是我的危险。

画外音:《论语》中的损者三友就是脾气暴躁的朋友,优柔寡断的朋友,还有那些心怀鬼胎的朋友。这样的朋友可千万不能交,否则我们将付出惨重的代价。但是好人坏人都不会写在脸上,我们怎么样才能交到好朋友而远离坏朋友呢?

孔子所有伦理的核心就是一个字,仁。那么究竟什么是仁呢?他的学生樊迟曾经问过老师,说老师,什么是仁,老师只回答了两个字,叫爱人,真正爱他人就是仁;他学生又问,什么叫智慧,问智的时候,老师又回答了两个字,叫做知人,了解他人就是智慧。所以其实我们怎么样能够交到好朋友需要有仁有智,我们心中要对他人有爱,有交朋友的意愿,我们有辨别他人的能力,能够交到有品质的好朋友,这是一种交友的能力。所以真正交朋友需要两个前提：一是意愿，二是能力。意愿就是我们有仁，那么能力就是我们有智，这是一种保障，交朋友质量的最好的底线。所以从这个意义上来讲，交到一个好朋友其实就开创了一份好生活。其实我们的好朋友有的时候会是我们的一面镜子，你从他的生活里面能看见自己的影子。但是也有些人是无心之人，你老跟朋友在一起，自己反而不自省，你不知道什么是好坏。大家知道，在史记里面写到晏子列传，说晏子有一个车夫，这个车夫很有意思，他觉得自己给齐国的宰相驾车，这多么风光啊。这个车夫人长得特别帅，个子高高的，相貌堂堂，而齐国的名相晏婴，大家知道是一个五短身材，其貌不扬，看起来还有点猥琐，就是这样一个人。所以这个车夫每天就觉得，说我这个位置好，我坐在前面，晏子坐在我后面，我驾着高头大马，我在外面风风光光，晏子在车棚里面坐着，觉得我这个职业太好了，每天都无比风光。后来终于有一天，回到家的时候发现他夫人在家哭哭啼啼的，自己收拾了东西要回娘家。他特别惊讶，他说你要干什么，他夫人说，我实在忍受不了，我打算离开你，我觉得我跟你在一起我挺耻辱的。这个车夫大惊，说，你看，你不觉得我风光吗？他夫人说，你以为什么叫做风光，说像晏婴那样一个人，以他那样一个治世之才，他自己如此谦恭，坐在后面毫不张扬，而你不过就是一个车夫而已，你那样觉得风光无限，你的趾高气扬全在脸上，这就是我的人生最大的耻辱了。因为你跟晏子这样的人每天在一起，还不能以这样一个人作为你生命的坐标，这就是我对你的绝望。其实这个故事传出来以后，晏婴跟这个车夫说，你有这样一个夫人，就冲你有这个夫人我就应该给你一个更好的职位，反而提拔了这个车夫。这是一个什么故事呢，这就是说，我们周围有很多人，他们的生活方式和他们每天的处事态度都成为我们的镜子。所以论语中提倡交那种平和的、谦逊的、团结他人的朋友，这是一个原则。

画外音：俗话说，物以类聚，人以群分。朋友就像是我们自己的一面镜子。你自己是一个什么样的人你就会交到什么样的朋友。于丹教授认为，论语中除了益者三友、损者三友外还有一些交友原则，这些原则又是什么呢？

论语中从来不主张你去结交富豪、有权势的人。大家知道中国有一个诗派叫做田园山水诗派，陶渊明开创了这样一个诗派，陶渊明的生活是个什么样的呢，他是那种极其简陋但极其欢乐的。《南史隐逸传》里面记载说陶渊明他自己不解音律，他根本不懂音乐，但是他要蓄素琴一张。自己有一张琴叫素琴，也就是没有琴弦的一段木头。这么一段木头连琴弦都没有他怎么弹呢。他就是只要有朋友来的时候，自己每每有会意就开始抚弄这段木头，把这个琴弹得绘声绘色，经常弹得自己痛哭失声，觉得自己所有内心的悲怆全都寄予其中，而真正听得懂的朋友是会为之动容的。陶渊明自己守着这么一段无弦琴，弹奏他心灵的音乐，弹得高兴就开始跟朋友们说自己喝多了，说我醉欲眠，卿可去。我已经喝高了你们走吧，朋友们也都不计较就走了。这是一种快乐的日子，但是这只可为智者会不可为小人道。我曾经看到台湾著名散文家林清玄写的一篇散文，他说他的一个朋友跟他讲说你给我写一副字我挂在书房里，你要让我非常简单的让我每天看了以后就有用的一句话，他想了半天就信手写了"常想一二"，那个朋友不懂，说为什么是这么四个字。林清玄就给他解释，他说大家都说这个世上不如意事常八九，可与言者无二三，那么我们就算认可这个世上不如意事常八九吧，但是起码还有一二如意事。我帮不了你太多，但是我可以告诉你，常想一二吧,想一想那些快乐的事情,去放大快乐的光芒,去抑止心底的不快,这就是一个朋友能够为你做的最好的事情。

六、美文欣赏

学 而

(1) 有子曰:"礼之用,和为贵。先王之道,斯为美,小大由之。有所不行,知和而和,不以礼节之,亦不可行也。"

(2) 有子曰:"信近于义,言可复也。恭近于礼,远耻辱也。因不失其亲,亦可宗也。"

(3) 子贡曰:"贫而无谄,富而无骄,何如?"子曰:"可也。未若贫而乐,富而好礼者也。"

(4) 子贡曰:"《诗》云:'如切如磋,如琢如磨',其斯之谓与?"子曰:"赐也,始可与言《诗》已矣,告诸往而知来者。"

(5) 子曰:"不患人之不己知,患不知人也。"

为 政

(1) 子曰:"为政以德,譬如北辰,居其所而众星共之。"

(2) 子曰:"《诗》三百,一言以蔽之,曰:'思无邪'。"

(3) 子曰:"道之以政,齐之以刑,民免而无耻。道之以德,齐之以礼,有耻且格。"

(4) 子曰:"吾十有五而志于学,三十而立,四十而不惑,五十而知天命,六十而耳顺,七十而从心所欲,不逾矩。"

(5) 孟懿子问孝,子曰:"无违。"樊迟御,子告之曰:"孟孙问孝于我,我对曰'无违'。"樊迟曰:"何谓也?"子曰:"生,事之以礼;死,葬之以礼,祭之以礼。"

里 仁

(1) 子曰:"里仁为美。择不处仁,焉得知?"

(2) 子曰:"不仁者不可以久处约,不可以长处乐。仁者安仁,知者利仁。"

(3) 子曰:"唯仁者能好人,能恶人。"

(4) 子曰:"苟志于仁矣,无恶也。"

(5) 子曰:"富与贵,是人之所欲也;不以其道得之,不处也。贫与贱,是人之所恶也;不以其道得之,不去也。君子去仁,恶乎成名?君子无终食之间违仁,造次必于是,颠沛必于是。"

(6) 子曰:"我未见好仁者,恶不仁者。好仁者,无以尚之;恶不仁者,其为仁矣,不使不仁者加乎其身。有能一日用其力于仁矣乎?我未见力不足者。盖有之矣,我未之见也。"

【翻译】

学 而

(1) 有子说:"礼的应用,以和谐为贵。古代君主的治国方法,可宝贵的地方就在这里。但不论大事小事只顾按和谐的办法去做,有的时候就行不通。(这是因为)为和谐而和谐,不以礼来节制和谐,也是不可行的。"

(2) 有子说:"讲信用要符合于义,(符合于义的)话才能实行;恭敬要符合于礼,这样才能远离耻辱;所依靠的都是可靠的人,也就值得尊敬了。"

(3) 子贡说:"贫穷而能不谄媚,富有而能不骄傲自大,怎么样?"孔子说:"这也算可以了。但是还不如虽贫穷却乐于道,虽富裕而又好礼之人。"

(4) 子贡说:"《诗》上说,'要像对待骨、角、象牙、玉石一样,切磋它,琢磨它',就是讲的这个意思吧?"孔子说:"赐呀,你能从我已经讲过的话中领会到我还没有说到的意思,举一反三,我可以同你谈论《诗》了。"

(5) 孔子说:"不怕别人不了解自己,只怕自己不了解别人。"

为 政

(1) 孔子说:"(周君)以道德教化来治理政事,就会像北极星那样,自己居于一定的方位,而群星都会环绕在它的周围。"

(2) 孔子说:"《诗经》三百篇,可以用一句话来概括它,就是'思想纯正'。"

(3) 孔子说:"用法制禁令去引导百姓,使用刑法来约束他们,老百姓只是求得免于犯罪受惩,却失去了廉耻之心;用道德教化引导百姓,使用礼制去统一百姓的言行,百姓不仅会有羞耻之心,而且也就守规矩了。"

(4) 孔子说:"我十五岁立志于学习;三十岁能够自立;四十岁能不被外界事物所迷惑;五十岁懂得了天命;六十岁能正确对待各种言论,不觉得不顺;七十岁能随心所欲而不越出规矩。"

(5) 孟懿子问什么是孝,孔子说:"孝就是不要违背礼。"后来樊迟给孔子驾车,孔子告诉他:"孟孙问我什么是孝,我回答他说不要违背礼。"樊迟说:"不要违背礼是什么意思呢?"孔子说:"父母活着的时候,要按礼侍奉他们;父母去世后,要按礼埋葬他们、祭祀他们。"

里 仁

(1) 孔子说:"跟有仁德的人住在一起,才是好的。如果你选择的住处不是跟有仁德的人在一起,怎么能说你是明智的呢?"

(2) 孔子说:"没有仁德的人不能长久地处在贫困中,也不能长久地处在安乐中。有仁德的人是安于仁道的,有智慧的人则是知道仁对自己有利才去行仁的。"

(3) 孔子说:"只有那些有仁德的人,才能爱人和恨人。"

(4) 孔子说:"如果立志于仁,就不会做坏事了。"

（5）孔子说："富裕和显贵是人人都想要得到的，但不用正当的方法得到它，就不会去接受的；贫穷与低贱是人人都厌恶的，但不用正当的方法去摆脱它，就不摆脱它。君子如果离开了仁德，又怎么能叫君子呢？君子没有一顿饭的时间背离仁德的，就是在最紧迫的时刻也必须按照仁德办事，就是在颠沛流离的时候，也一定会按仁德去办事的。"

（6）孔子说："我没有见过爱好仁德的人，也没有见过厌恶不仁的人。爱好仁德的人，是不能再好的了；厌恶不仁的人，在实行仁德的时候，不让不仁德的人影响自己。有谁能一天把自己的力量用在实行仁德上呢？我还没有看见力量不够的。这种人可能还是有的，但我没见过。"

七、推荐书目

杨伯峻《论语译注》，中华书局，2006年12月第1版。

孟子语录三则

一、作者介绍

孟子(约前372—约前289),名轲,字子舆,今山东人。

孟子是孔子之孙孔伋的再传弟子。相传他是鲁国姬姓贵族公子庆父的后裔。

孟子是战国时期伟大的思想家、教育家、政治家,儒家学派的代表人物。与孔子并称"孔孟"。代表作《鱼我所欲也》《得道多助,失道寡助》和《生于忧患,死于安乐》《王顾左右而言他》已编入初中语文教科书中,《寡人之于国也》编入高中语文教科书中。

政治上,孟子主张法先王、行仁政;学说上,他推崇孔子,反对杨朱、墨翟。孟子继承并发展了孔子的思想,但较之孔子的思想,他又加入自己对儒术的理解。他主张仁政,提出"民贵君轻"的民本思想,游历于齐、宋、滕、魏、鲁等诸国,希望效法孔子推行自己的政治主张,前后历时二十多年。但孟子的仁政学说被认为是"迂远而阔于事情",而没有得到实行。最后他退居讲学,和他的学生一起,"序《诗》《书》,述仲尼(即孔子)之意,作《孟子》七篇"。

后世追封孟子为"亚圣公",尊称为"亚圣"。其弟子及再传弟子将孟子的言行记录成《孟子》一书,属语录体散文集,是孟子的言论汇编,由孟子及其弟子共同编写完成。

二、《孟子》其书

《孟子》一书是孟子的言论汇编,由孟子及其弟子共同编写而成,记录了孟子的语言、政治观点(仁政、王霸之辨、民本、格君心之非,民贵君轻)和政治行动,属儒家经典著作。其学说出发点为性善论,提出"仁政""王道",主张德治。南宋时朱熹将《孟子》与《论语》《大学》《中庸》合在一起称"四书"。自从宋、元、明、清以来,都把它当做家传户诵的书。《孟子》是四书中篇幅最大、部头最重的一本,有35 000多字,一直到清末,"四书"一直是科举必考内容。

《孟子》有七篇十四卷传世:《梁惠王》上、下;《公孙丑》上、下;《滕文公》上、下;《离娄》上、下;《万章》上、下;《告子》上、下;《尽心》上、下。

《孟子》行文气势磅礴,感情充沛,雄辩滔滔,极富感染力,流传后世,影响深远,成为儒家经典著作之一。孟子善于运用比喻。有人统计,《孟子》全书共261章,其中有93章共用了195个比喻,可见孟子是善用比喻的能手。用比喻说理,不仅增加了形象性,富有情趣,引人入胜,而且显得简洁,有说服力。

三、课文翻译

(一) 五亩田的宅地,(房前屋后)多种桑树,五十岁的人就能穿上丝棉袄了。鸡、猪和狗一类家畜不错过它们的繁殖时节,七十岁的人就能吃上肉了。一百亩的田地,不要占夺

（种田人的）农时,几口人的家庭就可以不饿肚子了。搞好学校教育,不断向年轻人灌输孝顺父母、敬爱兄长的道理,头发花白的老人就不必肩扛头顶着东西赶路了。七十岁的人穿上丝棉袄,吃上肉,百姓不挨冻受饿,做到这样却不能统一天下的,是绝不会有的。

（二）尊奉自己的长辈,推广开去也尊奉人家的长辈;爱抚自家的儿童,推广开去也爱抚人家的儿童。

（三）人们都有怜悯他人的心理,先王有怜悯他人的心理,这才有了体恤百姓的仁政。用怜悯他人的善心,来实行体恤百姓的仁政,治理天下就容易得像在手掌上玩东西一样。

四、课文分析

课文第一、二则语录节选自《孟子·梁惠王上》。

第一则语录阐述使"民加多"的根本措施,有四项:

1. 划分宅基:"五亩之宅,树之以桑",这样就可以穿上较好的衣服了。
2. 发展家畜:"鸡、豚、狗、彘之畜,无失其时",那么,就可以吃上肉了。
3. 分配田地:"百亩之田,无夺其时",百姓就可以吃饱饭了。
4. 加强教育:"谨庠序之教,申之以孝悌之义",人们就会尊敬老人了。

最后孟子以"老者衣帛食肉,黎民不饥不寒"的美好景象,指出统一天下是完全可以的。

第二则语录是孟子与齐宣王的对话。孟子运用比喻来说明实行王道并不难的道理,最根本的就是施恩惠给人民,才能得到人民的拥护。

第三则语录出自《孟子·公孙丑上》第六章,孟子紧扣"不忍"阐发自己的思想。"不忍之心"就是恻隐之心、同情之心;"不忍之政"就是行王道,施仁政。

节选的三则语录具有以下特点:

1. 运用排偶句式,增强语言气势。
2. 运用连锁推理句式,增强语言的逻辑性。

五、知识拓展

王立群《解析孟子》节选

今天我来讲读《孟子》,因为在先秦儒家的经典中间《论语》和《孟子》是并列的,后世并称为论孟。但是我觉得孔、孟虽然并称,《孟子》比《论语》更有个性。就我个人而言,对我的影响也更大。那么《孟子》的魅力究竟在哪里？我们应当怎么样来读《孟子》,我想谈谈我的一些看法。

我觉得《孟子》这本书,它最核心的观点是三点:第一点是《孟子》的心性学说,也就是孟子主张人性善,孟子讲过一段非常有名的话:人性之善也,犹水之就下也,人无有不善,水无有不下。他说人的这个善良本性啊就像这个水从高处往低处流,所以人没有不善的,水也没有不往低处流的,这是《孟子》这一部书最核心的一个观点。孟子是性善论者,就是孟子认为人的本心是善良的,孟子这个话没有错,但是先秦诸子还有一个荀子,荀子主张人性恶,人性本来是恶的,所以孟子的人性善有它的道理,也有它的缺陷。我们现在单就它的有道理的这一面来讲,它的缺陷由将来讲荀子的老师来做补充。如果把人性善跟人性恶结合起来,应当说对人性的把握就更深刻了。但是孟子至少说他发现了人性善良的一面。第二点是孟子的仁政学说,孟子因为主张人性善,所以他主张仁者无敌,就是只有实行仁政才能无敌于天下,这是孟子的政治学说。第三点就是孟子强调的强势人格。这一点在先秦诸子中间,只有孟子最强调强势人格,孟子所强调的强势人格最集中地表现在两段话里。一段话就是孟子讲的大丈夫,这是孟子非常有名的话。孟子说:"富贵不能淫,贫贱不能移,威武不能屈,此之为大丈夫。"汉代的赵岐为《孟子》为注的时候,他对孟子这句话做了一个很经典的解释,他说什么叫淫呢?淫就是说乱其心也这就叫淫,说不能淫就是说不能搅乱他的本心这叫不能淫。什么叫移呢?移叫移其性也,不能移就是不能改变他的行为。至于那个不能屈,屈,赵岐的注解就是不能屈其节,就是不能改变他的节操。《孟子》的赵岐注是最经典的注释。赵岐是汉代人,所以赵岐就认为《孟子》所讲的大丈夫是这样来理解的,我很认同赵岐的这个讲解。所谓大丈夫精神是孟子非常提倡的一种精神。另外《孟子》还有一段非常有名的话,它说生和义相比较的时候要舍生取义,这是先秦诸子中间谁都没有讲过的。孟子讲的大丈夫精神,还有他讲的舍生取义,这就构成了《孟子》强势人格中最核心的内容,而且对后世影响最大,也最积极。所以《孟子》的强势人格应当说是我们这个民族,民族精神中最核心的部分,我们这个民族几千年来生生不息,有一个最核心的民族精神就是自强不息,所以一个民族的民族精神它是多种因素造成的。其中《孟子》的强势人格的精神对我们这个民族精神的形成,贡献是非常之大的,这是我们首先要明白《孟子》这本书主要讲的这三点。

六、美文欣赏

孟子·梁惠王下

庄暴见孟子,曰:"暴见于王,王语暴以好乐,暴未有以对也。"曰:"好乐何如?"孟子曰:"王之好乐甚,则齐国其庶几乎!"他日,见于王,曰:"王尝语庄子以好乐,有诸?"王变乎色,曰:"寡人非能好先王之乐也,直好世俗之乐耳。"曰:"王之好乐甚,则齐其庶几乎!今之乐犹古之乐也。"曰:"可得闻与?"曰:"独乐乐,与人乐乐,孰乐?"曰:"不若与人。"曰:"与少乐乐,与众乐乐,孰乐?"曰:"不若与众。""臣请为王言乐。今王鼓乐于此,百姓闻王钟鼓之声,管籥之音,举疾首蹙頞而相告曰:'吾王之好鼓乐,夫何使我至于此极也?父子不相见,兄弟妻子离散。'今王田猎于此,百姓闻王车马之音,见羽旄之美,举疾首蹙頞而相告曰:'吾王之好田猎,夫何使我至于此极也?父子不相见,兄弟妻子离散。'此无他,不与民同乐也。今王鼓乐于此,百姓闻王钟鼓之声,管籥之音,举欣欣然有喜色而相告曰:'吾王庶几无疾病与,何以能鼓乐也?'今王田猎于此,百姓闻王车马之音,见羽旄之美,举欣欣然有喜色而相告曰:'吾王庶几无疾病与,何以能田猎也?'此无他,与民同乐也。今王与百姓同乐,则王矣。"

【翻译】

庄暴遇到孟子时说:"我今日拜见大王,大王跟我说他爱好欣赏音乐,我当时无话可说。"又说:"喜欢音乐怎么样呢?"孟子问:"大王喜欢音乐,齐国现在恐怕很不错了吧?"过了几天,孟子进见齐宣王,说:"大王跟庄先生说喜欢音乐,有这回事吗?"齐宣王很尴尬地说:"我并不是喜欢先代圣明君主的那种高雅音乐,只是欣赏些时下通俗音乐罢了。"孟子:"大王喜欢赏乐,齐国该是相当不错了吧!古代音乐与当今流行乐曲没有根本区别。"齐宣王:"能说来听听吗?"孟子:"一个人赏乐很快乐,与别人一起赏乐也快乐,哪种更快乐一些呢?"齐王:"不如与别人一起赏乐。"孟子:"与几个人一起赏乐很高兴,与很多人一起赏乐也很高兴,哪种更高兴呢?"齐王:"不如跟多人一起赏乐。"孟子:"现在我给大王讲讲赏乐的道理。今日大王在这里鼓乐齐鸣,老百姓听见大王的音乐声,都摇着头皱着眉说:'我们大王喜欢音乐,为什么把我们逼到了这种悲惨至极的地步:父亲见不上儿子,兄弟、老婆、孩子无法团聚。'今日大王在这里打猎,老百姓听到车马滚滚的声音,看到鸟羽牛尾装饰的大旗,纷纷皱着眉头摇着脑袋说:'大王喜欢打猎,为什么使我们悲惨到了这种地步:父子不见面,兄弟妻子无法团聚。'这没有别的,只是不与百姓共享欢乐的原因。要是大王在这里赏乐,百姓听到钟鼓宏大的节奏、丝竹委婉的旋律,纷纷兴高采烈地欢呼:'我们大王身体很健康,否则怎么能赏乐呢?'大王在这里打猎,百姓们听见车马声,看到羽毛大旗的艳丽,都兴高采烈地说:'我们大王身体大概很好啊!要不怎么还来打猎呢?'这也没有别的,与民分享快乐罢了。现在若是大王能够与民同乐,那么就可以称王于天下了。"

七、推荐书目

杨伯峻《孟子译注》,中华书局,2010年出版。

第二单元　明确主旨

 单元指要

本单元学习的重点是准确理解和把握各类文体的主旨,学会正确地确立文章的主旨。

在不同文体的文章中,主旨有不同的习惯叫法:在记叙文中叫中心思想,在说明文中叫说明中心或中心意思,在议论文中叫中心论点或基本论点。主旨是"文章的灵魂",在文章中起着统摄全篇的重要作用。

灵活运用以下三种有效的阅读方法,可以大大提高阅读速度,同时有利于准确地把握文章的主旨。

1. 略读:就是以尽快的速度跳跃式地浏览文章的标题、起始段、每段的首尾句以及表示句、段关系的连接性词语等重要部分,以了解文章的大意或主题思想。

2. 查读:也叫寻读,就是带着问题去快速阅读,以求在短时间内准确地寻找到我们所需要的信息。

3. 研读:就是通过略读了解文章主旨和通过查读找到了相关的范围之后,在相关范围内逐句、逐词地阅读,不仅要理解其字面意思,而且要通过分析、综合、比较、联想等思维方法,并结合自己已有的知识和经验进行推理、判断,来理解文章的深层含义,以及作者的立场、观点、态度或意图等。

文章的主旨是通过分析、研究材料而提炼出来的。确立主旨的基本要求是要做到正确、集中;记叙文和议论文还力求鲜明,而说明文则强调明确。

故乡的榕树

一、作者介绍

　　黄河浪,原名黄世连,曾用笔名洪荒等,1941年生于福建省长乐县,中学时代就酷爱文艺,擅长丹青,他的许多画在国外举办的国际少年儿童画展上获奖。1960年考入福建师范学院中文系后,从诗歌起步,走上了文学道路,先后在《人民文学》《人民日报》等报刊上发表作品,其中诗歌《两代人》等被译成英文和法文。1975年赴香港定居,从事绘画并坚持业余写作,先后在香港和内地的报刊上发表大量诗歌和散文。福建人民出版社出版了他的诗集《海外浪花》《大地诗情》,还有一些反映香港现实生活的短篇小说,如《失落的珍珠》《香港式的烦恼》等。《故乡的榕树》于1979年获香港第一届中文文学奖散文组冠军奖之后,曾被海内外十多家报刊转载。黄河浪先生既是一位诗人,又是一个画家,因而他的散文常具有诗一样的语言和情致,画一般的色彩和意境。

二、作品背景

　　黄河浪这篇思乡的佳作创作于1979年5月的香港。1975年作者赴香港定居,当时的香港还在英国的管辖之下,还没有回到祖国的怀抱。作者离开祖国4年多,背井离乡在异地生活,和所有海外游子一样,他无时不在思念祖国、思念故乡。不论物质生活多么优越,冲不淡的是对祖国、对故乡的无限眷恋,这是炎黄子孙传统的民族情感,改变不了的是一颗火热的中国心。正如作者在《月是故乡明》中所说:"香港的繁华热闹和极为现代化的生活固然令人目迷五色,而故乡的村野溪树、稻香蛙鸣也时时会从记忆中浮现出来,挥之不去。"思乡之情愈演愈烈,他还说:"当我想起故乡,首先在脑海中浮现的就是苍郁魁伟的榕树,那是我眼中的榕树,我记忆中的榕树,我童年生活中的榕树,而不是别的一棵。"正是在这样的背景下,作者通过创作《故乡的榕树》,托物寄情,弹奏了一曲动人的思乡曲,把海外游子永远不忘故乡的养育之恩,永做故乡儿子的一片诚挚之心,以及对祖国、对故乡人民的赤诚之心,都淋漓尽致地表达了出来。

三、文章结构

　　第一部分(第1~3段):由眼前的景物引出对故乡榕树的怀念。这三段是全文的引子,作者缓缓地把读者带进了自己的回忆之中。

　　第二部分(第4~10段):围绕故乡的榕树,描述了有关的人和事,寄托着作者的思乡之情。这一部分是主体,共分四个层次。

　　第一层次(第4段):写故乡榕树四周的景色。这是一个过渡段。两个"我怀念"交待了榕树四周的环境:溪畔的景物,桥上的景物。这一段故乡景色的描写,清晰地烘托出榕树的背景:小溪、鹅卵石、洗衣和汲水的少女、鸭子、石桥、石碑、栏杆上的小石狮子……写出闽东农村特有的风光,为刻画榕树涂抹了一层底色。

第二层次(第5、6段):具体而细致地刻画榕树。在着力渲染了榕树四周环境之后,作者马上回到榕树,写"站在桥头的两棵老榕树"。一棵略写,一棵详写。细致描绘了那棵被称为"驼背"的老榕树,接着再叙儿时和小伙伴把老榕树当作船划的趣事,"船"驶进了五彩缤纷的梦中,使文章充满了浓郁的诗情画意,寄托着作者无限的情思。第6段,进一步叙述这棵老榕树的传说:玉皇大帝用雷火烧死藏在树洞中的蛇精,给这棵榕树增添了美丽的神话色彩。因为是村中最老的老人说的,儿时的作者深信不疑,字里行间,露出稚拙的童真,也唤起了读者的亲切感。

第三层次(第7、8、9段):写有关榕树的人和事。对故乡榕树的怀念,其实是对故乡和亲人的怀念。第7段写母亲用榕树汁为"我"治癣和"我"奉祖母之命上树折枝的事。一枝一叶总关情,对榕树的记忆联系着对亲人的记忆。祖母的形象着墨不多却生动感人。那蹑着小脚"笃笃笃"地走到石桥,"唠唠叨叨"的神态,慈爱善良,使人难以忘怀。第8段,写榕树给农人带来的好处。第9段,作者缘物生情,直接抒怀,通过拟人的手法,赞颂榕树的崇高品格。对榕树的赞美,其实是表达了作者对劳苦而纯朴的乡亲们的关切之情。

第四层次(第10段)写自己儿时在榕树下度过的愉快的夏夜。这一段描写富有生活情趣。那简陋的卧具,神秘而恬静的气氛,似梦似仙的月夜景色,沉入梦乡那美妙的感觉……都着意铺陈,创造出一个轻盈、静谧的意境。儿时的夏夜如此美丽、迷人,充分表现了作者对故乡生活的无限眷恋。

第三部分(第11~13段):抒发了蓄积在心头的对故乡的深切怀念和真挚眷念之情。第11段写从美好的回忆中回到现实中来。"仿佛刚刚从一场梦中醒转","这一觉已睡过了三十年"暗示离童年生活已过了三十载。作者身在异乡仍挂念着故乡榕树的遭遇,惦念着把树干当船划的小伙伴们。第12段,呼应开头。小儿子的话打断沉思,再写叶笛的哨音"弥漫成一片浓浓的乡愁,笼罩在我的周围",把听觉感受到的当着视觉感受到的,更为形象。最后以设问结尾,把思乡之情引到了一个更高的层次,表达了作者永远不忘故乡养育之恩,永做故乡儿子的一片诚挚之心,以"故乡的榕树呀……"几个字独立成段作结,寓含了不尽的情思。

四、主题剖析

作者由住所近边的两棵榕树,联想到了故乡的榕树,由故乡的榕树联想到可爱的故乡和纯朴的故乡人,书写了浓烈的思乡之情。他的"思乡"不只是一种纯粹个人情感的宣泄,而且是融合了作者个人的人生感悟,并能引起许多人共鸣的一种普遍性的感情,同时更表现出他对美的渴望与追求,这就更显得与众不同了。

五、艺术特色

"乡愁"是文学作品中永恒的主题。在当代,"乡愁"更是港台作品的一个突出主题。本文抒写的思乡之情是真挚的、热烈的,是蓄积在胸不得不发的。特色之一便是作者把这种感情的抒发放在一个特定的背景之下,既体现了炎黄子孙传统的民族感情,又蕴含了当今港澳台同胞的现代意识,这就使作者的独特感受提升为一种具有当代意义的普遍性的情思,也更能打动人。同时,文章没有停留在"乡愁"这一层面,而是借对故乡的思念表达了永远不忘故乡的养育之情,永远做故乡的儿子的一片诚挚之心,这样就使思乡之情的抒发达了一个更高的层次。

另外,文章还把明快流畅的叙述、绘声绘色的描写、感人肺腑的抒情结合起来,创造出一个优美的意境,将故乡平凡的生活掠影栩栩如生地展现在读者眼前。

(一)多种表达方式综合运用

本文融叙述、描写、议论、抒情多种表达方式于一体。叙述明快流畅,描写绘声绘色,议论点到即止,抒情充满激情。课文所记的内容,都是一些琐碎平凡的生活小事,如文中对儿时和小伙伴把老榕树当做"船"划这一趣事的叙述,村里老人关于老榕树的述说,夏日里家人们在树荫下歇息的叙述,都写得舒缓流畅,充满感情,表现出故乡和故乡人的淳朴、可爱、可亲。描写和抒情笔墨不多,但生动感人。如第7段老祖母让"我"折榕树枝祭祀祖先,只寥寥几笔,祖母那蹑着小脚"笃笃笃"的走路姿态,"唠唠叨叨"的说话神态,就栩栩如生地展现在读者眼前,使人难以忘怀。在第8段表现榕树给农人带来的好处的基础上,第9段直接抒情,通过拟人化手法,赞颂榕树的崇高品质,句子不多,但使文章感情的抒发掀起了又一个波澜。

(二)品味文章诗意的语言

散文的精髓是有感情、语言优美,作者是诗人,擅长用诗一般的语言描述事物、抒发感情。本文在描写景物时,善于绘声绘色,饱含感情,创造出诗一般的意境。本文不少段落既像图画一般的美丽,又像诗歌一般充满激情。如:第4段用"我怀念……我怀念……"等诗化的语言描写故乡榕树周围的景色,一句一景,绘写出故乡的美景。又如:第5段对榕树的描写充满了浓郁的诗情画意,寄托着作者无限的情思。第10段写"我"在榕树下度过的愉快的夏夜,有画,有音,有动作,有感情。其中"黑黝黝的树影,微笑的星星,神秘而恬静;月华如水,山坡披纱,似梦似仙的意境;蒙胧之中,嫦娥驾云飞翔,桂香轻轻洒下……流水唱着甜蜜的摇篮曲,温馨的微风沉人梦乡。"这充满诗情画意的描述,给美丽的夏夜蒙上了神秘的色彩,令人心驰神往。同时文章善于运用诗歌的句式和多种修辞手法写景抒情,用形象生动的语言,唤起读者的共鸣和联想。如第3段中"我的心却像一只小鸟,从哨音里展翅飞出去……停落在故乡熟悉的大榕树上。我仿佛又看到……看到……"中以"小鸟"之喻,充分表现了心情的轻快、愉悦。这些语句明快、优美、有韵味,像一座桥,把眼前的景和思乡的情联系了起来,激发了读者的兴趣。倒数第2段,作者用诗一般的语言,巧妙地由"哨音"转换成弥漫的乡愁,转换成亲切的呼告,再转换成深情的询问,一层接一层地把思乡之情推向高潮。第3段中"我仿佛又看到那高大魁梧的躯干,鬈曲飘拂的长须和浓得化不开的团团绿云",运用拟人的修辞,紧紧抓住了故乡榕树的主要特征,字里行间充满了赞美之情。如第11段"有的像我一样,把生命的船划到遥远的异乡"中用"生命"来修饰"船","船"是喻体,作中心语,"生命"是本体,作修饰语,可以理解为"生命像船一样",这样的明喻它表面上形成语言的超常修饰,其实是在简洁凝练的比喻中,把作者自己漂泊在外的无奈和对故乡深深的眷念之情化为可感的物象,形成形象思维所需要的表象,让人回味。

(三)《故乡的榕树》的抒情艺术

《故乡的榕树》是一篇构思巧妙、情景交融的抒情散文。文章起笔注入深情,收笔含情脉脉,全文无论是写景、写物、写人、写事无不渗透着浓郁的思乡之情,给人以美的享受和艺术的感染。以情为经纬,字字蕴真情,是《故乡的榕树》这篇抒情美文的匠心独运之处,而在行文中又以乡情串珠,具有独特的抒情艺术。

1. 寄情于物

"榕树"是作者精心选择的情感载体,是作者纵笔描写的富有特征的"物"。作者不仅视榕树为故乡"特产",而且作为故乡的象征,一位慈祥的长者,突出了榕树的"灵性",写出了榕树的可亲、可爱和可贵,寄托了对故乡和乡亲们的真切思念之情。

作者着意对榕树进行了多角度、深层次的刻画,展示了榕树温柔而淳朴的美,情寄于物,具体形象。故乡的榕树那"高大魁梧的躯干""鬈曲飘拂的长须""浓得化不开的团团绿云"的迷人风姿;那奇异得像S形,苍虬多筋,顽强地活着,横过溪面,昂起头来,把浓密的枝叶伸向蓝天的"驼背"的倔强本性;那苍老的,"在一次台风猛烈袭击中,挣扎着倒下去了,倒在山洪暴发的溪水里,倒在故乡亲爱的土地上"的悲壮,无不是情之所系,无不给人以丰富的想象和深沉的思索。故乡那撑开遮天巨伞,在酷暑中以爱心精心庇护着劳苦淳朴人们的高大榕树,给人们带来了多少甜蜜而难忘的岁月?

作者以饱蘸深情的笔精心描写榕树,字里行间洋溢着对榕树的爱与敬之情,寄托了对故土的深切思念。

2. 即景悟情

作者采用即景悟情之高妙手法,从眼前榕树写起,然后展开艺术地联想和回忆,最后又回到现实,前后勾连,极富艺术张力。

文章的首三段笔法细腻,行文缜密,由眼前之景引出了对故乡榕树的怀念之情。作者以生花之笔极有层次地写客居地两棵苍老翁郁的榕树以绿荫蔽地,写树下乐园,写用枝叶制哨笛让孩子劲吹等眼前之景,巧妙地把梦牵魂绕的情怀演化成一种诗情,通过一连串的所见所闻从而勾起了所忆,触发了一片乡情,于是写了故乡熟悉的大榕树,写了榕树下天然之景,写了童年的所历、所闻。未泯的童心缘于未泯的情,而"情"又即景而"悟",于是产生了扣人心弦的艺术效果。

文章结尾处,首先巧于呼应,从梦中醒转,悟出了童年的记忆虽犹新,但童年却一去不复返,人世沧桑无穷,从而激起了浓郁的乡愁。接着以眼前哨音的忽高忽低,时远时近,唤起了深沉的热爱故土之情:无论我漂泊到哪儿,我都不忘故乡的养育之恩,永做故乡的儿子。

"悟"不仅使"情"愈浓,而且带有理性,使"情"愈深。

3. 融情入景

一切景语皆情语。作者真挚、热烈之情均附丽于景物的描绘之中,作者记忆中的一幅幅景致无不含有满腔深情。融情入景,是《故乡的榕树》一文的又一特色。

无论是对故乡大榕树及其四周环境的描写,对儿时梦幻,即划"船"所往的理想之地的描写,还是对夏夜美景的描写,都句句是情,字字关情。作者的爱乡、思乡之情,都融入了画意之中。

作者笔下的景美不胜收,不仅展示了故乡迷人的风貌,令人遐想,而且有意境,有韵味,也有稚童的天真、纯洁,多侧面表现了故乡的美。作者对大自然的热爱之情溢于言表,对故乡似仙似梦的胜境眷念至深,在童趣中融入了天涯孤客的绵绵思绪。文中的景语俯拾皆是,景中的情殷殷切切,是水乳之融。

4. 寓情于事

作者不仅写了故乡的美丽景物,而且写故乡"有榕树的叶子一样多"的故事,在回忆榕树下有关的人和事时,贮满了一腔深情,寄托着对故乡生活的无限眷念,对劳苦而纯朴的乡亲们的关切之情。

作者以诗一般的语言,绘声绘色、生动细致地叙旧,将蕴藉了三十年飘零生活的积淀,通过富有情趣的描述典型而形象地表现出来。

作者叙写了儿时和小伙伴把老榕树当作船划的趣事,写了老榕树的传说;写女人们虔诚地祈求榕树之神,写母亲用榕树乳白的液汁为孩子治愈皮癣,写"我"奉祖母之命上树折枝祭祖之事;写农人们夏夜"躺在用溪水冲洗过的"长长的石板上消除一天疲劳,得到短暂的安慰和满足;写"我"在榕树下度过的愉快夏夜之事。这些难忘的记忆,清晰异常,历历可数,充满亲切感,作者虽采用掠影式的回顾,但不乏精彩的细节描写,具有一定的明晰度。这一桩桩、一件件与老榕树息息相关的故事,牵动着作者的情思,也使读者品尝到了作者那"浓浓的乡愁"。

5. 直抒胸臆

作者久蓄于胸的炽烈之情在涌溢迸发,自然而又强烈地倾吐着,对故乡景物尤其是故乡风土人情的怀恋之情一经启动,则如潮水,不可遏止,文中有不少语句甚至段落都是作者情不自禁,直抒胸臆的。

"苍苍的榕树啊,用怎样的魔力把全村的人召集到膝下?不是动听的言语,也不是诱惑的微笑,只是默默地张开温柔的翅膀,在风雨中为他们遮挡,在炎热中给他们阴凉,以无限的爱心庇护着劳苦而淳朴的人们。"这段文字是描述了故乡的榕树下发生的几件事之后的直接抒怀。作者通过设问、拟人等手段,高度赞美了榕树的可贵品格,突出了它的温柔、慈善、充满着爱心。这种情感的直接宣泄,更好地将对故乡的思念之情倾注进了对榕树的描写之中,讴歌与钦羡更为显豁。

文章结尾处也有一段感人肺腑、动人心弦的抒情文字:"故乡的亲切的榕树啊,我是在你绿阴的怀抱中长大的,如果你有知觉,会知道我在这遥远的异乡怀念着你么?如果你有思想,你会像慈母一样,思念我这漂泊天涯的游子么?"这是深情的呼唤,这是情感的升华,把思乡之情引到了一个更高的层次,表达了异域赤子对故乡急切思念之心,抒发了难以抑止的浓浓的乡愁;而且深深打动着异乡游子的心,引起了思乡者的共鸣。到此而显旨:怀念故乡的榕树其实就是怀念故乡。

六、知识拓展

（一）抒情的两种方式

抒情是一种常见的表达方法，抒情的方法有直接抒情和间接抒情，前者直接抒怀，直抒胸臆，这是指作者或人物形象在文章、作品中直接抒发情感，不用借托，无需遮掩，显得直率质朴，诚挚笃实。如文中第9段，作者缘物生情，直接抒怀，通过拟人的手法，赞颂榕树的崇高品格。对榕树的赞美，其实是表达了作者对劳苦而纯朴的乡亲们的关切之情。又如鲁迅先生的散文《藤野先生》，用深深的情感记下了自己在日本仙台学医时与藤野先生相识、相知、相处的过程，表现了鲁迅先生对藤野先生的赞美和怀念之情。作品结尾有较长的抒情："但不知怎的，我总还时时记起他，在我所认为我师之中，他是最使我感激、给我鼓励的一个……他的性格，在我的眼里和心里是伟大的，虽然他的姓名并不被许多人所知道。"这样抒情直接倾泻，炽热、深沉，渗透着作者对藤野先生深深的怀念之情，鼓舞人心，催人奋起。再如文天祥的诗句"人生自古谁无死，留取丹心照汗青"，直抒感情，表现自己以死明志的决心，是千古名句。

间接抒情（借景抒情、托物言志、情景交融）是依托于叙述、描写和议论，在叙事、写景、状物或论理中抒发情感。它的特点是抒情含蓄婉转，富有韵味，感染力强。间接抒情一般可以通过叙述抒情，作者在叙述时加上自己主观感情色彩，根据感情的流动来叙述，使读者在阅读过程中感受作者的思想感情；也可以通过议论抒情，作者在议论中，表达强烈的爱憎、褒贬之情；还可以通过描写来抒情，作者在描写的过程中，渗透自己的情感。如朱自清《背影》中："这时我看见他的背影，我的泪很快地流下来了。我赶紧拭干了泪。怕他看见，也怕别人看见。等他的背影混入来来往往的人里，再找不着了，我便进来坐下，我的眼泪又来了。"这一段就属于间接抒情。

（二）散文特点与意境

散文，是一种短小精悍、灵活自由、文情并茂的文学体裁。现代广义的散文，是指和诗歌、小说、戏剧并列的一种文学体裁，包括杂文、小品文、通讯、特写、报告文学、随笔、传记、回忆录、书信、日记、速写、游记等。散文的类型大致可分为三大类：叙事性散文、抒情性散文和议论性散文。

1. 散文的特点

（1）真

取材于真人真事，抒写真情实感，绝不仰仗虚构，这是散文的首要特点，也是散文和小说、戏曲的主要区别，尤其那些取材于特定的社会生活，甚至直接取材于某个重大历史事件和重要历史人物的散文，如《挥手之间》《藤野先生》等，不但整体上绝不能仰仗虚构，就连细枝末节上的失实也是不容许的。至于一般题材的散文，则可以允许在真人真事的基础上作局部细节的艺术加工。

（2）情

"文章不是无情物"。散文，是作者感情的产物。注重表现作者的生活感受，具有强烈的抒情性，是散文的又一显著特点。抒发的感情要真实。只有写真情实感的散文，才能真正征服读者的心。相反的,那些虚假的、矫饰的感情连同其文、其人是越来越令人厌烦鄙弃了。

（3）小

篇幅短小,而情长意远,这是散文可贵的优点。例如《陋室铭》只有81个字,《爱莲说》119个字,都是千古流传的散文名篇。即使那既自叙身世,又述忠孝之义的《陈情表》才471字;《岳阳楼记》融叙事、写景、抒情、议论于一体,也才360字;就是《阿房宫赋》可称得上一派金碧辉煌、铺彩缀金了,也只513字,都不满今天两页稿纸。现代散文名篇也一样,语文课本上的《白杨礼赞》《济南的冬天》《荷塘月色》也都不过千字左右。三五千字以上的散文就不多见了。好处就在以小见大,见微知著。如诗人说的"一颗沙里看出一个世界,一朵野花里一个天堂,把无限放在你的手掌上,永恒在一刹里收藏"。

（4）形散而神不散

主要表现在于取材广泛。人生和自然,是散文写作取之不尽的源泉,现代的都市生活,荒僻的旷野边陲,苍茫无际的宇宙,深奥无穷的心灵,重大的历史变革,领袖伟人,微小的花草鸟虫,市井凡人,作为散文写作对象无所不可;形式自由,除用一般文章的常用形式外,还可以用书信体、日记体等等;方法多样,可叙述、可描写、可议论、可抒情。多用想象和联想,或由此及彼,或由今到古,在有限篇幅中"思接千载""视通万里"。当然,散文广泛的取材,自由的形式,多样的方法,都要始终围绕表达一个明确而集中的主题,这就是人们常说的散文的"神",要神聚。所以人们说散文又叫"形散而神不散"。

2. 散文的意境

"意"就是情感,是主观内在的感情,"境"就是境界,是客观外在物象。在文学作品中,"意"不易赤裸裸地表白,需借物而发。"境"不能是纯客观的物象,需由意而描。因此,"意境"就是作者的主观内在感情和客观外在事物相融合而形成的一种艺术境界,是一幅情景交融形神结合的有立体感的艺术画。意境深邃,是这篇散文的又一特色。散文贵有意境,有无意境,意境高下,是衡量散文作品优劣的首要标准。散文中不会就事论事、就景写景,而是赋予事物一定的象征意义,寄托某种情感、志向等。《故乡的榕树》中与故乡的榕树有关的人和事,普通的百姓、天真的童趣、细腻的亲情、淳朴的风土人情,是作者割不断的故乡情结,榕树成了作者回忆友情、亲情、乡情的载体,由此我们可以得出本文的艺术特色——寄情于物。本文中,榕树不仅仅是一棵树,它象征着理想、道德、友情、亲情、乡情。又如史铁生的《合欢树》,它象征了我的成长,象征着无私的母爱。

《故乡的榕树》开头描绘了一幅"我"的小儿子吹笛逗狗的富有动感的画面,接着写"我的心却像一只小鸟,从哨音里展翅飞出去",奇思泉涌,妙绪纷披,向我们展示了故乡的风物土地。作品氤氲着幽婉清丽的艺术境界,与所要抒发的思恋之情极其和谐地照应,也把读者引入那不绝如缕的思绪之中。作品描写"我"在榕树下度夏夜的那一段,从儿童的眼中显现出那个神秘而恬静的夜晚,童稚的天真更使得环境蒙上了如诗如画的色彩。故乡的榕树下"似梦境,似仙境",多么引人神往啊！作品这里用的笔墨越多,越见得作者思乡情之浓,意之切。深邃的意境,使得这篇散文洋溢着一种诗美,一种含蓄的美。

七、美文欣赏

乡 愁
余光中

小时候，
乡愁是一枚小小的邮票，
我在这头，母亲在那头。

长大后，
乡愁是一张窄窄的船票，
我在这头，新娘在那头。

后来啊，
乡愁是一方矮矮的坟墓，
我在外头，母亲在里头。

而现在，
乡愁是一湾浅浅的海峡，
我在这头，大陆在那头。

乡 愁
席慕容

故乡的歌是一支清远的笛
总在有月亮的晚上响起
故乡的面貌却是一种模糊的怅惘
仿佛雾里的挥手别离
离别后
乡愁是一棵没有年轮的树
永不老去

八、推荐其他篇目

1. 柯灵《乡土情结》
2. 三毛《乡愁》

小提琴的力量

一、作者简介

布里奇斯,澳大利亚著名小提琴演奏大师。

二、作品主题

《小提琴的力量》是澳大利亚小提琴家布里奇斯创作的一篇文章。文中记述了一个善良真诚的小女孩,她虽然身患绝症,却不怨天尤人,反以帮助他人为最大的快乐。她用爱感化了一个走上歧途的少年,并使他让另一位少年从迷途中走出,重树生命的信念。文中的阿马提小提琴是美德的传递者,用美妙的音乐诉说着爱的真谛,引导着两位少年感受爱、学会爱、回报爱。它也在告诉我们人生的道理,我们要用爱心和真诚唤起他人的良知,我们要用尊重与热情鼓励他人,成就他人。

本文以小提琴为线索,其基本结构如下:

第1节:散步拉琴,小提琴带来无限快乐。

第2~3节:家遇小偷,小提琴送给失足少年。

第4节:追忆女孩,小提琴使"我"改邪归正。

第5~6节:故事重演,小提琴助少年走向正途。

三、作品分析

(一) 文中的"意料之外"。

那我将这把小提琴送给你吧。——临出客厅时,他突然看见墙上挂着一张我在悉尼大剧院演出的巨幅彩照,于是浑身不由自主地颤栗了一下,然后头也不回地跑远了。——小提琴家。

看见我非常喜欢听,她又索性将那把阿马提小提琴送给了我。——就在我怀着复杂的心情走出公寓、无意中回头看时,我发现那幢公寓楼竟然只有四层,根本就不存在所谓的居住在五楼的麦克劳德先生!

三年后布里奇斯遇到了梅里特。——墨尔本市高中生小提琴大赛凭借雄厚的实力夺得了第一名。

(二) 这些"意料之外"又是在哪些"情理之中"的呢?

1. 女孩为什么会编织一个谎言,并把小提琴送给"我"?

分析女孩品质:

依据:"和我年纪相当的女孩半躺在床上""那位女孩看见我,起先非常惊恐,但她很快就镇定下来""她微笑着问我""女孩的笑容甜甜的""她给我拉了一首小提琴曲《希芭女王的舞蹈》""看见我非常喜欢听,她又索性将那把阿马提小提琴送给了我"。

概括品质:善良、乐观、友好、机智、热爱音乐、慷慨助人、懂得维护他人自尊——心中充满了爱。

2."我"为什么也会编织一个美丽的谎言,也把小提琴送给了"小偷"?

分析"我"的品质:

整天和一帮坏小子混在一起/偷盗——迷途少年。

就在我怀着复杂的心情走出公寓,无意中回头看时,我发现那幢公寓楼竟然只有四层,根本就不存在所谓的居住在五楼的麦克劳德先生!也就是说,那位女孩其实早知道我是一个小偷,她之所以善待我,是因为想体面地维护我的自尊!("复杂的心情"会是哪些心情?意外、羞愧、感动、感激……)

每天黄昏的时候,我都会带着小提琴去尤莉金斯湖畔的公园散步,然后在夕阳中拉一曲《圣母颂》,或者在迷蒙的暮霭里奏响《麦绮斯冥想曲》,我喜欢在那悠扬婉转的旋律中编织自己美丽的梦想。小提琴让我忘掉世俗的烦恼,把我带入一种田园诗般纯净恬淡的生活中去。(有梦想)

就在刹那间我突然想起了记忆中那块青色的墓碑,我愤怒的表情顿时被微笑所代替。("刹那间"想到墓碑,心中涌起的是爱,爱能使人变得聪明机智,使人做出了不起的选择)

概括品质:女孩帮助"我"形成这些品质——迷途知返、善良、乐观、友好、机智、热爱音乐、慷慨助人、懂得维护他人自尊、懂得爱他人、热爱生活、有梦想、懂得感恩。

3.梅里特为什么可以获得墨尔本市高中生音乐竞技的第一名?

分析梅里特品质:

大约12岁/那个少年头发蓬乱,脸庞瘦削,不合身的外套/眼里充满了惶恐、胆怯和绝望/几乎每个人都把我当成垃圾,我也以为我彻底完蛋了。

少年先是一愣,但很快就接腔说:"我舅舅出门了吗?我想我还是先出去转转,待会儿再来看他吧。"

临出客厅时,他突然看见墙上挂着一张我在悉尼大剧院演出的巨幅彩照,于是浑身不由自主地颤栗了一下,然后头也不回地跑远了。(颤栗:颤抖。是动作描写,却能够透露少年的心理,你认为是什么心理?震惊、羞愧、感动、感激……)

雄厚的实力/脸色绯红/热泪盈眶/含泪打开

概括品质:迷途知返、机智、热爱音乐、好学勤奋、积极进取、懂得感恩。

四、知识拓展

(一)关于阿马提小提琴

当今世界上所能找到的最早的小提琴实物是意大利克莱蒙娜的安德利·阿马提制作的,那是一件1550年左右的作品,从那时候起,意大利开始了小提琴的制作时代。而他本人,也开创了一个伟大的阿马提提琴制作家族。他的孙子尼古拉·阿马提在小提琴制作中融入了很多艺术性的创造,使得小提琴成了艺术品,尼古拉·阿马提引领小提琴进入了黄金时代。每一把阿马提小提琴都成为艺术品中的珍品。

(二) 课文重点内容解析

1. 为什么以"小提琴的力量"为题？

(1) 小提琴不只是一把琴，而是美德的传递者，女孩给"我"拉小提琴曲，布里奇斯每天带上小提琴去尤莉金斯湖畔散步，他们是在用美妙的音乐诉说着爱的真谛。

(2) 小提琴的力量是指：爱，感恩，善良，鼓励，机智，宽容，尊严，理想，希望，信念。这种力量使人不再浮躁，不再怨世，使人宁静，带来诗一般纯净恬淡的生活。

2. 作者为小说虚构了两个类似的故事，你认为这是妙笔还是败笔？他为什么要这么安排？

明确：作者在表达一种观点，爱需要用爱传递；也在表达一种期望，希望人们传递爱，将爱延续下去，让每一个需要爱的人在爱的召唤里活得有尊严，有爱，有力量，有信心，懂得追求梦想并付诸行动；作者还在告诉我们：当你得到爱，你只有把爱传递下去，才对得起那份爱。

五、美文欣赏

爱的传递　心语之韵

这个院大得特殊，因为是连体别墅，几年来和睦相处，共同享受着院落的宽敞，在这个城市很难找到这种家居环境了。所以，为搬进这个大院居住感到很幸福。

特别是院子里的工贸公司的两位董事闲时在院子里带着大家议论国事家事天下事，自然也是我这个喜欢倾听者的耳福。

那天我们一起议论着地震信息，那也是汶川地震救援最紧急的时段。突然邵总电话响了，是邵总在部队的儿子打来的电话。

"喂！啊！嗯，嗯……你不能报名啊。"邵总支支吾吾。

"……"不知道他儿子在说什么。

"你让爸爸为难了，爸爸不能答应你的。"邵总说："喂！喂！你听爸爸说……"

显然邵总儿子挂断了电话。

大家用疑问的目光望着邵总。

李董事长问："报名去灾区吗？"

"是！这小子很坚定，都该出发了才跟我请示……"邵总回答。

我在想：刚才议论捐资捐物邵总多么兴奋盎然的。儿子报名去灾区他怎么支支吾吾的了。

"他是有思想的孩子，让他自己选择吧。"李董事长说。

"不知道他能不能理解我，我心里很矛盾，我……"邵总话未说完，他的手机短信响了。

邵总打开短信，我看到了他眼睛红润了潮湿了。他什么也没说，把手机递给李董事长看。

"这小子，行！有出息！"李董事长豪爽赞扬的同时把手机递给了我。

我和院子里的人传递着，一边又一遍地看着短信：爸爸，儿子能理解你的心，爸妈抚育我,国家培养我,我是你们和国家的儿子。我理解你们,如果我是你们亲生,你们会义无反顾。但是,就是因为这样,我才更懂得了人间的大爱。爸妈,我如果回不来,你们再抱养一个像我一样的孤儿吧。不过,相信我,我一定回来孝敬你们!

  大院一片寂静,

  人们眼睛都湿润了。

  手机短信在手里传递。

  无言的爱在心中流淌……

六、推荐书目

美国亨德里克·威廉·房龙《宽容》,北京出版社,2004年8月出版。

奇妙的克隆

一、作者简介

谈家桢(1909—2008),浙江宁波人,国际著名遗传学家,中国现代遗传学奠基人之一,杰出的科学家和教育家。他为我国遗传学研究培养了大批优秀人才。曾任浙江大学理学院院长、复旦大学副校长。

新中国成立后,他在复旦大学建立了中国第一个遗传学专业,创建了第一个遗传学研究所,组建了第一个生命科学学院,并担任中国特大型综合性辞典《大辞海》的副主编。

他的主要作品有:《生物学引论》《遗传与物种起源》《基因与遗传》《谈谈摩尔根学派的遗传学说》《基因工程》《谈家桢论文集》《谈家桢论文选》《基因的萦梦》等等。

其中《奇妙的克隆》收入初中语文人教版八年级上第十七课,苏教版八年级上第二十八课。

二、作品分析

(一)课文使用了四个小标题的作用。

课文使用四个小标题,使全文内容层次分明,条理清晰。先写克隆的含义,接着写克隆实验,再写克隆的发展,最后写克隆对人类的造福和对克隆的思考。

(二)"克隆"的突出特点是什么?

理解"克隆"的关键是:来自一个祖先,无性繁殖。

(三)第二小节写了许多实验,为什么要这样安排材料?

作者没有用时间顺序来介绍"克隆"实验,而是用两条线索来组织材料:一条是以中外科学实验为线索,这样写突出了中国科学家在克隆实验方面的研究成果和贡献;一条是以实验对象即由鱼类、两栖类到哺乳类为线索来安排材料,这样写便于认清克隆技术发展的脉络。

(四)"多利"的诞生有什么重大的意义和影响?

"多利"的诞生标志着克隆研究取得新的进展和重大突破,而且这个结果证明:动物体中执行特殊功能,具有特定形态的所谓高度分化的细胞与受精卵一样具有发育成完整个体的潜在能力。也就是说,动物细胞与植物细胞一样,也具有全能性。

(五)克隆技术能够给人类带来哪些益处与弊处?

课文从三方面来写克隆技术造福于人类:第一,克隆可以有效地繁殖具有"高附加值的牲畜";第二,克隆可以用来挽救珍稀动物;第三,克隆对于人类疾病的防治、寿命的延长具有重要意义。作者并没有沉浸在盲目的乐观当中,而在结尾处提出了关于"克隆"牵涉到道德伦理问题的冷峻思考。

三、作品特色

　　本文是一篇科普文,"科"为其"科学性",重在内容;"普"为其"普及性",重在语言。二者完美结合,用通俗易懂的语言,生动说明了深奥尖端的生物技术。

　　从课文中我们能看出科学家怎样的态度和精神?这些语句主要有如下几个例子:

　　(1)用鲫鱼囊胚期的细胞进行人工培养,经过385天59代连续传代培养后,用直径10微米左右的玻璃管在显微镜下从培养细胞中吸出细胞核。

　　(2)在189个这种换核卵细胞中,只有两个卵化出了鱼苗,而最终只有一条幼鱼渡过难关,经过80多天培养后长成3厘米长的鲫鱼。

　　(3)……依靠高超的外科手术从爪蟾蝌蚪的上皮细胞、肝细胞、肾细胞中取出核,并把这些细胞的核精确地放进已被紫外线破坏了细胞核的卵细胞内。

　　(4)经过几百次黑灰白这样的操作以后,白色小鼠终于生下了三只小灰鼠。

　　(5)经过247次失败以后,他们在1996年7月得到了一只名为"多利"的克隆雌性小绵羊。

　　(6)……用极细的吸管从卵细胞中吸出核……立即送入取走核的"苏格兰黑绵羊"的卵细胞中……然后,将胚胎巧妙地植入另一只母羊的子宫里。

　　我们从中体会到科学家的严谨、求实、锲而不舍的态度和精神,我们要汲取营养。

四、作品拓展

一只绵羊的一生

　　姓名:Dolly

　　性别:雌

　　种族:哺乳纲、牛科、绵羊

　　生日:1996年7月5日

　　出生地:苏格兰

　　基因父亲:无

　　基因母亲:一只芬·多塞特种白绵羊

　　线粒体母亲:一只苏格兰黑脸羊

　　生育母亲:另一只苏格兰黑脸羊

　　进入社交圈时间:1997年2月23日

　　子女:生育6名,存活5名

　　死亡:2003年2月14日

幼年多利和它的代育母亲　　　　　　　　多利的标准像

秘密的出生,爆炸性的露面,平静的死亡。其中的成功与失败,创造者自己也不很明白。这只绵羊的一切,似乎都充满象征意味。有母无父、与性无关的出生方式,抛开科学与理性去看,有点神圣的纯洁色彩。然而事实上,多利一生所遭遇的非理性反应中,恐慌多于欢迎。纯洁的羔羊被视为瓶中放出的魔鬼,这种滑稽的反差显示了人类进步过程中始终伴随的某种自我畏惧与自我牵制。总有一些人担心人类知道得太多,尽管在另一些人看来,我们所知道的,与我们需要知道和渴望知道的相比,还显得那么微不足道。

逆转生命时钟

在多利之前,几十年失败的试验曾使人们几乎绝望地认为,高级动物的体细胞克隆或许是不可能实现的。从发育中的胚胎提取细胞,移植其细胞核,培育一个与该胚胎相同的个体,这种"克隆"相对来说并非难事。因为胚胎细胞具有很强的分化潜力,能在发育过程中分化成皮肤、血液、肌肉、神经等功能和基因特征各不相同的细胞,其中生殖功能由性细胞——精子或卵子来专门承担。一个性细胞只携带一半的遗传信息,需要精子和卵子结合才能发育成新生命。一个体细胞则拥有一套完整的染色体,不需要性细胞的参与。但是,要让已经"定型"的体细胞重新开始胚胎式的发育过程,等于将细胞的生命时钟逆转到起点处,这样的体细胞克隆对哺乳动物而言究竟是否可能?

多利是苏格兰罗斯林研究所和PPL医疗公司的共同作品。它的基因母亲是一种芬·多塞特品种的白绵羊,在多利出生之前3年就已死去。苏格兰的汉纳研究所在这头母羊怀孕时提取了它的一些乳腺细胞进行冷冻保存,后来又把这些细胞提供给PPL公司进行克隆研究——这后来曾给多利身份的真实性带来一些麻烦。以伊恩·威尔穆特为首的科学家在实验室中培养这些乳腺细胞,使它们在低营养状态下"挨饿"5天左右。然后提取其细胞核,移植到去除了细胞核的苏格兰黑脸羊的卵子里。之所以使用苏格兰黑脸羊的卵子,是因为这种羊身体大部分是白的,脸却是全黑的,很容易与白绵羊区别开来。

在微电流刺激下,白绵羊的细胞核与黑脸羊的无核卵子融合到一起,开始分裂、发育,成为胚胎,植入母羊的子宫里继续发育。在277个成功与细胞核融合的卵子中,只有29个存活下来,被移植到13头母羊体内。移植手术后148天,1996年7月5日,一只羊羔诞生了——1/277的成功率,其他的都失败了。直到它去世的时候,克隆技术这种低得惊人的成功率,仍然没有实质性的改善。这也是科学界普遍不相信雷尔教派的克隆女婴"夏娃"身份真实性的一个原因。

威尔穆特以他喜爱的美国乡村音乐女歌手多利·帕顿(Dolly Parton)的名字为自己的得意之作命名。1997年2月23日这头羊的身份向全世界披露后,世上知道它的人恐怕比知道这位歌手的多得多。一头全白的小羊羔,依偎在生下它但与它毫无血缘关系的代育母亲——一头苏格兰黑脸羊旁边,这张著名的照片向世人显示,生物技术的新时代来临了。它是那头芬·多塞特白绵羊的翻版(准确地说,在细胞核遗传信息上是它的翻版。还有少量遗传信息存储在细胞质的线粒体内,多利的线粒体特征与那头提供卵子的苏格兰黑脸羊相同)。一时间,公众欢呼、兴奋或恐惧、茫然,弗兰肯斯坦、潘多拉的盒子和"科学是一把双刃剑"成为流行语汇,有人展望克隆优良家畜品种或大熊猫的美好前景,有人喊着克隆人或不许克隆人,有的科学家加紧克隆其他动物,还有科学家把他们培育的胚胎细胞克隆动物推出来分一点光芒,给局面平添了热闹与混乱。

1998年2月,曾有科学家对多利作为体细胞克隆动物的真实性提出质疑。在怀孕的动物体内,可能会有少量胚胎细胞沿血液循环系统到达乳腺部位,因此这些科学家提出,威尔穆特等人是否恰好碰到了一个这样的胚胎细胞、多利是否仍然是胚胎细胞克隆的结果。汉纳研究所还保存着一些多利的基因母亲的乳腺细胞,NDA分析很快证明,多利的确是体细胞克隆的产物,并不存在胚胎细胞混杂的可能性。

此后,克隆鼠、克隆牛等多种克隆动物纷纷问世。第一个克隆人在好几年的"只听楼梯响、不见人下来"之后,也终于在2002年底"据说"诞生了,但没有证据,科学界未予承认。至今,科学家对克隆过程仍有点知其然而不知其所以然的味道。为什么体细胞核与卵子融合后能够发育?有人猜测,可能是低营养环境中的挨饿状态使体细胞休眠,大多数基因关闭,从而失去了体细胞的专门特征,变得与胚胎细胞相似。不过这仅仅是猜测,并未得到证明。

一、充满困扰的一生

克隆过程的成功率一直非常低,流产、畸形等问题较多。这是由于克隆本身的问题,还是仅仅因为技术不够成熟对DNA造成了伤害?人们对此还无法回答。作为第一头体细胞克隆动物,多利的健康状况受到密切关注,因为它可能代表着其他克隆动物的命运。多利一生的大部分时候过着优裕的明星生活,它善于应付公众场合,毫不怕人,在镜头前有着良好的风度。与公羊"戴维"交配后,多利于1998年4月生下第一个孩子邦尼,后来又生育了两胎,一共有6个孩子,其中一个夭折。从生育方面来看,它与普通母羊并没有不同。在2002年初被发现患有关节炎之前,多利几乎是完全健康而正常的,除了由于访客喂食太多而一度需要减肥。

1999年5月,罗斯林研究所和PPL公司宣布,多利的染色体端粒比同年龄的绵羊要短,引起了人们对克隆动物是否会早衰的担忧。端粒是染色体两端的一种结构,对染色体起保护作用,有点像鞋带两头起固定作用的塑料或金属扣。细胞每分裂一次,端粒就变短一点,短到一定程度,细胞就不再分裂,而启动自杀程序。端粒以及修补它的端粒酶,是近年来衰老和癌症研究中的一个热点。许多科学家认为,端粒在动物的衰老过程中可能起着重要作用。一些人担心,克隆动物的端粒注定较短,是一个不可避免的根本问题。另一些人认为,多利的端粒较短可能是克隆过程的技术问题所致,这不一定是体细胞克隆中的普遍现象,有望随着技术的进步而消除。譬如美国科学家用克隆鼠培育克隆鼠,一共培育了6代(最后一代唯一的一只克隆鼠被别的实验鼠吃掉,实验被迫中止),并没有发现端粒一代一代缩短的现象。由于克隆动物数量不多,而且普遍比较年轻,因此还难以判断哪一种说法正确。端粒与衰老之间的关系究竟是什么、端粒较短是否一定导致早衰,也是尚未确定的事情,这使得问题更加复杂。克隆技术可能带来健康问题,是多利的创造者们强烈反对克隆人的直接理由:在目前的技术水平下克隆人,对克隆出来的人太不负责任了。

2002年1月,罗斯林研究所透露,多利被发现患有关节炎。这引起了有关克隆动物健康问题的新一轮骚动。绵羊患关节炎是常见的事,但多利患病的部位是左后腿关节,并不多见。威尔穆特说,这可能意味着现行的克隆技术效率低,但多利患病的原因究竟是克隆过程造成的遗传缺陷,还是纯属偶然,可能永远也弄不清楚。与主张动物权利的人士的观点相反,他强调,对动物进行克隆研究不应该因此停止。相反,要进一步研究,弄清楚其中的机制。此后,罗斯林研究所限制了外界与多利的接触。

2003年2月14日,研究所宣布,多利由于患进行性肺部感染(进行性疾病为症状不断恶化的疾病),被实施了安乐死。如同关节炎一样,肺部感染也是老年绵羊常见的疾病,像多利这样长期在室内生活的羊尤其如此。但绵羊通常能活12年左右,6岁半的多利可以说正当盛年,并不算老,它的肺病究竟与克隆有没有关系,又是一个难以搞清楚的问题。目前研究人员正对多利的遗体进行详细检查,科学界对此十分关注,尽管检查结果未必能对上述问题得出确切答案。威尔穆特对媒体表示,多利之死使他"极度失望"。他提醒其他科学家要对克隆动物的健康状态作持续观察。

在几年前,罗斯林研究所已经对多利的后事做好了安排。遗体检查完毕之后,它将被做成标本,在苏格兰国家博物馆向公众展出。理论上,伦敦自然历史博物馆或科学博物馆更适合安置这只科学史上最尊贵、最著名的绵羊,但苏格兰科学家们自有他们的理由:"因为她是一只苏格兰羊。"

编辑/宋超

(《环球》2003.3.16 作者:王艳红)

二、克隆人体胚胎细胞引起恐慌,全球反对"克隆人"

本报记者樊宏伟综合报道:11月25日,美国先进细胞技术公司宣布该公司首次用克隆技术培育出人体胚胎细胞,在世界各地引起轩然大波,反对之声此起彼伏。

虽然该公司称他们的目的不是克隆人,而是利用克隆技术治疗疾病,但还是遭到众多批评。美国总统布什表示,百分之百反对任何形式的人类克隆。美国国会参议员则称,将会很快通过法案禁止所有克隆研究。巴西、德国、意大利等国和欧盟的发言人也均对此发表反对意见,认为科学研究不应超过伦理界限,有必要加强立法。

不过,美国参议院多数党领袖达施勒的态度比较中立,他建议国会应该把生殖性的克隆实验和治疗性的克隆区分开来。

世界上第一头克隆羊"多利"的创造者之一威尔穆特赞同这一建议。威尔穆特一直反对克隆人,他认为,先进技术细胞公司更可能是出于商业目的,而不是技术上的考虑,从科学成就上来说,他们取得的不过是个小突破。

在科学界内,不少生物学家对这一做法则嗤之以鼻,认为这一实验结果没有科学意义,而且是对生物伦理的严重挑衅。法国国家农艺学研究所动物克隆专家让·保罗·勒纳尔表示,先进细胞技术公司所使用的方法实际上就是克隆多利羊的方法,而且美国科学家仅获得含有6个细胞的人类早期胚胎远不能满足需要。

美国宾夕法尼亚大学生物伦理学家麦吉博士甚至怀疑先进细胞技术公司宣布的真实性,因为实验的很多细节没有公开。

三、我国正在规范干细胞和克隆技术研究

本报记者曾伟报道:克隆人离我们只有一步之遥,如何让克隆技术不是给人们出难题,而是在人类可以控制的范围内最大限度地造福人类?昨日,本报记者采访了北京大学干细胞研究中心首席科学家李凌松教授。

李教授说:"目前公认的国际规范有三点,一是坚决反对克隆人,二是不能将人的精原细胞与动物杂交,三是对用于实验的胚胎干细胞来源要进行限制并作出具体规定。在我国相关规定和法律没有出台之前,我们的研究将按照国际规范行事。"

"对于一些国际规范模糊不清的'灰色区域',不同国家做法也不一样,比如信奉基督教的英国人规定,体外授精14天后的受精卵不得用于实验,而以色列则没有这样的规定,对于这些'灰色区域',我们要根据自己的国情具体分析。"

据了解,目前,虽然国际上普遍对克隆人即生殖性克隆持反对态度,但对治疗性克隆,也就是利用克隆技术获得人类干细胞以用于对病变组织和器官进行替代治疗,则基本认同。但专家认为,目前能用于临床的治疗性克隆技术尚处于细胞替代性治疗阶段,真正克隆出可用于移植的人类组织和器官,现在还为时尚早。

"干细胞和克隆研究需要相当的技术、先进的设备和良好的道德基础,"李教授强调说:"涉及这个领域的研究机构必须具备相当的实力和资质,否则很容易造成失控。"

据悉,目前,一个由国家有关部门召集、有生物学家和伦理学家参与的专家小组正在对我国干细胞及克隆技术研究现状进行评议,一个旨在规范我国干细胞和克隆技术研究的"审查委员会"正在酝酿之中。

四、科技随笔:克隆的理性发展方向

新华网华盛顿12月11日电(新华社记者吴伟农)每当出现重大克隆进展时,各种警告和反对声便不绝于耳。最近美国先进细胞技术公司宣布通过克隆制造出了人类胚胎之后,批评言论又是不断。对于克隆技术研究,人们应该一分为二地看待这个问题,以促进克隆技术的安全使用和健康发展。

不妨先回顾一下先进细胞技术公司的成果:这家公司研究人员将人类体细胞的遗传物质与去除了遗传物质的人卵细胞空壳融合,然后诱导融合后的细胞发育,研究人员得到3个早期胚胎,其中两个发育到4细胞阶段,另一个至少发育到6细胞阶段。由于这证明人体单个细胞的遗传物质能被诱导发育成为幼胚胎,克隆人在技术上离现实可谓一步之遥。

争论由此而生。批评者说,因为它用一个单亲制造了人类的开端,这一进展在伦理道

德上是危险的。反对者说,即使不为克隆人,为获取干细胞而克隆胚胎的做法也是不道德的。但先进细胞技术公司的科学家称,他们的目标不是制造克隆人,而是为了开发人类疾病的治疗方法,其工作是"正义的"。

科学家在动物身上的实验预示,克隆的人类胚胎干细胞将开启一个再生医学新时代,研究人员将能利用干细胞培养出用于移植或替换的组织和器官,为老年人和病人带来福音。而制造用于移植的干细胞的最好办法就是从利用病人自身遗传物质克隆的胚胎中获得干细胞。这种干细胞和它们发育成的组织的基因将与病人基因一致,不太可能受到病人免疫系统的排斥。

在如何管理克隆技术方面,美国政界存在分歧。众议院通过了禁止克隆人和克隆人类胚胎的法案,但至今没有得到参议院批准。事实上,众议院在12月3日曾要求参议院立即接受禁止克隆人类胚胎和克隆人的临时法案,但被参议院拒绝。

有关克隆的法案肯定会在美国出台,但其框架绝非参众两院数百人所能决定,而要受到美国各大游说集团的制约。美国生物技术产业组织便是游说势力之一。这个组织的总裁菲尔德鲍姆说,生物技术产业组织反对生育性克隆,因为这是不安全和不道德的。但它支持克隆胚胎细胞和组织技术的治疗性应用,认为在有关部门的严格监督下,治疗性克隆不会导致克隆婴儿,却能提供治疗人类疑难病症的途径。

如同核技术应用一样,让克隆技术在严格有效的监控下造福于人类,这是克隆技术的理性发展方向。把克隆技术应用于繁育、制造年龄悬殊而基因一致的人类个体的做法,这才是需要立法禁止。

五、克隆人真的会出现吗

我们经常在谈论克隆,那么究竟什么是克隆呢?克隆是英文单词clone的音译,它是一种人工诱导下的无性生殖方式。那么什么是无性生殖呢?其实我们已经见得很多了,比如我们在小河沟中常见到的水螅,水螅在春暖花开的时候,也会在身体上长出多个芽体,这些芽体生长到一定阶段,基部脱离母体,发育成新的个体,水螅的这种出芽生殖就是无性生殖的一种,也就是不需要雄性和雌性结合的繁殖方式。

在自然的生殖方式中,高等动物和人都是有性生殖的。当然,克隆不会也不可能按照低等生物的模式去培育新个体,克隆的基本过程是先将含有遗传物质的供体体细胞的细胞核移植到去除了核的卵细胞中,利用人工刺激的方法让两者融合在一起,然后促使这一细胞分裂繁殖,发育成胚胎和新的个体。用这种方法培育出的新个体可以继承供体的生物特性,而与受体生物没有太大关系。

1996年7月,历史上第一只克隆羊多利(dolly),在英国苏格兰诞生,成为世界上最受瞩目的羊。《纽约时报》称:"一个成年哺乳动物的克隆提供了一个令人震惊的例子,说明技术是如何超出引导它的道德和社会伦理的。"随之而来的是克隆鼠、克隆牛、克隆猪、克隆猴、克隆鸡等"克隆动物"在世界各地相继问世。克隆人呼之欲出,并重新引发了技术与伦理的激烈碰撞。

1998年1月,美国一位名叫理查德·锡德的科学家在芝加哥宣布了他的克隆人计划。此言一出,举世震惊。更是引起一系列戏剧性的连锁反应,大声呵斥者有之,呼吁立法者有之,学术批判者有之。当然,也有捧场者,如期望一解膝下无子的荒凉者。

20世纪50年代,科学家们对DNA结构的研究获得成功;20世纪60年代,科学家对"克隆蛙"试验取得了一些重要成果。这两件大事引起了有关克隆人的最初辩论,由于技术水平的局限,人们普遍认为从生物的角度上来讲,克隆人是不可能的,不过是一堆"科学幻想"罢了。但是,1978年6月1日《华盛顿邮报》报道,有4名著名生物学家认为克隆人也许会很快问世,由此带来的问题将超出今天的伦理、法律和社会传统的思考范围。

1998年,美国科学家由老鼠细胞克隆出来的50只小鼠这一事实,说明克隆羊可以进一步缩减为一个简单的过程,在显微镜下就可以随意创造出克隆体。日本人培育出来的8头克隆牛也被认为是克隆技术的又一重大进步,克隆牛的成功率为80%。专家们推断,今天克隆人随时可能出现在我们面前,这就不能不触发更为实际的生活伦理思考。

美国普林斯顿大学生物学教授西沃尔指出,克隆人是无法阻止的。"如果有家庭需要,克隆就可以使孩子们诞生在这样的家庭里。"从帮助不孕者的角度,美国芝加哥肯特法学院的安德鲁教授认为:在不远的将来,如果克隆技术和现在的生育技术一样有效,而且成本更低,那么,医生们可能觉得克隆人是合乎道德的。克隆人对于试管婴儿、借腹怀胎者来讲,不过是一种新的生殖方式。但是西沃尔则认为,事情并非那么简单,这不仅仅是一个不孕治疗的问题,也不是在人工受孕基础上的简单跳跃。

与克隆人相关的医学研究是克隆人体胚胎干细胞,英国科学家绘出了新的蓝图:采用体细胞克隆技术,利用人体细胞克隆出早期胚胎,让它在实验室里发育6~7天,然后阻止它继续发育,从中提取胚胎干细胞,由于这种细胞具备分裂人体各种细胞的能力,可用来在体外培育出与提供细胞的个体特征完全相同的细胞、组织或器官。

根据英国科学家的乐观预测,该项技术可再造人的神经组织、心脏肌肉、骨骼组织、皮肤组织、血液细胞、并节组织、肝脏组织、眼组织等,可以有效地治愈眼病、心脏病、心肌梗塞、传染性肝炎、肝硬化、癌症、骨髓病、帕金森氏综合征等许多困扰人类的疾病,并解决器官移植中排异反应和供体器官严重缺乏的两大难题。这项研究的价值不仅仅在它的实用方面,它还可以揭示生命发育的奥秘。在体外培养人类胚胎干细胞,观察它在不同环境下的生长,将有助于了解一个人类受精卵如何精确地分化发育出各种完全不同的细胞、组织和器官,最终成为一个完整的人。生命个体发育中的调控、生命起源与意识产生并列为生命科学的三大难题,因此观察胚胎干细胞在体外的生长过程,对弄清上述问题具有特殊的重要意义。

随着克隆技术的日渐完善,一些专家们相信,一定有什么人在什么地方尝试着克隆人。"当第一个克隆人睁开他或她的小眼睛的时候,新的纪元就开始了。"然而,这才仅仅是开始,随之而来的近期结果将不能不使人担忧它的负面影响。例如,备受关注的克隆羊,情况似乎并不尽如人意。一是衰老速度比正常羊快。一个有趣的科学和哲学问题是,它们的"生物年龄"和"出生年龄"不符。多利的DNA取自一只6岁的老羊,多利的出生年龄已有3岁,按DNA推测,它的生物年龄应该是9岁。换句话讲,它即克隆了基因,也克隆了年龄,即"多利是披着羔羊皮的老羊"。人们不禁要问,从一个50岁的人那里克隆出来的克隆人可以活多久?二是不明原因的死亡率过高。英国罗斯林研究院的"克隆羊之父"威尔穆特估计,由于程序的不稳定性,50%的克隆婴儿将胎死腹中,而出生的婴儿中有1/5将面临夭折。

克隆人还将导致人类基因库的单一性。因为,"克隆"技术仅是"复制",而"两性"繁殖将出现基因的新的组合。多样性的丧失对人类的前途不利,从技术的角度而言,无性繁殖自有其限度。利用体细胞生产各种克隆体虽数量无限,但质量无法保证。从遗传的角度而论,通过父母的结合使父母双方的遗传基因相混合,有可能使子女在质量上超过父母,单靠体细胞做无性繁殖,子女的质量根本无法超过母体。在自然界,生命繁殖开始时都是无性的,后来才发展成为有性。有性繁殖增加了变异的可能性。无性繁殖导致群体的每个个体都一样,从而增大了这个物种被消灭的风险。而有性繁殖则使生物的可能变异在群体中大大增加,从而增强了物种的竞争力、适应力。这是生物进化中非常重要的一步。生物需要多样性,人类同样需要多样性。如果人类都"优生"成为理想之人,很可能一种怪病毒就会使全人类遭到灭顶之灾。

克隆人引发的争议已涉及世界范围。近年来,科学技术专家、政治学家、社会学家、人类学家、法学家、政策分析家、伦理学家及有关国际组织多次召开各种类型的会议,发表声明,提出建议,呼吁立法。我国政府也表明对克隆人的立场:不赞成、不支持、不允许、不接受。

围绕克隆人问题,目前人们的疑虑多为想象和推论。有些人乐观地渴望着通过克隆制造一批伟大的思想家、政治家、科学家、明星和英雄等杰出人才;有人则悲观地担忧克隆出希特勒、墨索里尼等一批残暴的恶魔。实际上,这些设想是不现实的。一个人的智力、思想,是由先天遗传性与后天的自然环境因素相互作用的成果。另外,克隆的"伟人"或"恶人"即使把其细胞核中所有的基因都保存下来,由于这些基因是处于另一个生命的卵的细胞质中,所以基因的表达会受到细胞质的调控,不是一成不变的。很难想象,21世纪能克隆出与20世纪的爱因斯坦一模一样、在科学上做出巨大贡献的科学家。

一旦克隆人流行起来,人与人之间的关系将会复杂而纷乱。比如说,如果一个妇女生育了自己的克隆人,这个孩子该是她的女儿还是妹妹?再比如,这个孩子长大后与她母亲相貌酷似,这会给父亲与孩子之间的关系产生什么影响?又比如,如果父母生了一个克隆儿子后离异了,这时,母亲每天看见世界上她最憎恨的那个人的"复制品"时会是一种什么样的心情?

应该承认,克隆人技术打破了传统的生育观念和生育模式,使生育与男女结合紧密联系的传统模式发生改变,降低了自然生殖过程在夫妇关系中的重要性,使人伦关系发生模糊、混乱乃至颠倒,进而冲击传统的家庭观以及权利观与义务观。尽管由于意识形态、宗教信仰、社会制度等的不同,使伦理观也因国家、民族等的不同而不同。人类一旦从有性繁殖转为无性繁殖,夫妻、父子等基本的社会人伦关系就会遭到破坏。克隆人与细胞核的供体既不是亲子关系,也不是兄弟姐妹的同胞关系。他们类似于"一卵多胎同胞",但又存在代间年龄差。这将在伦理道德上无法定位,法律上的继承关系也将无从定位。试问,"克隆人"有无在"生物学父母""代理母亲"和"社会父母"中选择父母和更换父母的自由?抚养"克隆人"的义务和权利归属于谁?"克隆人"对谁的遗产具有继承权?从医学伦理角度审视,可以发现这些父母都是不完全的父亲和母亲,可说是父将不父,母将不母,子将不子,地道的"三不像"。在这样组合的家庭中,伦理的模糊、混乱和颠倒,很容易导致心理和感情上的扭曲,播下家庭悲剧的种子。

现代科学技术是一把双刃剑,在其造福人类的同时也会带来一些负面效应。希腊神话中有这么一段:达摩克利斯总梦想着坐上众神之王的位子,于是宙斯请他上来一坐,当他真的坐上王位的时候,却突然发现,自己的头上悬着一把锋利的宝剑。人类似乎也面临与达摩克利斯相同的问题,既创造了高科技文明,也把头顶的这把剑磨得异常锋利。同样,克隆技术也是一把双刃剑。人们应在向前飞奔的时候,抽空看看头上的这把利剑。

五、推荐书目

(美国)吉娜·科拉塔《克隆》,上海科学技术出版社,2000年5月出版。

拿来主义

一、作者介绍

鲁迅(1881—1936),著名的文学家、思想家和革命家。中国现代文学的奠基人。原名周树人,字豫才,浙江绍兴人。1898年到南京求学,接受进化论思想。1902年到日本仙台医学院学医,后从事文艺工作,希望用以改变国民精神。1909年回国,先后在杭州、绍兴任教。辛亥革命后,曾任南京临时政府和北京政府教育部部员、佥事等职,兼在北京大学、北京女子师范大学等校授课。

1918年5月,首次用"鲁迅"的笔名,发表中国现代文学史上第一篇白话小说《狂人日记》,"大胆揭露人吃人的封建礼教",奠定了新文学运动的基石。五四运动前后,参加《新青年》杂志工作,成为"五四"新文化运动的主将。1918年到1926年间,陆续创作出版了小说集《呐喊》《彷徨》,论文集《坟》,散文诗集《野草》,散文集《朝花夕拾》,杂文集《热风》《华盖集》《华盖集续编》等专集。1927年10月定居上海,成为职业作家。从1927年到1936年,创作了历史小说集《故事新编》中的大部分作品和大量的杂文,收辑在《而已集》《三闲集》《二心集》《南腔北调集》《伪自由书》《准风月谈》《花边文学》《且介亭杂文》《且介亭杂文二编》《且介亭杂文末编》《集外集》和《集外集拾遗》等专集中。1936年10月19日病逝于上海。

二、作品背景

本文写于1934年6月4日。"九一八"事变之后,日本帝国主义把魔爪伸向华北,蒋介石反动统治集团越来越依附英美帝国主义,肆无忌惮地出卖民族利益,讨好帝国主义,从政治、经济、文化艺术方面奉行一条彻头彻尾的卖国投降路线。英美帝国主义除了肆意践踏我国领土主权,疯狂掠夺我国经济资源外,还用腐朽没落的西方文化腐蚀我国人民,反动政府和帝国主义互相勾结,一个"送去",一个"送来",中国面临着"殖民地化"的严重危机。

长期以来,由于中国政治、经济、文化上的落后,各帝国主义不断输入鸦片、枪炮、香粉、电影及各种小东西进行军事、经济、文化侵略,因而使清醒的青年们对于外来的东西"发生了恐怖",产生了一种盲目排外的思想,不能正确对待外国的东西。当时上海《文学》月刊正在讨论如何对待"文学遗产"问题,在讨论中存在着"全盘肯定"和"全盘否定"两种错误倾向。鲁迅感到,由于帝国主义的侵略和反动政府的媚外,造成了民族文化的严重危机,同时革命内部在对待中外文化遗产的问题上存在着相当混乱的观点。针对这些情况,鲁迅写了《拿来主义》一文,揭露了帝国主义侵略政策和反动派的卖国罪行,阐明了无产阶级正确中外文化遗产的基本观点。

三、文章结构

第一部分(第1—4段):揭露批判"送去主义"的实质及其严重后果。

第1、2段是揭露批判国民党政府在文化上奉行"送去主义"的媚外求荣和欺世惑众的可耻行为。第3、4段是揭露"送去主义"的实质和危害。

第二部分(第5—9段):阐明"拿来主义"的基本观点,批判在对待文化遗产问题上的错误倾向。

第5段正面提出"拿来主义"的主张。

第6段揭示"送去主义"的危害和实行"拿来主义"的必要。

第7段揭示"拿来主义"的含义就是"运用脑髓,放出眼光,自己来拿"。

第8段批判对待文化遗产的三种错误态度。

第9段从正面具体而形象地阐明"拿来主义"的原则和方法。

第三部分(第10段):总结全文,指出实行"拿来主义"的人应具有的胆识和品质,以及"拿来主义"对于创造民族新文化的重要意义。

四、研读课文

研读第一部分:弄清"送去主义"的实质与危害,体会幽默、讽刺的语言在批判错误观点的表现力。

(1)提问:第1段"别的且不说罢"一句有什么作用?作者列举了哪些事例来揭露国民党政府实行"送去主义"的媚外丑态的?

明确:本文写于1934年6月4日,那时日本帝国主义的魔爪已经伸到了东北、华北,国民党政府推行卖国主义政策,变本加厉地出卖国家的领土、资源和主权,确实成了什么都是"送去主义"了。因此,用"别的且不说罢"的句子,不仅使论述的范围明确,而且增强了揭露的深刻性。

作者举了三个"送"的事例:"先送"一批古董到巴黎去展览,"不知后事如何",即有去无回,这是媚外的可耻行径;还有几位"大师"们捧几张古画和新画,在欧洲各国一路挂过去,"捧"何其郑重、恭敬,媚态可掬,几张画"一路的挂",何其卖力,何其寒碜可笑,"发扬国光"是反语,讽刺不以为耻,反以为荣;"还要送梅兰芳博士到苏联去,以催进'象征主义'……也可以算得显出一点进步了",用这种方式来显示一点进步,多么可怜,暗示"学艺"上的东西已经相当贫乏。作者讽刺批判的锋芒不是对着几位艺术家,而是指向卖国媚外的反动当局及其御用文人,字里行间充满着憎恶和鄙视。

(2)提问:一味奉行"送去主义"会产生什么严重后果及危害?

明确:作者以尼采自诩他是太阳,光热无穷,只是给与,不想取得作类比,"尼采究竟不是太阳,他发了疯"。中国不是"丰富",还要"大度","只是送出去",同样是愚蠢可笑的。说"掘起地下的煤来,就足够全世界几百年之用","几百年之后呢"? 我们的子孙,"当佳节大典之际,他们拿不出东西来,只好磕头贺喜,讨一点残羹冷炙做奖赏"。"磕头""讨"和"残羹冷炙""奖赏"等词语,形象、深刻地写出了"送"的结果是我们的子孙后代无法立足于世界民族之林。

（3）提问："抛来"和"抛给"有何区别？

明确：抛来指把无用的东西抛弃掉，或者无代价地送人或施舍，一般不怀有什么不良的动机或目的。抛给指有目的的、带恶意的输出。

研读第二部分：理解"拿来主义"的主张，领会运用形象的比喻阐明抽象的深刻的道理的写作方法。

（1）提问：第5段中哪些词语含有讽刺意味？第6段的"送来"与"拿来"有何区别？第7段的"运用脑髓，放出眼光，自己来拿"怎么理解？

明确："摩登"是针对上文"自从给枪炮打破了大门之后……成了什么都是'送去主义'了"而言的，把卖国媚外的行径说成"时髦"，一味地"送去"说成"赶时髦"，其讽刺意味是很浓烈的。"吝啬"是针对上文"丰富""大度"而言的，两者鲜明对照，对"送去主义"者进行讽刺鞭挞。

"送来"是帝国主义对我国进行的经济、军事、文化、侵略、掠夺，是"抛给"的同义语；"拿来"是根据需要自己拿，二者本质不同，内容迥异。

运用脑髓指用脑筋独立思考，有主见；放出眼光指要看得清，有辨别力；自己来拿指要有选择，自己拿。

（2）提问：第8段批判了对待文化遗产的哪几种错误态度？第9段阐述了"拿来主义"者应采取怎样的态度和方法？运用比喻论证说明有什么作用？

明确："大宅子"比喻文化遗产。

怕：徘徊不敢走进门（逃避主义）孱头。

怒：勃然大怒，放一把火烧光（虚无主义）昏蛋。

羡慕：欣欣然接受一切（投降主义）废物。

以上三种人对待文化遗产的态度都是错误的。

对待文化遗产的正确态度：首先是"占有"，然后是"挑选"。"占有"是前提，不"占有"就无从"挑选"；"挑选"是关键，不"挑选"，"占有"就毫无意义。

"挑选"的具体做法：或使用，或存放，或毁灭。

鱼翅比喻文化遗产中的精华部分（使用，吃掉）。

鸦片比喻有益也有害的一类事物（存放，供治病）。

烟枪、烟灯比喻有害的可作反面教材的一类事物（送一点进博物馆，毁掉）。

姨太太比喻供剥削阶级欣赏享用的腐朽淫靡的东西（消灭）。

文中运用"大宅子""鱼翅""鸦片""烟枪和烟灯"等当时人们所熟悉的事物作比方，使如何对待文化遗产这个抽象问题具体化，深奥道理浅显化，将怎样"挑选"说得具体形象又清楚透彻。尤其是对"孱头""昏蛋""废物""姨太太"等形象的勾勒，寓意丰富，耐人寻味。

研读第三部分：

（1）提问：这一段共5句话，是哪5句话？如果这5句话是5个问题的答案，那么应该是哪5个问题？

第1句话：结论是我们要拿来。第2句话：拿来主义的具体做法。第3句话：拿来主义的结果。第4句话：拿来主义者应具备的条件。第5句话：从反面指出拿来主义的意义。

(2)明确：① 究竟应该怎样对待文化遗产？② 对文化遗产应该怎样区别对待？③ 正确对待文化遗产有什么积极意义？④ 要处理好文化遗产我们必须具备哪些条件？⑤ 实行"拿来主义"的重要性迫切性何在？

五、艺术特色

嬉笑怒骂，皆成文采——《拿来主义》语言赏析

说鲁迅的思想和文采成就了鲁迅杂文的辉煌一点也不过分，《拿来主义》就是这样一篇典范之作。思想深刻，见解独特，锋芒毕露，咄咄逼人，这不是本文探讨的问题，我想说的是，一种抨击时政、挑战强权的思想，一种论析文化、洞悉历史的胆识，要通过嬉笑怒骂、妙趣横生的语言形式表现出来，这不能不令人对鲁迅炉火纯青、登峰造极的语言艺术叹为观止。下面结合《拿来主义》一文对鲁迅杂文的语言艺术稍加剖析。

1. 形象描绘

文章在列举"送去主义"的表现时，有这样一句话："还有几位'大师'们捧着几张古画和新画，在欧洲各国一路的挂过去，叫作'发扬国光'。""几位""几张"说明大师不多，作品极少，几乎到了少而无奈，寒碜可怜的程度。"捧"字颇富深意，陈述对象是国民党政府的御用文人——"几位大师"，呈送对象则是帝国主义殖民者，"捧"字活画出"大师"们毕恭毕敬，谄媚讨好的奴性心理。"欧洲各国"点明此次画展涉及的国家之多，"一路"点明此次展览路线之长。"挂"则勾画"大师"们大张旗鼓，自鸣得意的丑陋之态。引用"发扬国光"实则是顺手讽刺国民党"大师"们一味"送去"作品，不以为耻，反以为荣的丑恶嘴脸。简简单单的一句话，用精炼、传神的动词，恰如其分的修饰语和限制语，惟妙惟肖地刻画出国民党政府卑躬屈膝，崇洋媚外的奴性和媚相。文章在阐述"送去主义"的危害时说"要不然，则当佳节大典之际，他们拿不出东西来，只好磕头贺喜，讨一点残羹冷炙做奖赏"，"磕头贺喜"描绘亡国奴点头哈腰，摇尾乞怜的奴才相和无耻心。"残羹冷炙"既勾画出亡国奴们的无以为生、乞讨度日的可怜可悲，又形象地揭示出帝国主义在榨干了殖民地半殖民地人民的血汗后，用剩余物资进行经济侵略的事实。"奖赏"自然不是奖励、赏赐之意，而是讽刺做了亡国奴的子孙后代面对帝国主义居心不良的施舍所表现出来的无知和无耻、愚妄和虚伪。几个关键词语形象地揭示出"送去主义"亡国灭种，危及子孙的实质。文章在批判对待文化遗产的三种错误态度时这样写道："不过因为原是羡慕这宅子的旧主人的，而这回接受一切，欣欣然的蹩进卧室，大吸剩下的鸦片，那当然更是废物。""欣欣然"可见"废物"得意忘形，沾沾自喜之态。"蹩"字决不能换成"走"和"踱"，"走"字外延过大，适用范围过宽，缺乏形象感；"踱"字过于从容不迫，闲适自得，与"废物"的情感氛围不合；"蹩"是走路不稳的样子，形象地描绘出"废物"的病弱相和见了鸦片之后的情急相、贪馋相，可憎又可怜。

2. 妙用反语

文章列举了"送去主义"在学艺上的三种表现之后，有这样一句议论，"总之，活人替代了古董，我敢说，也可以算得显出一点进步了。""进步"讽刺"送去主义"之风愈演愈烈，日益

猖獗,大有执迷不悟,愈陷愈深之势。"算得"一词体现了作者的情感态度,表明"活人代替了古董",不是学术进步,文化昌明,而是学术退步,文化堕落,作者对此是不屑不齿。揭示"送去主义"的危害,作者又写道:"当然,能够只是送出去,也不算坏事情,一者见得丰富,二者见得大度。"这句话也是反语讽刺。"丰富"是欺世惑众的自夸,媚外求荣的借口,事实上的贫乏已经戳破了这个谎言。"大度"在这里当然不是"慷慨大方"的意思,它的含义只是"送去主义"者对民族利益的无耻而彻底的背叛和出卖!与之相对的是作者倡导"拿来主义"的主张:"我只想鼓吹我们再吝啬一点,'送去'之外,还得'拿来',是为'拿来主义'。""鼓吹"决不是唆使、煽动别人去干坏事,而是理直气壮,义正词严地宣扬真理。"吝啬"也不具迷财小气的含意,而是贬词褒用的愉快反语,意为"珍惜",表明对经济、文化财富应有的正确态度,而且对"送去主义"的数典忘宗、媚外求荣的败家子行径也是一种嘲弄、揶揄。

3. 巧用比喻

运用比喻说理可以化深奥为浅显,化抽象为具体,变枯燥为风趣,变陌生为熟悉,从而增强杂文的形象性和感染力。如何对待中国文化遗产,这是一个抽象繁难的话题,皇皇专著也难以穷尽其旨。鲁迅先生化繁为简,举重若轻,先把中华文化遗产比作一所大宅子,然后正反两方面设喻,先反面设喻批判对待文化遗产的三种错误态度:把拒绝借鉴,害怕污染,不敢选择的逃避主义者说成是"孱头",把割断历史,盲目排斥的虚无主义者说成是"昏蛋",把全盘继承、顶礼膜拜的投降主义者比作是"废物"。设喻之新颖风趣,讽刺之深刻犀利,说理之明白畅晓,令人过目不忘,回味无穷。后正面设喻阐述对待文化遗产的正确态度——取其精华,去其糟粕。"鱼翅"比喻文化遗产中有益无害、高贵典雅的内容,要"拿来"而且"使用";"鸦片"比喻文化遗产中既有益处又有害处的东西,要吸取、使用它有用的方面,清除它有害的方面;"烟枪""烟灯""姨太太"比喻文化遗产中的糟粕,要"毁掉"(只留少许送博物馆)。三类比喻把如何对待文化遗产阐述得深入浅出、清清楚楚。除了整体设喻论述"拿来主义"之外,文章局部许多地方也广泛使用比喻来增强文章的说服力和感染力。说"闭关主义"的危害时,作者这样写:"自从给枪炮打破了大门之后,又碰了一串钉子,到现在,成了什么都是'送去主义'了。""打破大门""碰钉子"形象地揭示出清政府闭关锁国落后挨打以至与帝国主义签订一系列割地赔款、丧权辱国的不平等条约的事实,较之于直陈史实来得风趣、幽默。批判"送去主义"的危害时,作者把"送去主义"者类比尼采,这样评述尼采:"尼采就自诩过他是太阳,光热无穷,只是给与,不想取得。然而尼采究竟不是太阳,他发了疯。"以太阳喻尼采,讥讽其自命不凡,思想错乱,让人联想到主张中国地大物博的"送去主义"者也是狂妄自大,不自量力。批判的锋芒锐利、深刻。

4. 词语错位

"挂"和"过去"互相抵牾,本来是不能搭配在一起的。但鲁迅先生把"过去"嫁接在"挂"上,讽刺"送去主义"者招摇过市、无处不"挂"的丑陋,幽默感扑面而来。"拿来主义"是鲁迅运用"仿词"的修辞手法独创的新鲜而奇特的概念,"主义"指一种重大的原则和主张,是堂而皇之的政治术语,而"拿来"是最普通的日常生活的口语,这两个词十分有趣地嫁接在一起,不伦不类地惹人发笑。"闭关主义""送去主义"也很妙,不说"排外",不说"卖国",而说"闭关""送去",挖苦嘲讽的意味很强。说帝国主义的"奖赏",鲁迅提醒人们要区分三个概念:"这种奖赏,不要误解为'抛来'的东西,这是'抛给'的,说得冠冕些,可以称之为'送来',我在这里不想举出实例。"特定的语境赋予"抛来""抛给""送来"三个词不同的感情色彩。"抛来"是中性词,指无意的,漫无目的的给予,施受双方应是平等的,公正的。"抛给"不但画出了洋主子的居高临下,盛气凌人,而且画出了国民党反动派希望得到主人"赏赐"时那种奴颜婢膝的丑态。施受双方是不公正、不平等的,带有主仆歧视和人格侮辱性质。明明是"抛给",偏偏说"送来",错位倒置,辛辣地嘲讽了帝国主义的伪善和阴险,奴才的掩耳盗铃、自欺欺人。

六、美文欣赏

有的人
臧克家

有的人活着
他已经死了;
有的人死了
他还活着。

有的人
骑在人民头上:"呵,我多伟大!"
有的人
俯下身子给人民当牛马。

有的人
把名字刻入石头,想"不朽";
有的人
情愿作野草,等着地下的火烧。

有的人
他活着别人就不能活;
有的人
他活着为了多数人更好地活。

骑在人民头上的
人民把他摔垮;
给人民做牛马的
人民永远记住他!

把名字刻入石头的
名字比尸首烂得更早；
只要春风吹到的地方
到处是青青的野草。

他活着别人就不能活的人
他的下场可以看到；
他活着为了多数人更好地活的人
群众把他抬举得很高，很高。

《有的人》是当代诗人臧克家为纪念鲁迅逝世十三周年而写的一首抒情诗。1949年全国解放后，臧克家由香港回到北京。10月19日，是鲁迅先生逝世13周年纪念日，全国各地第一次公开地隆重纪念这位伟大的文学家、思想家和革命家。臧克家亲自参加了首都的纪念活动，目睹了人民群众纪念鲁迅的盛况，并瞻仰了鲁迅在北京的故居，看到了鲁迅先生在文章中提到过的"枣树""老虎尾巴"等，他深切追忆鲁迅先生为人民鞠躬尽瘁的一生，睹物思人，百感交集，于1949年11月1日写了《有的人》这首短诗，抒发了自己对纪念鲁迅先生所引起的无限感慨以及对人生意义的深刻思考。这首诗热情地歌颂了鲁迅先生甘愿"俯下身子给人民当牛马""情愿作野草，等着地下的火烧"的伟大精神，有力地鞭挞了"骑在人民头上""他活着别人就不能活"的人，深刻地揭示了为人民服务的人在人民中永存，与人民为敌的人必灭亡的道理。

七、推荐书目与篇目

1. 鲁迅《阿Q正传》
2. 鲁迅《狂人日记》
3. 鲁迅《朝花夕拾》

师　说

一、作者简介

韩愈(768—824),字退之,河南河阳(今河南省孟县)人,唐代著名的文学家、哲学家,古文运动的倡导者。祖籍河北昌黎,也称"韩昌黎"。晚年任吏部侍郎,又称"韩吏郎"。死后谥"文",故又称"韩文公",作品收录于《昌黎先生集》。明人将韩愈列为"唐宋八大家"之首,苏轼又称他"文起八代之衰",这是对他散文成就的最大肯定。

二、作品分析

全文通过对师的讨论,表达了作者对古人从师之道的赞扬,对"耻学于师"的社会风气的无情批判。我们深切体会到作者那因"师道不传"而痛心疾首的情感的同时,也为这位伟大文豪非凡的斗争勇气和正直的品行所倾倒。

《师说》结构

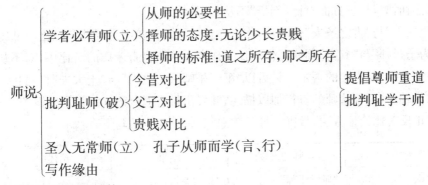

分析课文论证结构:

(一)分析第一段

1. 本段提出了全文的中心论点,它是什么?

答:古之学者必有师。

2. 作者怎样从理论上对总论点作初步论证的?

第一层:开门见山提出中心论点:古之学者必有师。

作者要以"古之学者"为榜样来宣扬师道,所以文章一开始就把它提了出来。"必有师",把学者之所以有成就、有专长归结为从师的结果。这句不仅起到点题作用,而且笼罩了全文,概括了要论及的内容、范围,成为本文的中心论点。

第二层:正面概论教师的职能:传道、受业、解惑。

第三层:反面论述无师不能解惑,从理论上阐明从师的必要性。

第四层:正面提出择师标准:凡先闻道者,都可以为师。

前一分句,用排比句,一口气连用八个"吾"字,句中"亦"作假设关系的连词"如果"讲。后一分句,用反诘句,加强语气。

第五层:归纳上文,提出从师的原则:无贵无贱,无长无少,道之所存,师之所存。这里作者表达了不耻下问,能者为师的进步思想。

3. 本段采用了什么论证方法?论述了哪些内容?

答:道理论证;总论教师作用;从师的必要性和择师的标准。

(二)分析第二段

1. 本段论述的分论点是什么?

答:师道之不传也久矣,欲人之无惑也难矣。

2. 本段论述针对的是什么现象?

答:主要批判当时"耻学于师"的社会陋习。

3. 说说这一段与第一段是怎样联系的?

这段以第一段为立论根据,批判当时士大夫耻于从师的不良风气;通过针砭时弊,又从反面论证第一段所提出的观点,说明从师的必要。

4. 这段文字运用怎样的论证方法?

这段文字运用正反对比的论证方法:

第一层:提出分论点:师道之不传也久矣!欲人之无惑也难矣!

第二层:针对时弊,从三方面对比,剖析"不从师"的症结。

先以"今之众人"与"古之圣人"作对比,作者在这组纵向比较中用反诘句点出不从师的原因。再以"为子择师"与"其身则耻师"作对比。作者在这组自身矛盾的对比中,对不从师的表现加以评论,并给予直接的否定。最后以"巫医乐师百工之人"与"士大夫"作对比。作者在这组横向比较中,对不从师的言行加以描述,并发出带有讽刺语气的强烈感慨。

本段运用正反对比论证方法,教师指导学生总结,并请学生填写下表:

	对象	从师的态度	结果	论述中心
1	"今之众人"	"耻学于师"	"愚益愚"	通过正反对比,论证了从师学习的重要性。
	"古之圣人"	"从师而问"	"圣益圣"	
2	于其子	择师而教之	小学	
	于其身	耻师	大遗	
3	巫医乐师百工之人	不耻相师	士大夫之智不及巫医乐师百工之人	
	士大夫之族	曰师曰弟子……群聚而笑之		

(三)分析第三段

1. 本段提出的分论点是什么?

答:圣人无常师。

2. 第三段与第一段关系怎样?

这一段是正面论证,用历史事例论证第一段中的论点。

第一层:提出分论点:圣人无常师。

第二层:用孔子的言和行两方面的事例论证。作者举出孔子询官于郯子,访乐于苌弘,学琴于师襄,问礼于老聃的事例。孔子言论中的"三",应理解实指三人:一个自己,一个善者,一个不善者,而"我"却能从其善,改其不善。这样解释才能体现格言的警辟性。最后作者从孔子的事例中推断出:"弟子不必不如师,术业有专攻"的结论。

(四)分析第四段

1. 作者为什么称赞李蟠?

作者赞扬李蟠,既是对他不从流俗的肯定,也是对士大夫们"不从师"的有力批判;既针砭时弊,又通过赞扬李蟠倡导从师。"古文"指先秦散文。

2. 这段点明作者作《师说》的缘由,树立"不拘于时""能行古道"的榜样,总结全文。同时"不拘于时"照应第二段,"能行古道"照应第三段。

三、作品特色

(一)本文是一篇典范的议论文,主要采用的论证方法有:

1. 下定义、作结论

概念明晰、论证严密。如文章开头就断言:"古之学者必有师",并下定义说:"师者,所以传道受业解惑也。"接着由"解惑"说到"从师",经过一番推论,又得出"道之所存,师之所存"的结论。

2. 对比论证

第二段三组对比造成强烈反差,揭示了"士大夫之族"不从师学习的违背常理,则作者主张从师学习的观点不言自明。

3. 引用论证

第三段引述孔子的言行来进一步阐明自己的观点,增强了说服力。

(二)本文语言上特点主要体现为:

1. 整句散句结合。

整齐的排偶句和灵活的散句交错运用,配合自然,错落有致。例如,第2段:"古之圣人,其出人也远矣,犹且从师而问焉",与"今之众人,其下圣人亦远也,而耻学于师",是排偶句。接下去,"是故圣益圣,愚亦愚,圣人之所以为圣,愚人之所以为愚,其皆出于此乎"则是散句。而这一长的散句中,"圣益圣,愚亦愚"和"圣人之所以为圣,愚人之所以为愚",又都是排偶句。

2. 顶真修辞手法的运用。

顶真,用上一句的结尾的词语做下一句的起头,使前后句子的头尾蝉联,上递下接。本文有好几处运用这种修辞手法,例如"古之学者必有师。师者,所以传道受业解惑也。"

四、作品拓展

(一) 写作背景

《师说》作于唐贞元十八年(802)韩愈任四门博士时,这篇文章是韩愈写给他的学生李蟠的。柳宗元很推崇这篇文章,在《答韦中立论师道书》中说:"今之世不闻有师;有,辄哗笑之,以为狂人。独韩愈奋不顾流俗,犯笑侮,收召后学,作《师说》,因抗颜(端正容貌)而为师,世果群怪聚骂,指目牵引,而增与为言辞,愈以是得狂名。"由此可见,《师说》是针对时弊而写,作者在文中阐述了老师的作用和标准,从师学习的重要性和从师应持的态度,提倡能者为师,不耻下问,教学相长。这些精辟的见解突破了孔子学说的框框,具有进步意义。

(二)《师说》解题

题目不是"说说老师"的意思。"说"是一种议论文的文体,可以先叙后议,也可夹叙夹议。"说"比"论"随便些。初中学过的《捕蛇者说》《马说》等等都属"说"一类文体。"说",古义为陈述和解说,因而对这类文体.就可按"解说……的道理"来理解。所以《师说》,即"说师",意思是解说关于"从师"的道理,下面一篇课文《问说》就是解说关于学习中"问"的道理。刚才说过,当时社会风气不重视从师之道,认为从师学习是可耻之事。韩愈写这篇文章赠给他的学生李蟠,其目的就是抨击时弊,宣扬从师的道理。

五、美文欣赏

尊师重教美德薪火相传

陈婉婉 贾学蕊

家是最小国,国是千万家。尊师重教的家风代代相传,会带动整个社会形成尊师重教良好风气。如今,践行尊师重教传统美德,已成为越来越多家庭与个人的自发行为。

一声叮咛穿越60年

"听老师的话,好好学习。"5月24下午,在怀远县常坟镇张沟村村民唐桂兰老人家中,老人像往常一样叮咛到县城高中求学的孙女。

这一声叮咛,在唐桂兰一家四代传承了60多年。60多年前,唐桂兰的公婆曾这样殷殷叮咛她上学的丈夫。30多年来,老人又用这声叮咛,把儿子、女儿、孙子、孙女相继送上求学之路。尊师重教、耕读传家,在这个普通的农村家庭口口相传。"早些年,村里识文断字的人不多,老师不仅教导孩子做学问、懂道理,还义务给家家户户写春节对联,红白喜事时给大家记账。"老人说,那时候农村人拿不出好东西,表达对老师的尊重,除了送些自家产的瓜果蔬菜,就是叮嘱孩子"听老师的话,好好学习"。

60多年倏忽而过,尊师重教的家风让唐桂兰的家庭悄然发生着改变。唐桂兰的老伴读到初中,在那个食不果腹的年代,是村里少有的文化人之一。而今,老人的三个儿女,除了一个因为家庭困难中途辍学,读书的两个孩子都考上大学,其中一个还读到博士。两人大学毕业后都当上老师,一个在中学任教,一个在大学任教。"当老师好啊。孩子们当老师,虽然收入不高,但我心里很喜欢。"唐桂兰有些自豪地告诉记者。

唐桂兰的女儿赵春翠在怀远县第二中学任教,她说,"听老师的话,好好学习",母亲短短9个字的朴素教诲胜过千言万语的大道理,在积年累月饱含慈爱与期待的重复中,一点点渗入自己的心灵,对自己求学和后来选择教师这个职业有很大影响。

"十户之村,不废诵读。"安徽自古以来有尊师重教的传统,并把这种传统体现在很多细节中。位于休宁县黄村的全国重点文物保护单位"进士第",总占地面积790平方米,规模宏伟,气势壮观。这里是明代嘉靖年间进士黄福的宅地,也是当地人激励家中孩子"好好读书"的一个标杆。

村民黄容红介绍,小时候,父亲就以村中这座"进士第"激励自己尊敬师长、效仿圣贤、好好读书,成为国家的有用之材。孩子出生后,黄容红又以同样的方式激励下一代。

长大后我就成了你

"老师教育学生兢兢业业、毫无保留。很多时候,能不能学有所成,更多取决于自己的学习态度。"如今,已是安徽师范大学化学与材料科学学院党委副书记的余妍霞,庆幸自己遇到一位好老师,也庆幸"尊敬师长"的好家训让自己从小端正了学习态度。

十几年前,刚被安师大教育学专业录取的余妍霞,怀着好奇和羞涩的心跨入大学校门,"临行前,家人再三叮嘱我一定要认真学习,尊敬师长,跟同学和睦相处。"余妍霞读完大学本科,又继续深造,读了本校研究生,葛金国副教授一直是她的专业课教师。"上学那会儿,师生互动很多,葛老师把家里的客厅和书房打通,开辟成'第二课堂',向每个学生开放。"余妍霞说,在这里,她不仅与老师同学一起探讨学术,还学到了很多做人的道理,"葛老师就像一家之长,呵护着每一个学生的成长,很多同学都把这里当成了家。"

得益于从老师身上学到的严谨治学和诚恳待人之道,余妍霞从教后和学生们的关系一直很好。"好家风潜移默化,好老师言传身教,都让人受益终身。"余妍霞说,自己的孩子已经上了幼儿园,她常向孩子讲述自己与老师之间的温暖小故事,教育孩子尊重老师,希望能在孩子心中种下善因,结出善果。

"老一辈人讲究'天地君亲师''一日为师,终身为父',把老师放在父亲一样的地位去尊敬、孝敬。"56岁的当涂县江心初中校长常胜说,江心乡位于长江中心的小岛,上世纪六七十年代,办学条件十分艰苦,教室是牛棚,白天上课、晚上圈牛。老师带着我们一群小学生拉砖盖房,改善办学条件,很多家长积极响应,带着板车等工具义务来帮忙。老师每天要赶十几里路、自带干粮来给我们上课,农家虽穷,可谁家有点好吃的,总要把老师请来改善一下伙食。遇到雨雪天气,更是家家户户抢着给老师送伞、送鞋,或是轮流邀请老师到家里吃住。

尊师重教在江心乡不只是孩子的事,也不只是一两个家庭的事情,而是家家户户代代传承的美德。幼小的常胜深深感到,当老师在乡亲们眼中是光荣的、受人尊敬的职业。1980年大学毕业后,他毅然选择回到家乡任教。如今,他一家四口,除了刚刚大学毕业的小女儿,其他三人都是教师。

良好家风代代相传

"爸爸,老师带我们准备'六一'节目非常辛苦,我想把刚做好的风筝送给她。""可以啊,老师一定会喜欢。"这是5月25日一早,合肥市翡翠学校三(2)班学生点点与家长的对话。点点的爸爸赵先生说,自己小时候只要在学校淘气惹事,回到家肯定要被父母"修理"一顿,现在教育孩子尊重老师,他着眼于从点滴小事入手,教育孩子体谅教师工作的辛苦,"孩子理解老师的不易,上课时少做些小动作、大扫除时多出一份力,也是尊重老师的体现。"

在翡翠学校三(2)班的 QQ 群里,经常有家长向老师发送电子鲜花、掌声、感谢和问候。每年教师节和春节,一些家长会带着孩子一起动手给老师制作贺卡。学校举办科技创新节等活动,许多家长自发报名担任志愿者。有的家长捐献糖果等礼物,作为班级体育赛事的奖品。三(2)班班主任刘盼盼老师说,从这些细微小事中,自己能够真切感受到家长对老师的理解与尊重。

政府和社会对教师、教育事业的重视也达到前所未有的高度。一年前,天长市金集中学 37 岁的老师朱长海,为救学生奋身一跃,不幸殉职,当地政府向朱老师家属发放 140 万元的抚恤金,并提供了一套公租房。很多乡镇、市直机关、企事业单位等都向朱老师家属捐款,前来慰问的领导也都送来慰问金,这些都是自发的。中华见义勇为基金会也对朱老师家属给予了奖励。多年来,各级政府不断提高教师待遇,对长期在农村基层和艰苦地区工作的教师特别是村小和教学点教师,适当增加绩效工资总额,增量部分用于发放其生活补贴,以扎实举措推动尊师重教风气在全社会发扬光大。

"家是最小国,国是千万家。尊师重教的家风代代相传,会带动整个社会形成尊师重教良好风气。政府提高教师待遇、改善办学条件,宣传优秀教师典型,引导和建立尊师重教的'公序',也会激励更多家庭遵守这一社会公共道德准则,从善如流,形成良性互动,从而营造整个社会尊师重教良好氛围。"省社科院社会学所顾辉博士说。

六、推荐书目

钱穆《八十忆双亲　师友杂忆》,生活·读书·新知三联书店,2005 年 3 月出版。

第三单元　把握材料

单元指要

本单元的教学目标是学习从读、写两种角度来把握材料、熟悉其一般原则和具体方法。材料是文章用以表现主旨内蕴的思想、观点、事实和数据等等。

选材的目的在于用材。材料使用得好,可以有力地表现主题;使用不好,则会相应地削弱主题。使用材料,重在一个"活"字。材料吃得透,运用就灵活。使用材料时要掌握集中、强烈地表现主题的原则,在此前提下,灵活调遣。

一般地说,使用材料应注意以下几点:

1. 顺序得当

要从表现主题的实际需要出发,把选出准备使用的材料重新梳理排队。全文分几个部分,每一个部分用几个材料,哪个先写,哪个后写,都要事先安排好。或根据材料的轻重;或遵循时间的先后;或考虑事件内部的逻辑联系等等,恰当地安排材料的先后顺序。不能颠前倒后,顺序不清。

2. 详略适宜

材料的使用不能平均放置力量,应该从表现主旨着眼,求得整体和各个局部之间的和谐统一。如果平均用力,不分详略疏密,就不能取得好的表达效果。一般来说,需从全文着眼,重要的材料宜详,次要的材料宜略;具体的材料宜详,概括的材料宜略;"新"材料宜详,"旧"材料宜略;人所难知者宜详,人所易知者宜略。

3. 叙述生动

同样的材料,不同的人运用,结果可能很不一样,其原因就是各个作者驾驭语言的文字功力不同。有了好的材料,还要有深厚的文字功力,才能使材料展示出它的魅力,充分发挥它的作用。因此,要想写好文章,把材料用活,平时就要加强写作技能的练习。

本单元的语文活动是展开讨论,抒发己见,旨在开发思维,培养我们能运用具体材料,有条不紊地表达自己见解的技能。

琐　忆

一、作者介绍

唐弢(tāo)(1913—1991)原名端毅,曾用笔名风子、晦庵、韦长、仇如山、桑天等,浙江镇海人,学者、散文家。初中时因家贫辍学,入上海邮局作拣信生,开始业余写作。1933年起发表散文、杂文,后结识鲁迅。抗日战争爆发后,在上海坚持抗日文化运动,参加初版《鲁迅全集》编校。又支持《鲁迅风》杂志,参加反迫害、反内战、反饥饿民主运动。《周报》被禁,转编《文汇报·笔会》。新中国成立后,致力鲁迅著作和中国现代文学史研究,坚持杂文、散文创作,历任复旦大学、上海戏剧专科学校教授,上海市文化局副局长,中国作家协会上海分会书记处书记,《文艺新地》《文艺月报》副主编等。1959年任中国社会科学院文学研究所研究员,后历任第二、三、四届全国政协委员,第四、五届全国人大代表,中国作家协会理事。所著杂文思想、艺术均深受鲁迅影响,针砭时弊,议论激烈,有时也含抒情,意味隽永,社会性、知识性、文艺性兼顾,先后出版杂文集《推背集》《海天集》《短长书》《唐弢杂文选》等,散文随笔集《落帆集》《晦庵书话》等,论文集《向鲁迅学习》《鲁迅的美学思想》《海山论集》等,主编《中国现代文学史》,另辑有《鲁迅全集补遗续编》。

像鲁迅当年满怀爱心、大力扶植青年那样,唐弢对晚辈后学也是一腔热情,有求必应。曾经在上海一所中学当过语文老师。虽是教授中学生,他对待工作依然很认真。除了课文知识之外,他还给学生们补充了许多课外知识。唐弢上课从不打骂学生,所以学生也特别尊敬他,他待学生平等,因而享有很高威望。除了讲课之外,唐弢还常请学生到家中作客,借书给学生看,同学生谈各种各样的问题。80年代,唐弢年事已高,又身患许多病症,撰写鲁迅传记的任务也相当重,但他仍然一如既往地关心青年。当时北京师范大学曾请他给中文系学生和青年教师讲一次鲁迅杂文。当时他身体很差,心绞痛时有发作,但仍一口答应。他抱病到北师大作演讲,那天天气也比较阴冷,演讲的地方又是在一个能容纳好几百人的大教室里。走上讲台的时候,他的腿脚都显得不很利落,说话也不像往常那样流畅、有力,有时例子讲到嘴边一下子想不起来了。北师大的领导事后一再向唐弢表示不该让他抱病来演讲。唐弢反而说:"我身体不好,勉强支持,讲得颠颠倒倒,徒然浪费大家时间,十分惭愧。"

二、作品背景

新中国成立以来,人们写纪念鲁迅先生的文章,重在表现他的"横眉冷对千夫指"这一方面,而忽视"甘为孺子牛"这一面,而本文却不同,着重写了鲁迅对青年的关心。本文是为纪念鲁迅先生诞辰80周年而写的。

大家在中学已学过鲁迅先生的不少文章,从文体来看,基本上都是小说、散文、议论文等。但大家是否知道,鲁迅不光以上文体写得好,而且诗歌写得也不错,请看鲁迅先生的这首诗《自嘲》。

　　运交华盖欲何求,未敢翻身已碰头。
　　破帽遮颜过闹市,漏船载酒泛中流。
　　横眉冷对千夫指,俯首甘为孺子牛。
　　躲进小楼成一统,管他冬夏与春秋。

大家对其中哪句比较熟悉?

诗中"横眉冷对千夫指,俯首甘为孺子牛"大家较为熟悉,它的意思是"怒目而视人民大众的敌人,甘心为人民(广大青年)作牛马"。这两句诗正是对鲁迅伟大人格的写照,表现了鲁迅热爱青年、蔑视敌人的高贵品质。今天我们来学习的这篇文章就是写鲁迅先生的。

1961年唐弢刚从上海调到北京不久,在中国科学院文学研究所工作。这一年恰好是鲁迅先生诞辰80周年,外文出版社办的英文杂志《中国文学》向唐弢约写一篇纪念鲁迅先生的文章,后来唐弢就写了这篇《琐忆》,刊登在《中国文学》当年的9月号上。

我们都知道鲁迅先生那两句脍炙人口的诗"横眉冷对千夫指,俯首甘为孺子牛"(鲁迅《自嘲》),它集中体现了鲁迅先生的伟大人格,就是:对敌人无比仇恨,决不妥协;对同志无限热爱,鞠躬尽瘁。毛泽东同志在延安文艺座谈会上的讲话特别提到这两句诗,他解释说,诗中的"孺子"指的是人民大众。我想,在当时的历史条件下,这"孺子"也可以认为是特指青年的。

回想新中国成立以来纪念鲁迅先生的文章,大多强调鲁迅先生品质中战斗性的一面,对"横眉冷对千夫指"一句阐发得比较充分,但是关于他对同志、对青年的爱就强调得很不够。我认为"横眉冷对千夫指,俯首甘为孺子牛"正是鲁迅先生伟大人格在不同方面的两种表现,二者是辩证统一的,对敌人恨,对同志必然是爱。所以我想在我的纪念文章里应该两方面都讲一讲。三十年代我作为一个青年,曾经和鲁迅先生有过一些接触,亲身感受过他对青年的关心爱护,因此,想从后一方面多说一些,这就是我写《琐忆》时的指导思想。

唐弢同志说:"要表现鲁迅先生'横眉冷对千夫指,俯首甘为孺子牛'的伟大人格,空发议论并不好。当时,我的想法是要通过几个故事具体写,重点放在我自己和鲁迅先生接触的几件事情上。这样写比较真实、形象,能让读者更深刻地领会鲁迅先生的精神品质。我就写了两方面的故事。第一部分的故事着重阐发鲁迅是怎样'俯首甘为孺子牛'的;第二部分的故事着重阐发鲁迅是如何'横眉冷对千夫指'的。开头就用这两句诗总领全文。"

他说:"我和鲁迅先生第一次会面是在1933年到1934年之间的一天。这次会面的谈话和我自己前后的感受,在《琐忆》中已经谈了一些,这里我再补充一些背景情况。那是1932年吧,《申报》总经理史量才改组《申报》,本来《申报》副刊《自由谈》是由鸳鸯蝴蝶派文人周瘦鹃主编的。发表的大多是茶余酒后的消遣文章。从1932年12月起,换上了刚从法国回来的黎烈文,黎是文学研究会的会员,《自由谈》在他的主持下开始发表进步的杂文和散文,当时鲁迅先生、茅盾先生以及左联的许多作家都给《自由谈》写过稿,鲁迅先生写得最多,为了避免反动派的检查,他经常变换笔名,这一时期的文章后来都收到《伪自由书》《准风月谈》和《花边文学》三个集子里。那时,我还是一个二十岁的幼稚的青年,在邮局做邮务佐（捡信生）。大革命时期，上海的邮政工人曾经积极参加了我们党领导的工人武装起义。大革命失败后，邮政老工人牺牲了不少，邮政工会也被国民党所控制，但是邮局工人地下的进步活动仍然在进行。通过当时已经离开邮局的老工人沈孟先介绍，我也经常参加一些进步活动，接受了许多进步思想。我出身于一个贫苦的农民家庭，靠了亲戚的资助才念了点书，上到初中二年级，终于因为交不起学费而托病退学，但是，上学的时候，我很喜欢文学，当了邮政工人也常常弄弄笔。在地下工人运动中，我也是担任一些文字宣传工作的。

1933年我开始给《申报》副刊《自由谈》投稿，最初是写一些散文，记得第一篇是《故乡的雨》，很快就发表了，接下来又写了《海》等散文，以后就写起杂文来，如《新脸谱》《从江湖到洋场》等都是那时候写的。这些文章大多是针对那些国民党御用文人的，由于我的名字在文艺界是陌生的，除了《自由谈》之外并不多见，那些专凭嗅觉看文章的走狗文人们便以为'唐弢'也是鲁迅先生的化名，就把我写的文章全都记在鲁迅先生名下，而对鲁迅先生呜呜不已。记得当时化名'陈代'的林微音，就把我的《新脸谱》一文当成了鲁迅先生的作品，在《时事新报》上指桑骂槐地攻击鲁迅先生。我写文章，鲁迅先生挨骂，这使我很不安，总想当面向鲁迅先生致个歉意。但是正像在《琐忆》一文中谈到的，由于听到过一些不正确的议论，对鲁迅先生总抱有一种敬畏之感，想去见他，却又不敢去见他。

一个偶然的机会，那是在《自由谈》主编黎烈文请投稿者吃饭的一次聚会上，我见到了鲁迅先生。记得参加的还有钱杏邨、郁达夫、胡风、曹聚仁、徐懋庸、林语堂几个人。就像《琐忆》中写的，我和鲁迅先生互通姓名之后，他就笑着说：唐先生做文章，我替你挨骂哩。开始听了这话，我感到有点局促，鲁迅先生看出了我的窘态，就亲切地问我是不是姓唐，我告诉他这是我的真实姓名，他就哈哈地笑着对我说：我也姓过一回唐的。我知道这是指他曾经用过"唐俟"的笔名，谈话就这样在轻松的气氛中开始了。对于替我挨骂的事，鲁迅先生和善地安慰我说：那不相干，他们总是要骂的，骂鲁迅是他们的公事，不骂就会失业的。让他们骂吧。骂得好，我看他们骂人的艺术。

后来，大家海阔天空地谈起天来，从暴露文学谈到书报检查，从文艺批评谈到《水浒传》的英译本。鲁迅先生很健谈，他的见解往往很精辟，话说得既有分量而又幽默，常常引得大家哄堂大笑。这次会见，我亲身感受到鲁迅先生的慈祥、平易、和蔼、可亲，体会到他对同志、对进步青年的热爱。原来积在心头的疑云一扫而光了。"

唐弢同志接着回忆说：从那以后，我和鲁迅先生的接触多了起来，有时是书信往来，有时是在内山书店和他见面。《琐忆》中提到的鲁迅先生帮一位青年补靴子的事，是我听孙伏园谈起，后来在谈话中问过鲁迅先生的。先生的回答很含蓄，他承认受过进化论的牵制，但是他认为，相信进步、相信未来、相信青年并没有错。尽管有些他接触过的青年后来走上反革命的道路，成了"虫豸"，但这并没有使他产生偏见，他还是一如既往地努力为那些要求进步的青年做些事情，把他们引上正确的轨道，而不使他们退化为"猴""虫豸"。

鲁迅先生不光是这样说，事实上也是这样做的。对我们这样的幼稚浅薄的青年，鲁迅先生从来没有嫌弃过，而是从各方面尽量给予支持，甚至为我们奔走尽力。记得那时候，我和一些青年店员组织了一个读书会，目的是要学习一些马列主义理论，读一些进步的书刊。我写信给鲁迅先生，告诉他我们工人读书会的学习情况和打算。鲁迅先生几次回信给我，告诉我们研究苏联文艺最好学一点俄文,这样可以弄懂原意,光读那些粗制滥造的译本是靠不住的。他希望我们学点历史,还为我们推荐较好的历史著作,当时邮务工会要组织一个日语学习班,我们读书会的成员都报了名。我去信向他请教,鲁迅先生就抱病到内山书店为我们索取书目,推荐教材,还具体为我们指点学习日语的方法。鲁迅先生为了我们这些幼稚的青年花去了许多宝贵的时间和心血,至今回想起来还觉得于心不安。

唐弢同志又提到了《琐忆》中提到的另一件事。他说:"那是1935年的下半年,我把自己发表过的杂文集成一个集子,命名为《推背集》,鲁迅先生替我介绍给生活书店,后来又推荐到良友图书公司,最后托了陈望道先生送到天马书店。当时因为《新生》杂志上刊登了一篇题为《闲话皇帝》的杂文,日本政府借机寻衅,说是侮辱了天皇,故意小题大做,向国民党政府提出了抗议。国民党政府又是请罪又是道歉,检察官老爷们更是吓得不得了,从此对于书刊的检查也更加苛刻了。在我送审的原稿上,竟然把所有提及皇帝的地方统统打上了红杠,还加了许多莫名其妙的批语。这件事使我非常气愤,就拿了发回的稿子去见鲁迅先生。鲁迅先生一针见血地指出:'这是骗子的行当!''满嘴昏话!'他还深刻地剖析说,'快了!一个政权到了对外屈服、对内束手,只知道杀人、放火、禁书、掳钱的时候,离末日也就不远了。他们分明地感到:天下已经没有自己的份,现在是在毁别人的、烧别人的,杀别人的,抢别人的。越是凶,越是暴露他们卑怯和失败的心理。'鲁迅先生这些话,以及《琐忆》提到的另外一些抨击国民党反动派的话,都淋漓尽致地揭露了他们的反动本质。这种入木三分的讽刺和批判正体现了鲁迅先生对敌人那种毫不留情的斗争精神。"

三、主题剖析

"琐忆","琐":小而多。"忆":选取的材料是作者耳闻目睹亲身经历的事。以小见大是本文写法的一大特点。

本文是围绕鲁迅先生的名诗"横眉冷对千夫指,俯首甘为孺子牛"的后一句而作,记叙了作者与鲁迅的7次谈话,树立了鲁迅关心青年的高大形象,也展示了鲁迅深刻的洞察力和对反动势力的不屈服,从而抒发了作者对鲁迅先生的崇敬之情。

前4次谈话,表现了鲁迅对青年的关怀和爱护;后3次谈话则着力表现鲁迅作为一个成熟的思想战士的远见卓识和战斗风格,也都反映了鲁迅与青年在一起时的平易近人,使鲁迅的崇高形象显得更加可亲可敬。7个材料各不相同,内在联系却十分紧密。文中6处议论,或画龙点睛,揭示鲁迅先生的伟大人格,阐明所叙之事的主旨;或纲举目张,承上启下。此外本文记叙、描写、议论、抒情既各见精彩,又水乳交融,充分展示了唐弢的文字功底。

1. 明确"七件事"

"代人挨骂"——鲁迅的"平易近人";

"自夸国大"——鲁迅"循循善诱"教育青年;

"自惭形秽"——鲁迅"循循善诱"鼓励青年;

"补靴和进化论"——鲁迅对青年的"尽心竭力";

"攀附阔佬"——显示鲁迅"讽刺的威力";

"男女同泳"——显示鲁迅"反击的智慧";

"官批本"——显示鲁迅的"远见卓识"。

2. 文章的七次谈话内容是否很散乱？可不可以分类？依据是什么？

前4则为一类，集中体现鲁迅"俯首甘为孺子牛"的一面（对青年的关心爱护，平易近人）。——"爱"

后3则是一类，集中体现鲁迅"横眉冷对千夫指"的一面（对敌人的憎恨）——"憎"。

总评：鲁迅的爱憎分明的立场。

3. "横眉冷对千夫指，俯首甘为孺子牛"在全文起什么作用？

这句话在结构上是全文的纲领，它为选材定了标准，使零散的琐事有了一定的围绕的中心，一个鲜明的贯穿线索，的确这句话是鲁迅伟大人格的体现。本文不管选材，还是组材都服务于这一主旨，真正做到了琐而有纲，琐而有序。

4. 文章是如何从"俯首甘为孺子牛"转到"横眉冷对千夫指"的？

明确：第18小节开头的过渡句。

5. 第16段的"猴子、虫豸"指什么？

猴子、虫豸——比喻思想变坏甚至走上反革命道路的青年。表现鲁迅克服思想上的局限，多为青年着想，使青年们变虫豸、变猴子的机会少一些。

6. 第19段中"攀附阔佬""禁止同泳"两部分表现了什么意思？

"攀附阔佬"表现了国民政府依赖美国的奴颜媚骨，以耻为荣，丧失国格。

"禁止同泳"表现了国民政府伪道学的丑态、自欺欺人。

7. 找出议论语句、体会作用

（1）开头第1节两句诗后的评价：点名题旨，鲁迅的人格魅力。"全部人格"（对敌对友，能憎能爱）也是全文的总纲，线索。

（2）第1节有关鲁迅是否不易接近的议论，为第一次见面作铺垫。

（3）第9节关于鲁迅思想成熟的抒情性议论。深化了平易近人的内涵，揭示"俯首"精神的阶级内涵。

（4）第18节点明了"横眉"的内涵。

（5）第19节最后，非凡的观察力。

（6）第28节，抒情性议论，表达了作者对鲁迅先生的崇敬、热爱、怀念之情。

总结：这些议论集中而鲜明地阐发、开化主题，而且有些也利于各部分的衔接过渡。

《琐忆》作者没有用长篇大论或重大的事件来论述和表现鲁迅怎样崇高，怎样伟大，而是用自己所经历的事情，通过自己的所见，所闻，所感，细致入微地刻画了鲁迅的性格。一些事情看来似乎不十分重要，而且彼此也没有什么紧密的关联，正如作者自己所说只不过是些"琐忆"，但实际上它们都包含着深刻的意义，都反映出鲁迅性格的重要方面，本质方面；这就是文章开头就点出的鲁迅自己的两句诗——"横眉冷对千夫指，俯首甘为孺子牛"。这两句诗不但如《琐忆》作者所说是鲁迅"自己的写照"，"是他作为一个伟大作家的全部人格的体现"，也是《琐忆》全文所要集中表现的题旨。实际上，《琐忆》就是围绕着这两句诗展开的,许多具体事例都是为了表现鲁迅性格的这两个重要方面。文章开头就引用了这两句诗,中间又重复引用,可以说这两句诗在全文中起到提纲挈领的作用。

在《琐忆》中,作者着意写了鲁迅是怎样平易近人。特别是对待青年,他更是热情关怀,耐心帮助,真正做到爱护备至。《琐忆》的作者自己就是受鲁迅影响,得到鲁迅热情关怀和帮助的青年作家之一,他后来在文学事业上特别是在杂文创作方面取得的成就,是和鲁迅分不开的。据作者在另一篇文章《第一次会见鲁迅先生》(收入《向鲁迅学习》,1953年平民出版社)写到,他初次和鲁迅晤面,是在上海三马路一个叫古益轩的菜馆里,是在由《申报·自由谈》的主编黎烈文宴请撰稿人的席上,那时他"还是二十岁左右的青年"。在这之前,作者虽未能与鲁迅结识,却对鲁迅仰慕已久。特别是他当时也写杂文,发表时署名"唐弢",因而被人疑为鲁迅,这就使他不期而然和鲁迅联系在一起。从而不但结识了鲁迅,而且有可能更直接地受到鲁迅的教诲,从更近的距离亲身感受到鲁迅思想、人格的温暖。文章反复强调:"对待青年,对待在思想战线上一起作战的人,鲁迅先生是亲切的,热情的,一直保持着平等待人的态度。"的确,鲁迅对待青年,何止是"亲切的,热情的,一直保持着平等待人的态度",他简直用自己的全部心血去哺育他们,尽自己的最大可能去创造条件以便让他们健康成长,为了保护他们而同一切反动邪恶势力作坚决的斗争。他很早就积极支持青年学生的爱国主义斗争,在女师大事件和"三·一八"惨案中,始终站在斗争前列。他帮助青年组织文艺社团,办刊物,耐心为青年看稿、改稿,甚至抄稿;他倾自己的全力解决青年的困难,大至政治上的保护,小至经济上的支援。青年们视鲁迅为导师,而他却从不以导师自命。《琐忆》所举鲁迅怎样对青年谆谆教导,循循善诱的事例,只不过千百中之一二。早在五四时期,鲁迅在《我们现在怎样做父亲》一文中就说过这样的话:"自己背着因袭的重担,肩住黑暗的闸门,放他们到宽阔光明的地方去;此后幸福地度日,合理的做人。"后来他又对许广平说过:"我好像一只牛,吃的是草,挤出的是牛奶,血。"(转引自许广平《献辞》)《琐忆》中还提到鲁迅替一个不太熟的青年上街修补靴子的事,不正具体说明了鲁迅对待青年的宽厚、慈爱,确实是伟大的"孺子牛"吗?

鲁迅对青年的认识是有一个发展过程的。起初,他相信进化论,以为青年必胜于老年,将来必胜于现在,因而对青年缺乏阶级分析。一直到1927年蒋介石发动了"四·一二"反革命政变,由于激烈的阶级斗争事实的教训,鲁迅才完全认识到对待青年也要作具体分析。用他自己的话说,是"目睹了同是青年,而分成两大阵营,或则投书告密,或则助官捕人的事实!我的思路因此轰毁。"(《三闲集·序言》)这也就是为什么当《琐忆》作者问到鲁迅替不太熟的青年修补靴子一事时,鲁迅会"微笑着打趣"承认自己是"进化论嘛",并且接下去严肃地说:"进化论牵制过我……但也有过帮助。"这说明,鲁迅是严于解剖自己的。他说过:"我的确时时解剖别人,然而更多的是无情面地解剖我自己"(《坟·写在'坟'后面》)。他从来不隐瞒自己思想中的弱点、缺点,不否认自己走过的曲折的道路。这也说明,鲁迅分析问题不搞绝对化;而是从正反两方面来看待进化论对自己的影响。《琐忆》虽然只是记了一个"掌故",只是写了鲁迅由此而发的一点议论,却接触到鲁迅最重要的思想,突现了鲁迅的作风和性格。

"在现在这'可怜'的时代能杀才能生,能憎才能爱,能生与爱,才能文。"这是鲁迅在逝世前一年在一篇题为《七论"文人相轻"——两伤》中说的话。鲁迅有鲜明的阶级感情,在热爱人民大众,爱护革命同志的同时,对各色各样的敌人怀着强烈的憎恨。正如人们所说,鲁迅像一团火,他给人民以光亮和温暖,却无情地烧向敌人。《琐忆》在论鲁迅平易近人时,也引用了上面提到的话,并且用了很大篇幅写鲁迅对待敌人的态度:"鲁迅先生对待敌人,对待变坏了的青年是决不宽恕,也决不妥协的。"值得指出的是,作者没有用很多笔墨写鲁迅对待敌人是怎样地"怒目而视",而是主要写了他的幽默和讽刺的才能,突出了一个"冷"字。这表现了作者对鲁迅战斗精神和风格的深刻了解。鲁迅在世时,很多人说鲁迅喜欢"冷嘲热讽"。的确,"横眉冷对"就包含了对敌人最大的轻蔑和冷嘲,讽刺幽默也就是最尖锐最典型的冷嘲方式。过去有些人总喜欢把鲁迅描绘成"金刚怒目"式;"文化大革命"当中,更是把鲁迅歪曲成只知道"打!打!作战!作战"的人。很多人不知道鲁迅不但对自己人、对人民是平易自然、慈祥可亲的,就是在对敌斗争时也并不是只知道一味地斥责,有时却是谈笑风生,嬉笑怒骂,皆成文章的。这正是"一个成熟了的思想战士的特点"。《琐忆》作者根据自己同鲁迅的实际接触,自己对鲁迅的了解和理解,才着意刻画了鲁迅作为伟大的革命家、思想家、文学家的战斗特点,鲁迅远比一般战士更丰富深刻,更生动灵活。

《琐忆》是一篇回忆性散文,和一些写景抒情的散文不同,它重在回忆、怀念人物,重在表现人物的思想性格。作者运用了多样的艺术手法,其中包括用对比的手法,写人物的外貌与写人物的内心相结合的手法,通过具体事例展示人物精神性格的手法,以及适当地插入一些议论的手法等等。写对鲁迅的敬爱,不是一开头就写这种感情,而是先写由于听见一些人的歪曲、误解,未见鲁迅之前对鲁迅就有相当的敬畏,一旦见面,误解全然冰释。这一对比,一下把感情燃烧到炽热点,使人对鲁迅的慈祥、平易坚信不疑,产生"确乎如此"的艺术效果。从结构上说,这样起头,也给人不同凡响的新鲜感。文章表现鲁迅的精神,自始至终突出了鲁迅"横眉冷对千夫指"和"俯首甘为孺子牛"两个方面,把对青年的爱护、教导和对敌人的憎恶、讽刺对照着写,既全面真实地表现了鲁迅的伟大,又使人对鲁迅产生深刻的印象。对于鲁迅,作者四次描写了他的面貌举止,不但增加了读者对鲁迅的直接具体的印象,而且很好地展现了鲁迅的性格情绪和丰富的内心世界。"浓黑的胡须""明亮的目光""满头是倔强得一簇簇直竖起来的头发",不正衬出了一位坚定、沉着、勇猛、顽强的战士的性格吗?在谈到进化论后出现的"沉默""眼睛望着远处"不正说明鲁迅对自己走过的道路是怎样反复地总结过,是怎样严肃认真地对待,而在总结了经验教训之后,又怎样信心百倍地展望着未来吗?对国民党地方官僚的荒谬的嘲笑,既表现了鲁迅幽默开朗的性格,也表现了他对当事者的极大轻蔑。古人说:"言为心声。"其实,一些典型的举止动作又何尝不表现出人物的内心状态呢?《琐忆》作者写鲁迅的思想性格,写他的博大胸怀、鲜明爱憎和犀利的政治眼光,在很大程度上也是借助了对鲁迅面貌和言谈举止的生动描绘的。

总观《琐忆》全篇,可以看到作者对鲁迅精神的精辟透彻的认识;感到他对鲁迅深深的怀念之情,一种最纯真、虔诚、崇高的感情。《琐忆》其实是忆而不琐,它表现了深刻的思想和丰富的内容,对我们认识鲁迅和研究鲁迅有着重要的意义。

四、写作方法

(一) 人物刻画的方法

问题一：本文写了与鲁迅先生交往中的七件事，主要运用了那些人物描写的方式？

明确：在描写方面主要肖像描写、语言描写、动作描写、心理描写等。本文主要运用了肖像描写、语言描写等。

问题二：找出肖像描写的语句。

1. 第九节。

2. 这一句肖像描写有何作用？

明确：运用移就和象征的手法，借头发的形象，表现鲁迅倔强的性格和不屈的斗争精神。

问题三：下列语言描写语句的意思。

第10节"鲁迅先生叹息说……浅点好"这里"狮子、猪、羊、小溪、烂泥塘"各喻什么？引用的这些话有何作用？

明确：狮子——比喻强大的国家　　猪、羊——比喻弱小的国家

小溪——比喻青年　　烂泥塘——比喻夸夸其谈的学者

这些比喻形象地说明了中国正处于政治腐败、国力衰弱、经济落后时期，自夸国大极其危险。青年人单纯、热情，虽然阅历浅，但积极向上，比夸夸其谈的学者故弄玄虚、借以吓人要好得多，有力地表现了鲁迅对广大青年的热爱、言传身教，不用教训的方式。

问题四：神态、举止描写。

第17节：表现鲁迅对现实的深切忧虑和对青年的深切希望。

第24节：逼真地写出鲁迅在敌人面前居高临下、从容不迫，对敌人极端蔑视和憎恨。

总结：课文从这几方面的描写刻画了鲁迅的伟大人格，对敌对友能憎能爱。

(二) 了解本文选材和组材的特点。

认识和学习鲁迅"横眉冷对千夫指，俯首甘为孺子牛"的伟大人格。

1. 选材小中见大，真切动人

伟人的生活并不总是每时每刻都见刀光剑影，都是振臂高呼，而是极为丰富的。在重大斗争中有日常的生活琐事，而斗争又常常在日常生活中进行，人的思想、性格、情操，在这类日常生活中会得到自然的流露。《琐忆》写的都是些小事，记的都是零碎的小片断，诸如打比方、说笑话、讲故事、发议论，正是这件件琐事，展现了鲁迅崇高的品格。这样写，既嬉笑怒骂，情态逼真，又富有生活情趣，缩短了与读者的距离，使人感到如闻其声、如见其人，有身临其境、亲聆教诲之感。

在组织材料上，这篇文章的材料尽管又小又多，但作者把它们凝结成一个严谨的整体。文章有纲有序。纲，就是那两句诗，它把全文统率起来了。序，就是结构上的贯穿线索——鲁迅究竟是"平易近人"还是"难以接近"。第1段把这一线索点出，作出全文的铺垫。第9段指出鲁迅给人的印象始终是"平易近人"，接上了这条线。下面顺着这条线叙述鲁迅对青年的关怀。第18段承上启下，仍旧扣住"近人"的线索，并推进到有关"横眉"的内

容。第28段是作者的抒情。全文主要以"近人"为线索。

2. 理解本文琐而有纲,琐而有序的结构特点。

如何"琐"？本文的"琐"指题材而言。本文题材的"琐"有以下特点。

一是所写的事情都是作者与鲁迅先生交往中的小事,如见面与谈话。二是所写的事情多,本文共写了鲁迅先生的七次谈话。三是所写的事情都只是一个个小片断,有头有尾、来龙去脉清晰的很少。与散文中的"形散"相似。

如何做到"有序"？"有序"应指结构和章法。如何把很琐碎的题材有序地组织起来呢？

首先,作者把鲁迅七次谈话分为对青年和对国民党两个方面。

第二,在前后两大部分中,或由己到人,或前后照应。作者先写自己与鲁迅的第一次见面,比较详细地写出了自己见面之前对鲁迅的误解、见面时的紧张和见面后的感动,表现鲁迅先生平易近人的性格,再写鲁迅先生对其他青年的关心和教导。

第三,安排议论段落。整个文章都贯穿了议论,文章开篇第一句就是议论,两大部分的过渡句也是议论。而每部分叙述前或后都安排了议论段落。这种议论,既阐发了人物思想,突出文章主旨,也表明了文章叙述的层次与进程,使文章每一部分显得层次清晰,脉络分明。这是两大部分内部之间的"有序"。

第四,安排抒情线索。全文贯穿一条感情线索。文章起笔,作者的感情是深沉的,写到文章结尾,感情发展到了高潮。

第五,安排承上启下的语句。承上启下的句子表现在段与段之间的过渡上,也表现在某些文段里,使得文段结构清晰。

3. 采用"总—分—总"的结构方式

本文采用这种结构,打断了时间的连续,打破了空间的连接,以"横眉冷对千夫指,俯首甘为孺子牛"为纲,把和鲁迅交往中的几件"琐事",按事件的性质,分别归入"俯首""横眉"两部分。文章开始总提两句诗,中间以"俯首"总上、"横眉"启下,最后以"我"想站在鲁迅先生面前呼喊作结,从总到分,由分到合,首尾呼应,过渡自然,结构严密,章法严谨。

(三) **语言特色**

质朴自然、生动幽默、多用比喻。

作者从小事杂事中,妙用语言技巧,以小见大地表现人物的风格。本文所体现出的语言技巧主要有下列几种：

第一,欲扬先抑法。文中先写作者在不认识鲁迅前,常听说他的"坏",而到不期而遇之后,却感到鲁迅是那样的平易近人。这样的笔法通过前后的波浪,如同暗夜之中,突然亮起的明灯,把鲁迅先生平易近人的态度。如地平线下升起的一轮红日,展示在读者的面前。

第二,妙喻说理法。文中写有些年轻人不懂当时政治的腐败,一味地夸耀中国地大物博,鲁迅用了"狮子"和"猪""羊"的比喻,对青年的教诲不仅生动形象,而且表现了鲁迅非凡的观察力。不仅可以化抽象为具体,而且可以以小见大,以小见深。

第三,故事说理法。鲁迅先生讲了一个"攀附阔佬"的故事。这故事七十多个字,可谓短小精悍,但故事的蕴涵却十分深刻。鲁迅先生用幽默讽刺的语言勾画出了国民党反动政府出卖国土屈辱投降的奴才嘴脸。凡是读过这个故事的人,都有一个共同的感受,余音绕梁、三日不绝。从这里不难体会出故事说理法具有以少胜多、耐人寻味的特点。

第四，引申归谬法。当国民党地方官僚禁止男女同学、同泳时，鲁迅先生首先假定这种做法是正确的。在这个"正确"的基础上引申出一个荒唐的结论。鲁迅先生在这里没有直接向地方官僚提出抗议，而是技高一等，用引申归谬的语言技巧，使国民党地方官僚的错误行为不攻自破。

总之，通过对以上语言技巧的分析，特别是运用事例加以引证，使学生感受到"语言"的天地广阔无边，学好了趣味横生，学不好则味同嚼蜡。学生们将来走入社会，无论从事什么样的职业，巧妙地用好各种语言技巧，是成功的必由之路，也是生活和谐的奏鸣曲。

五、知识拓展

鲁迅先生对青年正如其诗所述"俯首甘为孺子牛"。唐弢曾组织了一个读书会，目的是要学习一些马列主义理论，唐弢写信告诉鲁迅先生这个情况。鲁迅几次回信相告：最好学一点俄文，光靠粗制滥造的译本是靠不住的。当时邮务工会要组织一个日语学习班，读书会的成员都报了名，并向鲁迅先生请教。鲁迅先生就抱病到内山书店去索取书目，推荐教材，还具体指点学习日语的方法。鲁迅先生对于青年的关怀是感人至深的。

（一）《申报》

是中国近代历史悠久、影响广泛的商业性报纸，原名《申江新报》，1872年创刊于上海，由4名外侨合资创办。1909年中方经理史量才等合股接办，后由史量才独资经营。1941年后一度在日伪控制下出版，抗日战争胜利后为国民党接收。1949年5月停刊。《自由谈》是《申报》副刊的一种，创刊于1911年，初期多登描写才子佳人的作品，1932年后一度有革新，内容偏重杂文、短评。

（二）鲁迅与理想主义者、进化论

鲁迅当是一个善良的、敏感的、清醒而勇猛冷静的理想主义者。所谓理想主义，并不是"幻想主义"。理想的产生，在于自己头脑中有一个自我认可的社会模型，这个模型的基础应是对人、对社会的一些基本的看法。当这个看法与人、社会的某些现实发生冲突的时候，坚定的理想主义者于是尽全力去扭转那些不符合自己看法的现象。在这一过程中，理想主义者难免处处碰壁，因为他面对的是复杂而庞大的、从那些现象中谋取利益的芸芸众生，尤其是代表那些现象的社会控制系统。在这种情况下，理想主义者的可歌可泣可敬，当如鲁迅自己所言，"沉着、勇猛、有辨别、不自私"。同时，激励理想主义者的一条原则，也诚如鲁迅所言，是"进化论"——不但自然界在进化，人类本身也在进化，尤其是人类的思想观念、道德素养，一定是在或快或慢地进步的。自身在彼时彼地看似孤立无援甚至是被大多数人认为是"幼稚可笑"的想法和行动，在理想主义者自己看来，却是在为社会历史的进步做扎扎实实的工作。但是，进化论的实践，却并不如鲁迅本人将其用做解释"为青年修鞋"这样。进化论在社会现实中并不是时时处处都能体现出来的，那陌生的青年的举动，似乎更能显示出起码的道德修养的缺乏；而鲁迅所采取的态度，应该说是宽容与宽恕——用自己时间、金钱与精力的牺牲，宽恕青年人的无礼——而这首先能说明的，当是鲁迅的善良。当然，彼时的鲁迅在为人上似乎真的幼稚，否则也不会有后面的话：这样的事以后不会做了⋯⋯青年也会变虫豸……想来,当年的鲁迅在对人的认识上,也曾经历了他在《为了忘却的纪念》中刻画的柔石那样的性格经历:会这样的吗?——不至于如此吧?……——真会是这样的么?……但是,仍然相信人们是好的。而在经历了诸多世事后,鲁迅终于清醒了——我有时谈到人会怎样的骗人,怎样的卖友,怎样的吮血……

(三)鲁迅与文学青年的趣事一则

广州的一些进步文学青年创办了"南中国"文学社,希望鲁迅给他们的创刊号撰稿。鲁迅说:"文章还是你们自己先写好,我以后再写,免得人说鲁迅来到广州就找青年来为自己捧场了。"青年们说:"我们都是穷学生,如果刊物第一期销路不好,就不一定有力量出第二期了。"鲁迅风趣而又意味深长地说:"要刊物销路好也很容易,你们可以写文章骂我,骂我的刊物也是销路好的。"

六、美文欣赏

第一篇 童年琐忆

我原名万家宝,字小石。小石,这是按着我父亲的字排下来的。我父亲叫万德尊,字宗石。还是在湖北省潜江县的时候,万家是个大家族,人口很多,但数我们这一房最穷了。祖父是位教私塾的老先生,家境贫寒。父亲考进张之洞创办的两湖书院读书,每月有四两银子的津贴,他还得把一半银子寄回家中,接济家用。清朝末年,政府选派留学生到日本去,我父亲选了这条路。那时,一般人是不愿意出洋的,只有那些经商的才敢去冒这个风险,就像《镜花缘》里的林之洋那样。我父亲决心去日本,去闯一闯,显然是把它看成是一条能光宗耀祖的道路。他被分配到日本士官学校学习,是这个学校的第四届毕业生,他和军阀阎锡山是同学,即使在日本,也是相当早的毕业生了。我父亲毕业回国后,曾经当过师长,做了一个小军阀,但是,他为人胆子很小,又从来没有打过仗,加上他读书较多,便更像是个文人,四十多岁,他就不做事了,经常找几个诗人在一起吃吃喝喝,写点诗文。

我的家庭人口不多。我父亲先后有过三个妻子。我的姐姐和哥哥是第一个母亲生的,这个母亲很早就去世了;我的母亲生我之后第三天便故去了,得的是产褥热,那是不治之症。我的第三个母亲和我的生母是双生的姐妹。我从小失去了自己的母亲,心灵上是十分孤单而寂寞的。

尽管我的父亲很喜欢我,但我不喜欢我的家。这个家庭的气氛是十分沉闷的,很别扭。我父亲毕竟是个军人出身的官僚,他的脾气很坏,有一段时间我很怕他,他对我哥哥很凶很凶,动不动就发火,我总是害怕同他在一起吃饭,他常常在饭桌上就训斥起子弟来。我父亲这个人是自命清高的,"望子成龙"的思想很重。可是,我的哥哥就是同他合不来。哥哥三十多岁就死去了,到现在我还不大明了他,他们父子两个人仇恨很深很深,父亲总是挑剔他。哥哥恨透了父亲,家中的空气是非常不调和的。我父亲四十多岁就赋闲了,从早到晚,父亲和母亲在一起抽鸦片烟,到我上中学时,每天早晨去学校,下午四点回家,父亲和母亲还在睡觉,他们常常是抽一夜鸦片,天亮时才睡觉,傍晚才起床。每当我回到家里,整个楼房里没有一点动静,其实家里人并不少,一个厨师、一个帮厨、一个拉洋车的,还有佣人和保姆,但是,整个家沉静得像座坟墓,十分可怕。我还记得,我的父亲在吃饭时骂厨师,有时,他一看菜不满意,就把厨师喊来骂一通。有时,也不晓得为什么要骂人。我母亲说他,他就更抑制不住地发脾气,真是个沉闷的家庭啊!但是,这倒有一个好处,使我躲到自己的房间里去读书。我的住房很宽敞,家里房间很多,一座两层的楼房就有八间房子;还有一座小楼,也有许多房间,阔气得很,过的是养尊处优的生活。说起来也令人奇怪,我父亲却常常对我说:你是"婆人之子"啊!"婆人",是文言,也是湖北家乡话,就是说,你是个"穷人的儿子啊"!这句话给我印象很深。我父亲总是教训我要如何自立、如何自强,他让我千万不要去做官,他说他做了一辈子官是做错了,因此,他总是劝我去做医生。我也曾经这么想过,可是我的英文学得不好,生物也学得不好,考了两次协和医学院都没有考上。可见,人生的道路,有时并不是靠主观意志所能安排的。我想,我父亲的那些话,对我萌发出一种贫富之间是不平等的观念,或许多少有些关系吧!

还记得在我八九岁的时候,我父亲非逼着我做诗。我哪里会写诗呢?想了许久,蹩出两句诗来:"大雪纷纷下,穷人无所归。"这叫什么诗呢?可是父亲却夸奖说:"不错,很有些见解。"现在回想,家里住着暖暖的房子,吃着火锅,能这样写,实在"难得"!其实,这也不离奇,公子哥儿从没有尝过穷人受苦的滋味,也能说这样的话。当然,寻根溯源,找个道理也行,从什么地方我得到这样一种感受呢?那时,我家里有个保姆,叫段妈,陪着我睡觉。有时,睡不着,她就经常对我讲起农村的情况,还有她家里的一些事情,告诉我她丈夫是怎么死去的,婆婆又是怎么上吊自尽了,这些悲惨的事情。她的孩子死得很惨,身上长疮,疮上都是蛆,硬是疼死了。还讲了些农村中穷人受罪、财主霸道的小故事。这些,给我的印象很深。一个好的保姆,真像一个人一生的启蒙老师;鲁迅的童年,长妈妈就给了他许多教益。我少年时候,生活上一点不苦,但感情上是寂寞的,甚至非常痛苦的,没有母亲,没有亲戚,身边没有一个可以交谈的人,家里是一口死井,实在是闷得不得了。

【阅读提示】

曹禺的童年生活因为父亲的过于强势而变得格外苦闷和寂寞,而外部的苦痛经历又促成了他敏感而丰富的心灵世界。文章从父亲的诸般经历入手,写他作为军阀的、作为文人的颓废和作为父亲的粗暴,而这一切则造成了幼年曹禺精神上的困苦。读书和保姆段妈的教益,让曹禺在沉闷的成长环境里找到了情感突围的方向。受到了心灵上的启蒙。由此,我们才看到了一位作家对于社会人生的深度关照和真诚,文坛上也才收获了现代戏剧史上最美的作品。

第二篇 林语堂、萧红怀念鲁迅作品辑录

林语堂:鲁迅之死

民廿五年十月十九日鲁迅死于上海。时我在纽约,第二天见 Herald-Tribune 电信,惊愕之下,相与告友,友亦惊愕。若说悲悼,恐又不必,盖非所以悼鲁迅也。鲁迅不怕死,何为以死悼之?夫人生在世,所为何事?碌碌终日,而一旦瞑目,所可传者极渺。若投石击水,皱起一池春水,及其波静浪过,复平如镜,了无痕迹。唯圣贤传言,豪杰传事,然究其可传之

事之言,亦不过圣贤豪杰所言所为之万一。孔子喋喋千万言,所传亦不过《论语》二三万言而已。始皇并六国,统天下,焚书坑儒,筑长城,造阿房,登泰山,游会稽,问仙求神,立碑刻石,固亦欲创万世之业,流传千古。然帝王之业中堕,长生之乐不到,阿房焚于楚汉,金人毁于董卓,碑石亦已一字不存,所存一长城旧规而已。鲁迅投鞭击长流,而长流之波复兴,其影响所及,翕然有当于人心,鲁迅见而喜,斯亦足矣。宇宙之大,沧海之宽,起伏之机甚微,影响所及,何可较量,复何必较量?鲁迅来,忽然而言,既毕其所言而去,斯亦足矣。鲁迅常谓文人写作,固不在藏诸名山,此语甚当。处今日之世,说今日之言,目所见,耳所闻,心所思,情所动,纵笔书之而罄其胸中,是以使鲁迅复生于后世,目所见后世之人,耳所闻后世之事,亦必不为今日之言。鲁迅既生于今世,既说今世之言,所言有为而发,斯足矣。后世之人好其言,听之;不好其言,亦听之。或今人所好之言在此,后人所好在彼,鲁迅不能知,吾亦不能知。后世或好其言而实厚诬鲁迅,或不好其言而实深为所动,继鲁迅而来,激成大波,是文海之波涛起伏,其机甚微,非鲁迅所能知,亦非吾所能知。但波使涛之前仆后起,循环起伏,不归沉寂,便是生命,便是长生,复奚较此波长波短耶?

鲁迅与我相得者二次,疏离者二次,其即其离,皆出自然,非吾与鲁迅有轻轩于其间也。吾始终敬鲁迅;鲁迅顾我,我喜其相知,鲁迅弃我,我亦无悔。大凡以所见相左相同,而为离合之迹,绝无私人意气存焉。我请鲁迅至厦门大学,遭同事摆布追逐,至三易其厨,吾尝见鲁迅开罐头在火酒炉上以火腿煮水度日,是吾失地主之谊,而鲁迅对我绝无怨言是鲁迅之知我。《人世间》出,左派不谅吾之文学见解,吾亦不愿牺牲吾之见解以阿附初闻鸦叫自为得道之左派,鲁迅不乐,我亦无可如何。鲁迅诚老而愈辣,而吾则向慕儒家之明性达理,鲁迅党见愈深,我愈不知党见为何物,宜其剌剌不相入也。然吾私心终以长辈事之,至于小人之捕风捉影挑拨离间,早已置之度外矣。

鲁迅与其称为文人,不如号为战士。战士者何?顶盔披甲,持矛把盾交锋以为乐。不交锋则不乐,不披甲则不乐,即使无锋可交,无矛可持,拾一石子投狗,偶中,亦快然于胸中,此鲁迅之一副活形也。德国诗人海涅语人曰,我死时,棺中放一剑,勿放笔。是足以语鲁迅。

鲁迅所持非丈二长矛,亦非青龙大刀,乃炼钢宝剑,名宇宙锋。是剑也,斩石如棉,其锋不挫,刺人杀狗,骨骼尽解。于是鲁迅把玩不释,以为嬉乐,东砍西刨,情不自已,与绍兴学童得一把洋刀戏刻书案情形,正复相同,故鲁迅有时或类鲁智深。故鲁迅所杀,猛士劲敌有之,僧丐无赖,鸡狗牛蛇亦有之。鲁迅终不以天下英雄死尽,宝剑无用武之地而悲。路见疯犬、癞犬、及守家犬,挥剑一砍,提狗头归,而饮绍兴,名为下酒。此又鲁迅之一副活形也。

然鲁迅亦有一副大心肠。狗头煮熟,饮酒烂醉,鲁迅乃独坐灯下而兴叹。此一叹也,无以名之。无名火发,无名叹兴,乃叹天地,叹圣贤,叹豪杰,叹司阍,叹佣妇,叹书贾,叹果商,叹黠者、狡者、愚者、拙者、直谅者、乡愚者;叹生人、熟人、雅人、俗人、尴尬人、盘缠人、累赘人、无生趣人、死不开交人,叹穷鬼、饿鬼、色鬼、逸鬼、牵钻鬼、串熟鬼、邋遢鬼、白蒙鬼、摸索鬼、豆腐羹饭鬼、青胖大头鬼。于是鲁迅复饮,俄而额筋浮胀,睚眦欲裂,须发尽竖;灵感至,筋更浮,眦更裂,须更竖,乃磨砚濡毫,呵的一声狂笑,复持宝剑,以刺世人。火发不已,叹兴不已,于是鲁迅肠伤,胃伤,肝伤,肺伤,血管伤,而鲁迅不起,呜呼,鲁迅以是不起。

廿六年十一月廿二于纽约

萧红：回忆鲁迅先生

鲁迅先生的笑声是明朗的，是从心里的欢喜。若有人说了什么可笑的话，鲁迅先生笑得连烟卷都拿不住了，常常是笑得咳嗽起来。

鲁迅先生走路很轻捷，尤其使人记得清楚的，是他刚抓起帽子来往头上一扣，同时左腿就伸出去了，仿佛不顾一切的走去。

鲁迅先生不大注意人的衣裳，他说："谁穿什么衣裳我看不见的……"

鲁迅先生生病，刚好了一点，窗子开着，他坐在躺椅上，抽着烟，那天我穿着新奇的火红的上衣，很宽的袖子。

鲁迅先生说："这天气闷热起来，这就是梅雨天。"他把他装在象牙烟嘴上的香烟，又用手装得紧一点，往下又说了别的。

许先生忙着家务跑来跑去，也没有对我的衣裳加以鉴赏。

于是我说："周先生，我的衣裳漂亮不漂亮？"

鲁迅先生从上往下看了一眼："不大漂亮。"

过了一会又加着说："你的裙子配的颜色不对，并不是红上衣不好看，各种颜色都是好看的，红上衣要配红裙子，不然就是黑裙子，咖啡色的就不行了；这两种颜色放在一起很混浊……你没看到外国人在街上走的吗？绝没有下边穿一件绿裙子，上边穿一件紫上衣，也没有穿一件红裙子而后穿一件白上衣的……"

鲁迅先生就在躺椅上看着我："你这裙子是咖啡色的，还带格子，颜色混浊得很，所以把红衣裳也弄得不漂亮了。"

"……人瘦不要穿黑衣裳，人胖不要穿白衣裳；脚长的女人一定要穿黑鞋子，脚短就一定要穿白鞋子；方格子的衣裳胖人不能穿，但比横格子的还好；横格子的，胖人穿上，就把胖子更往两边裂着，更横宽了，胖子要穿竖条子的，竖的把人显得长，横的把人显得宽……"

那天鲁迅先生很有兴致，把我一双短统靴子也略略批评一下，说我的短靴是军人穿的，因为靴子的前后都有一条线织的拉手，这拉手据鲁迅先生说是放在裤子下边的……

我说："周先生，为什么那靴子我穿了多久了而不告诉我，怎么现在才想起来呢？现在不是不穿了吗？我穿的这不是另外的鞋吗？"

"你不穿我才说的，你穿的时候，一说你该不穿了。"

那天下午要赴一个筵会去，我要许先生给我找一点布条或绸条束一束头发。许先生拿了来米色的绿色的还有桃红色的。经我和许先生共同选定的是米色的。为着取笑，把那桃红色的，许先生举起来放在我的头发上，并且许先生很开心地说着：

"好看吧！多漂亮！"

我也非常得意，很规矩又顽皮地在等着鲁迅先生往这边看我们。

鲁迅先生这一看，他就生气了，他的眼皮往下一放向我们这边看着：

"不要那样装她……"

许先生有点窘了。

我也安静下来。

鲁迅先生在北平教书时，从不发脾气，但常常好用这种眼光看人，许先生常跟我讲，他在女师大读书时，周先生在课堂上，一生气就用眼睛往下一掠，看着她们，这种眼光鲁迅先生在记范爱农先生的文字里曾自己述说过，而谁曾接触过这种眼光的人就会感到一个旷代的全智者的催逼。

我开始问："周先生怎么也晓得女人穿衣裳的这些事情呢？"

"看过书的，关于美学的。"

"什么时候看的……"

"大概是在日本读书的时候……"

"买的书吗？"

"不一定是买的，也许是从什么地方抓到就看的……"

"看了有趣味吗？"

"随便看看……"

"周先生看这书做什么？"

"……"没有回答。好像很难以回答。

许先生在旁说："周先生什么书都看的。"

在鲁迅先生家里做客人，刚开始是从法租界来到虹口，搭电车也要差不多一个钟头的工夫，所以那时候来的次数比较少，还记得有一次谈到半夜了，一过十二点电车就没有的，但那天不知讲了些什么，讲到一个段落就看看旁边小长桌上的圆钟，十一点半了，十一点四十五分了，电车没有了。

"反正已十二点，电车已没有，那么再坐一会。"许先生如此劝着。

鲁迅先生好像听了所讲的什么引起了幻想，安顿地举着象牙烟嘴在沉思着。

一点钟以后，送我（还有别的朋友）出来的是许先生，外边下着蒙蒙的小雨，弄堂里灯光全然灭掉了，鲁迅先生嘱咐许先生一定让坐小汽车回去，并且一定嘱咐许先生付钱。

以后也住到北四川路来，就每夜饭后必到大陆新村来了，刮风的天，下雨的天，几乎没有间断的时候。

鲁迅先生很喜欢北方饭。还喜欢吃油炸的东西，喜欢吃硬的东西，就是后来生病的时候，也不大吃牛奶。鸡汤端到旁边用调羹舀了一二下就算了事。

有一天约好我去包饺子吃，那还是住在法租界，所以带了外国酸菜和用绞肉机绞成的牛肉。就和许先生站在客厅后边的方桌边包起来，海婴公子围着闹得起劲，一会把按成圆饼的面拿去了，他说做了一只船来，送在我们的眼前，我们不看它，转身他又做了一只小鸡，许先生和我都不去看它，对他竭力避免加以赞美，若一赞美起来，怕他更做得起劲。

客厅后没到黄昏就先黑了，背上感到些微的寒凉，知道衣裳不够了，但为着忙，没有加衣裳去。等把饺子包完了看看那数目并不多，这才知道许先生我们谈话谈得太多，误了工作。许先生怎样离开家的，怎样到天津读书的，在女师大读书时怎样做了家庭教师，她去考家庭教师的那一段描写，非常有趣，只取一名，可是考了好几十名，她之能够当选算是难得的了。指望对于学费有一点补足，冬天来了，北平又冷，那家离学校又远，每月除了车子钱之外，若伤风感冒还得自己拿出买阿司匹林的钱来，每月薪金十元要从西城跑到东城……

饺子煮好，一上楼梯，就听到楼上明朗的鲁迅先生的笑声冲下楼梯来，原来有几个朋友在楼上也正谈得热闹。那一天吃得是很好的。

以后我们又做过韭菜合子，又做过合叶饼，我一提议鲁迅先生必然赞成，而我做得又不好，可是鲁迅先生还是在饭桌上举着筷子问许先生："我再吃几个吗？"

因为鲁迅先生的胃不大好，每饭后必吃"脾自美"胃药丸一二粒。

有一天下午鲁迅先生正在校对着一本别人的著作，我一走进卧室去，从那圆转椅上鲁迅先生转过来了，向着我，还微微站起了一点。

"好久不见，好久不见。"一边说着一边向我点头。

刚刚我不是来过了吗？怎么会好久不见？就是上午我来的那次周先生忘记了，可是我也每天来呀……怎么都忘记了吗？

周先生转身坐在躺椅上才自己笑起来，他是在开着玩笑。

梅雨季，很少有晴天，一天的上午刚一放晴，我高兴极了，就到鲁迅先生家去了，跑得上楼还喘着，鲁迅先生说："来啦！"我说："来啦！"

我喘着连茶也喝不下。

鲁迅先生就问我：

"有什么事吗？"

我说："天晴啦，太阳出来啦。"

许先生和鲁迅先生都笑着，一种对于冲破忧郁心境的展然的会心的笑。

海婴一看到我非拉我到院子里和他一道玩不可，拉我的头发或拉我的衣裳。

为什么他不拉别人呢？据周先生说："他看你梳着辫子，和他差不多，别人在他眼里都是大人，就看你小。"

许先生问着海婴："你为什么喜欢她呢？不喜欢别人？"

"她有小辫子。"说着就来拉我的头发。

鲁迅先生家里生客人很少，几乎没有，尤其是住在他家里的人更没有。一个礼拜六的晚上，在二楼上鲁迅先生的卧室里摆好了晚饭，围着桌子坐满了人。每逢礼拜六晚上都是这样的，周建人先生带着全家来拜访的。在桌子边坐着一个很瘦的很高的穿着中国小背心的人，鲁迅先生介绍说："这是一位同乡，是商人。"

初看似乎对的，穿着中国裤子，头发剃得很短。当吃饭时他还让别人酒，也给我倒一盅，态度很活泼，不大像个商人；等吃完了饭，又谈到《伪自由书》及《二心集》。这个商人，开明得很，在中国不常见。没有见过的，就总不大放心。

下一次是在楼下客厅后的方桌上吃晚饭，那天很晴，一阵阵地刮着热风，虽然黄昏了，客厅后还不昏黑。鲁迅先生是新剪的头发，还能记得桌上有一碗黄花鱼，大概是顺着鲁迅先生的口味，是用油煎的。鲁迅先生前面摆着一碗酒，酒碗是扁扁的，好像用做吃饭的饭碗。那位商人先生也能喝酒，酒瓶就站在他的旁边。他说蒙古人什么样，苗人什么样，从西藏经过时，那西藏女人见了男人追她，她就如何如何。

这商人可真怪，怎么专门走地方，而不做买卖？并且鲁迅先生的书他也全读过，一开口这个，一开口那个。并且海婴叫他×先生，我一听那×字就明白他是谁了。×先生常常回来得很迟,从鲁迅先生家里出来,在弄堂里遇到了几次。

有一天晚上×先生从三楼下来,手里提着小箱子,身上穿着长袍子,站在鲁迅先生的面前,他说他要搬了。他告了辞,许先生送他下楼去了。这时候周先生在地板上绕了两个圈子,问我说:

"你看他到底是商人吗?"

"是的。"我说。

鲁迅先生很有意思地在地板上走几步,而后向我说:"他是贩卖私货的商人,是贩卖精神上的……"

×先生走过二万五千里回来的。

青年人写信,写得太草率,鲁迅先生是深恶痛绝之的。

"字不一定要写得好,但必须得使人一看了就认识,青年人现在都太忙了……他自己赶快胡乱写完了事,别人看了三遍五遍看不明白,这费了多少工夫,他不管。反正这费的工夫不是他的。这存心是不太好的。"

但他还是展读着每封由不同角落里投来的青年的信,眼睛不济时,便戴起眼镜来看,常常看到夜里很深的时光。

珂勒惠支的画,鲁迅先生最佩服,同时也很佩服她的做人,珂勒惠支受希特勒的压迫,不准她做教授,不准她画画,鲁迅先生常讲到她。

史沫特莱,鲁迅先生也讲到,她是美国女子,帮助印度独立运动,现在又在援助中国。

鲁迅先生介绍给人去看的电影:《夏伯阳》《复仇艳遇》……其余的如《人猿泰山》……或者非洲的怪兽这一类的影片,也常介绍给人的。鲁迅先生说:"电影没有什么好看的,看看鸟兽之类倒可以增加些对于动物的知识。"

鲁迅先生不游公园,住在上海十年,兆丰公园没有进过,虹口公园这么近也没有进过。春天一到了,我常告诉周先生,我说公园里的土松软了,公园里的风多么柔和,周先生答应选个晴好的天气,选个礼拜日,海婴休假日,好一道去,坐一乘小汽车一直开到兆丰公园,也算是短途旅行,但这只是想着而未有做到,并且把公园给下了定义,鲁迅先生说:"公园的样子我知道的……一进门分做两条路,一条通左边,一条通右边,沿着路种着点柳树什么的,树下摆着几张长椅子,再远一点有个水池子。"

我是去过兆丰公园,也去过虹口公园或是法国公园的,仿佛这个定义适用在任何国度的公园设计者。

鲁迅先生不戴手套,不围围巾,冬天穿着黑石蓝的棉布袍子,头上戴着灰色毡帽,脚穿黑帆布胶皮底鞋。

胶皮底鞋夏天特别热,冬天又凉又湿,鲁迅先生的身体不算好,大家都提议把这鞋子换掉。鲁迅先生不肯,他说胶皮底鞋子走路方便。

"周先生一天走多少路呢?也不就一转弯到××书店走一趟吗?"

鲁迅先生笑而不答。

"周先生不是很好伤风吗?不围巾子,风一吹不就伤风了吗?"

鲁迅先生这些个都不习惯,他说:

"从小就没戴过手套围巾,戴不惯。"

鲁迅先生一推开门从家里出来时,两只手露在外边,很宽的袖口冲着风就向前走,腋下挟着个黑绸子印花的包袱,里边包着书或者是信,到老靶子路书店去了。

那包袱每天出去必带出去,回来必带回来,出去时带着回给青年们的信,回来又从书店带来新的信和青年请鲁迅先生看的稿子。

鲁迅先生抱着印花包袱从外边回来,还提着一把伞,一进门客厅里早坐着客人,把伞挂在衣架上就陪客人谈起话来。谈了很久了,伞上的水滴顺着伞杆在地板上已经聚了一堆水。

鲁迅先生上楼去拿香烟,抱着印花包袱,而那把伞也没有忘记,顺手也带到楼上去。

鲁迅先生的记忆力非常之强,他的东西从不随便散置在任何地方。

鲁迅先生很喜欢北方口味。许先生想请一个北方厨子,鲁迅先生以为开销太大,请不得的,男佣人,至少要十五元钱的工钱。

所以买米买炭都是许先生下手,我问许先生为什么用两个女佣人都是年老的,都是六七十岁的?许先生说她们做惯了,海婴的保姆,海婴几个月时就在这里。

正说着那矮胖胖的保姆走下楼梯来了,和我们打了个迎面。

"先生,没吃茶吗?"她赶快拿了杯子去倒茶,那刚刚下楼时气喘的声音还在喉管里咕噜咕噜的,她确是年老了。

来了客人,许先生没有不下厨房的,菜食很丰富,鱼、肉……都是用大碗装着,起码四五碗,多则七八碗。可是平常就只三碗菜:一碗素炒豌豆苗,一碗笋炒咸菜,再一碗黄花鱼。

这菜简单到极点。

鲁迅先生的原稿,在拉都路一家炸油条的那里用着包油条,我得到了一张,是译《死魂灵》的原稿,写信告诉了鲁迅先生,鲁迅先生不以为稀奇。许先生倒很生气。

鲁迅先生出书的校样,都用来揩桌子,或做什么的。请客人在家里吃饭,吃到半道,鲁迅先生回身去拿来校样给大家分着,客人接到手里一看,这怎么可以?鲁迅先生说:

"擦一擦,拿着鸡吃,手是腻的。"

到洗澡间去,那边也摆着校样纸。

许先生从早晨忙到晚上,在楼下陪客人,一边还手里打着毛线。不然就是一边谈着话一边站起来用手摘掉花盆里花上已干枯了的叶子。许先生每送一个客人,都要送到楼下的门口,替客人把门开开,客人走出去而后轻轻地关了门再上楼来。

来了客人还要到街上去买鱼或鸡,买回来还要到厨房里去工作。

鲁迅先生临时要寄一封信,就得许先生换起皮鞋子来到邮局或者大陆新村旁边的信筒那里去。落着雨的天,许先生就打起伞来。

许先生是忙的,许先生的笑是愉快的,但是头发有些是白了的。

夜里去看电影,施高塔路的汽车房只有一辆车,鲁迅先生一定不坐,一定让我们坐。许先生,周建人夫人……海婴,周建人先生的三位女公子。我们上车了。

鲁迅先生和周建人先生,还有别的一二位朋友在后边。

看完了电影出来,又只叫到一部汽车,鲁迅先生又一定不肯坐,让周建人先生的全家坐着先走了。

鲁迅先生旁边走着海婴,过了苏州河的大桥去等电车去了。等了二三十分钟电车还没有来,鲁迅先生依着沿苏州河的铁栏杆坐在桥边的石围上了,并且拿出香烟来,装上烟嘴,悠然地吸着烟。

海婴不安地来回乱跑,鲁迅先生还招呼他和自己并排地坐下。

鲁迅先生坐在那儿和一个乡下的安静老人一样。

鲁迅先生吃的是清茶,其余不吃别的饮料。咖啡、可可、牛奶、汽水之类,家里都不预备。

鲁迅先生陪客人到夜深,必同客人一道吃些点心,那饼干就是从铺子里买来的,装在饼干盒子里,到夜深许先生拿着碟子取出来,摆在鲁迅先生的书桌上,吃完了,许先生打开立柜再取一碟,还有向日葵子差不多每来客人必不可少。鲁迅先生一边抽着烟,一边剥着瓜子吃,吃完了一碟鲁迅先生必请许先生再拿一碟来。

鲁迅先生备有两种纸烟,一种价钱贵的,一种便宜的,便宜的是绿听子的,我不认识那是什么牌子,只记得烟头上带着黄纸的嘴,每五十枝的价钱大概是四角到五角,是鲁迅先生自己平日用的。另一种是白听子的,是前门烟,用来招待客人的,白烟听放在鲁迅先生书桌的抽屉里。来客人鲁迅先生下楼,把它带到楼下去,客人走了,又带回楼上来照样放在抽屉里。而绿听子的永远放在书桌上,是鲁迅先生随时吸着的。

鲁迅先生的休息,不听留声机,不出去散步,也不倒在床上睡觉,鲁迅先生自己说:

"坐在椅子上翻一翻书就是休息了。"

鲁迅先生从下午两三点钟起就陪客人,陪到五点钟,陪到六点钟,客人若在家吃饭,吃过饭又必要在一起喝茶,或者刚刚喝完茶走了,或者还没走就又来了客人,于是又陪下去,陪到八点钟,十点钟,常常陪到十二点钟。从下午两三点钟起,陪到夜里十二点,这么长的时间,鲁迅先生都是坐在藤躺椅上,不断地吸着烟。

客人一走,已经是下半夜了,本来已经是睡觉的时候了,可是鲁迅先生正要开始工作。在工作之前,他稍微阖一阖眼睛,燃起一支烟来,躺在床边上,这一支烟还没有吸完,许先生差不多就在床里边睡着了(许先生为什么睡得这样快?因为第二天早晨六七点钟就要起来管理家务)。海婴这时也在三楼和保姆一道睡着了。

全楼都寂静下去,窗外也是一点声音没有了,鲁迅先生站起来,坐到书桌边,在那绿色的台灯下开始写文章了。

许先生说鸡鸣的时候,鲁迅先生还是坐着,街上的汽车嘟嘟地叫起来了,鲁迅先生还是坐着。

有时许先生醒了,看着玻璃窗白萨萨的了,灯光也不显得怎样亮了,鲁迅先生的背影不像夜里那样黑大。

鲁迅先生的背影是灰黑色的,仍旧坐在那里。

人家都起来了,鲁迅先生才睡下。

海婴从三楼下来,背着书包,保姆送他到学校去,经过鲁迅先生的门前,保姆总是吩咐他说:

"轻一点走,轻一点走。"

鲁迅先生刚一睡下,太阳就高起来了。太阳照着隔院子的人家,明亮亮的;照着鲁迅先生花园的夹竹桃,明亮亮的。

鲁迅先生的书桌整整齐齐的,写好的文章压在书下边,毛笔在烧瓷的小龟背上站着。

一双拖鞋停在床下,鲁迅先生在枕头边睡着了。

鲁迅先生喜欢吃一点酒,但是不多吃,吃半小碗或一碗。鲁迅先生吃的是中国酒,多半是花雕。

鬼到底是有的是没有的?传说上有人见过,还跟鬼说过话,还有人被鬼在后边追赶过,吊死鬼一见了人就贴在墙上。但没有一个人捉住一个鬼给大家看看。

鲁迅先生讲了他看见过鬼的故事给大家听:

"是在绍头……"鲁迅先生说,"三十年前……"

那时鲁迅先生从日本读书回来,在一个师范学堂里也不知是什么学堂里教书,晚上没有事时,鲁迅先生总是到朋友家去谈天,这朋友住得离学堂几里路,几里路不算远,但必得经过一片坟地。谈天有的时候就谈得晚了,十一二点钟才回学堂的事也常有。有一天鲁迅先生就回去得很晚,天空有很大的月亮。

鲁迅先生向着归路走得很起劲时,往远处一看,远远有一个白影。

鲁迅先生不相信鬼的,在日本留学时是学的医,常常把死人抬来解剖的,鲁迅先生解剖过二十几个,不但不怕鬼,对死也不怕,所以对于坟地也就根本不怕。仍旧是向前走的。

走了不几步,那远处的白影没有了,再看突然又有了。并且时小时大,时高时低,正和鬼一样。鬼不就是变幻无常的吗?

鲁迅先生有点踌躇了,到底向前走呢?还是回过头来走?本来回学堂不止这一条路,这不过是最近的一条就是了。

鲁迅先生仍是向前走,到底要看一看鬼是什么样,虽然那时候也怕了。

鲁迅先生那时从日本回来不久,所以还穿着硬底皮鞋,鲁迅先生决心要给那鬼一个致命的打击。等走到那白影的旁边时,那白影缩小了,蹲下了,一声不响地靠住了一个坟堆。

鲁迅先生就用了他的硬皮鞋踢出去。

那白影噢的一声叫出来,随着就站起来,鲁迅先生定眼看去,他却是个人。

鲁迅先生说在他踢的时候,他是很害怕的,好像若一下不把那东西踢死,自己反而会遭殃的,所以用了全力踢出去。

原来是个盗墓子的人在坟场上半夜做着工作。

鲁迅先生说到这里就笑了起来。

"鬼也是怕踢的,踢他一脚就立刻变成人了。"

我想,倘若是鬼常常让鲁迅先生踢踢倒是好的,因为给了他一个做人的机会。

从福建菜馆叫的菜,有一碗鱼做的丸子。

海婴一吃就说不新鲜,许先生不信,别的人也都不信。因为那丸子有的新鲜,有的不新鲜,别人吃到嘴里的恰好都是没有改味的。

许先生又给海婴一个,海婴一吃,又是不好的,他又嚷嚷着。别人都不注意,鲁迅先生把海婴碟里的拿来尝尝。果然是不新鲜的。鲁迅先生说：

"他说不新鲜，一定也有他的道理，不加以查看就抹杀是不对的。"

......

以后我想起这件事来，私下和许先生谈过，许先生说："周先生的做人，真是我们学不了的。哪怕一点点小事。"

鲁迅先生包一个纸包也要包到整整齐齐，常常把要寄出的书，鲁迅先生从许先生手里拿过来自己包。许先生本来包得多么好，而鲁迅先生还要亲自动手。

鲁迅先生把书包好了，用细绳捆上，那包方方正正的，连一个角也不准歪一点或扁一点，而后拿起剪刀，把捆书的那绳头都剪得整整齐齐。

就是包这书的纸都不是新的，都是从街上买东西回来留下来的。许先生上街回来把买来的东西一打开随手就把包东西的牛皮纸折起来，随手把小细绳圈了一个圈，若小细绳上有一个疙瘩，也要随手把它解开的。准备着随时用随时方便。

鲁迅先生住的是大陆新村九号。

一进弄堂口，满地铺着大方块的水门汀，院子里不怎样嘈杂，从这院子出入的有时候是外国人，也能够看到外国小孩在院子里零星的玩着。

鲁迅先生隔壁挂着一块大的牌子，上面写着一个"茶"字。

在1935年10月1日，鲁迅先生的客厅摆着长桌，长桌是黑色的，油漆不十分新鲜，但也并不破旧，桌上没有铺什么桌布，只在长桌的当心摆着一个绿豆青色的花瓶，花瓶里长着几株大叶子的万年青，围着长桌有七八张木椅子。尤其是在夜里，全弄堂一点什么声音也听不到。

那夜，就和鲁迅先生和许先生一道坐在长桌旁边喝茶的。当夜谈了许多关于伪满洲国的事情，从饭后谈起，一直谈到九点钟十点钟而后到十一点，时时想退出来，让鲁迅先生好早点休息，因为我看出来鲁迅先生身体不大好，又加上听许先生说过，鲁迅先生伤风了一个多月，刚好了的。

但是鲁迅先生并没有疲倦的样子。虽然客厅里也摆着一张可以卧倒的藤椅，我们劝他几次想让他坐在藤椅上休息一下，但是他没有去，仍旧坐在椅子上。并且还上楼一次，去加穿了一件皮袍子。

那夜鲁迅先生到底讲了些什么，现在记不起来了。也许想起来的不是那夜讲的而是以后讲的也说不定。过了十一点，天就落雨了，雨点淅淅沥沥地打在玻璃窗上，窗子没有窗帘，所以偶一回头，就看到玻璃窗上有小水流往下流。夜已深了，并且落了雨，心里十分着急，几次站起来想要走，但是鲁迅先生和许先生一再说坐一下："十二点钟以前终归有车子可搭。"所以一直坐到将近十二点，才穿起雨衣来，打开客厅外面的响着的铁门，鲁迅先生非要送到铁门外不可。我想为什么他一定要送呢？对于这样年轻的客人，这样的送是应该的么？雨不会打湿了头发，受了寒伤风不又要继续下去么？站在铁门外边，鲁迅先生说，并且指着隔壁那家写着有"茶"字的大牌子："下次来记住这个'茶'，就是这个'茶'的隔壁。"而且伸出手去，几乎是触到了钉在铁门旁边的那个九号的"九"字，"下次来记住茶的旁边九号。"

于是脚踏着方块的水门汀，走出弄堂来，回过身去往院子里边看了一看，鲁迅先生那一排房子统统是黑洞洞的，若不是告诉得那样清楚，下次来恐怕要记不住的。

鲁迅先生的卧室，一张铁架大床，床顶上遮着许先生亲手做的白布刺花的围子，顺着床的一边折着两床被子，都是很厚的，是花洋布的被面。挨着门口的床头的方面站着屉柜。一进门的左手摆着八仙桌，桌子的两旁藤椅各一，立柜站在和方桌一排的墙角，立柜本是挂衣裳的，衣裳却很少，都让糖盒子，饼干筒子，瓜子罐给塞满了，有一次××老板的太太来拿版权的图章花，鲁迅先生就从立柜下边大抽屉里取出的。沿着墙角望窗子那边走，有一张装饰台，台子上有一个方形的满浮着绿草的玻璃养鱼池，里边游着的不是金鱼而是灰色的扁肚子的小鱼，除了鱼池之外另有一只圆的表，其余那上边满装着书。铁架床靠窗子的那头的书柜里书柜外都是书。最后是鲁迅先生的写字台，那上边也都是书。

鲁迅先生家里，从楼上到楼下，没有一个沙发，鲁迅先生工作时坐的椅子是硬的，休息时的藤椅是硬的，到楼下陪客人时坐的椅子又是硬的。

鲁迅先生的写字台面向着窗子，上海弄堂房子的窗子差不多满一面墙那么大，鲁迅先生把它关起来，因为鲁迅先生工作起来有一个习惯，怕吹风，他说，风一吹，纸就动，时时防备着纸跑，文章就写不好。所以屋子热得和蒸笼似的，请鲁迅先生到楼下去，他又不肯，鲁迅先生的习惯是不换地方。有时太阳照进来，许先生劝他把书桌移开一点都不肯。只有满身流汗。

鲁迅先生的写字桌，铺了一张蓝格子的油漆布，四角都用图钉按着。桌子上有小砚台一方，墨一块，毛笔站在笔架上，笔架是烧瓷的，在我看来不很细致，是一个龟，龟背上带着好几个洞，笔就插在那洞里。鲁迅先生多半是用毛笔的，钢笔也不是没有，是放在抽屉里。桌上有一个方的大白瓷的烟灰盒，还有一个茶杯，杯子上戴着盖。

鲁迅先生的习惯与别人不同，写文章用的材料和来信都压在桌子上，把桌子都压得满满的，几乎只有写字的地方可以伸开手，其余桌子的一半被书或纸张占有着。

左手边的桌角上有一个带绿灯罩的台灯，那灯泡是横着装的，在上海那是极普通的台灯。

冬天在楼上吃饭，鲁迅先生自己拉着电线把台灯的机关从棚顶的灯头上拔下，而后装上灯泡子，等饭吃过了，许先生再把电线装起来，鲁迅先生的台灯就是这样做成的，拖着一根长的电线在棚顶上。

鲁迅先生的文章，多半是在这台灯下写的。因为鲁迅先生的工作时间，多半是在下半夜一两点起，天将明了休息。

卧室就是如此，墙上挂着海婴公子一个月婴孩的油画像。

挨着卧室的后楼里边，完全是书了，不十分整齐，报纸和杂志或洋装的书，都混在这屋子里，一走进去多少还有些纸张气味，地板被书遮盖得太小了，几乎没有了，大网篮也堆在书中。墙上拉着一条绳子或者是铁丝，就在那上边系了小提盒，铁丝笼之类；风干荸荠就盛在铁丝笼里，扯着的那铁丝几乎被压断了在弯弯着。一推开藏书室的窗子，窗子外边还挂着一筐风干荸荠。

"吃罢，多得很，风干的，格外甜。"许先生说。

楼下厨房传来了煎菜的锅铲的响声,并且两个年老的娘姨慢吞吞地在讲一些什么。

来了客人都是许先生亲自倒茶,即或是麻烦到娘姨时,也是许先生下楼去吩咐,绝没有站到楼梯口就大声呼唤的时候。所以整个的房子都在静悄悄之中。

只有厨房比较热闹了一点,自来水花花地流着,洋瓷盆在水门汀的水池子上每拖一下磨着擦擦地响,洗米的声音也是擦擦的。鲁迅先生很喜欢吃竹笋的,在菜板上切着笋片笋丝时,刀刃每划下去都是很响的。其实比起别人家的厨房来却冷清极了,所以洗米声和切笋声都分开来听得样样清清晰晰。

客厅的一边摆着并排的两个书架,书架是带玻璃橱的,里面有朵斯托益夫斯基的全集和别的外国作家的全集,大半多是日文译本,地板上没有地毯,但擦得非常干净。

海婴公子的玩具橱也站在客厅里,里边是些毛猴子,橡皮人,火车汽车之类,里边装得满满的,别人是数不清的,只有海婴自己伸手到里边找什么就有什么,过新年时在街上买的兔子灯,纸毛上已经落了灰尘了,仍摆在玩具橱顶上。

客厅只有一个灯头,大概五十烛光,客厅的后门对着上楼的楼梯,前门一打开有一个一方丈大小的花园,花园里没有什么花看,只有一棵七八尺高的小树,大概那树是柳桃,一到了春天,喜欢生长蚜虫,忙得许先生拿着喷蚊虫的机器,一边陪着谈话,一边喷着杀虫药水。沿了墙根,种了一排玉米,许先生说:"这玉米长不大的,这土是没有养料的,海婴一定要种。"

春天,海婴在花园里掘着泥沙,培植着各种玩意。

三楼则特别静了,向着太阳开着两扇玻璃门,门外有一个水门汀的突出的小廊子,春天很温暖地抚摸着门口长垂着的帘子,有时候帘子被风打得很高,飘扬的饱满得和大鱼泡似的,那时候隔院的绿树照进玻璃门扇里来了。

海婴坐在地板上装着小工程师在修着一座楼房,他那楼房是用椅子横倒了架起来修的,而后遮起一张被单来算做屋瓦,全个房子在他自己拍着手的赞誉声中完成了。

这间屋感到些空旷和寂寞,既不像女工住的屋子,又不像儿童室。海婴的眠床靠着屋子的一边放着那大圆顶帐子日里也不打起来,长拖拖的好像从棚顶一直垂到地板上,那床是非常讲究的属于刻花的木器一类的。许先生讲过,租这房子时,从前一个房客转留下来的。海婴和他的保姆,就睡在五六尺宽的大床上。

冬天烧过的火炉,三月里还冷冰冰地在地板上站着。

海婴不大在三楼上玩的,除了到学校去,就是在院子里踏脚踏车,他非常喜欢跑跳,所以厨房,客厅,二楼,他是无处不跑的。

三楼整天在高处空着,三楼的后楼住着另一个老女工,一天很少上楼来,所以楼梯擦过之后,一天到晚干净得溜明。

1936年3月里鲁迅先生病了,靠在二楼的躺椅上,心脏跳动得比平日厉害,脸色略微灰了一点。

许先生正相反的,脸色是红的,眼睛显得大了,讲话的声音是平静的,态度并没有比平日慌张。在楼下,一走进客厅来许先生就告诉说:

"周先生病了,气喘……喘得厉害,在楼上靠在躺椅上。"

鲁迅先生呼喘的声音，不用走到他的旁边，一进了卧室就听得到的。鼻子和胡须在煽着，胸部一起一落。眼睛闭着，差不多永久不离开手的纸烟，也放弃了。藤躺椅后边靠着枕头，鲁迅先生的头有些向后，两只手空闲地垂着。眉头仍和平日一样没有聚皱，脸上是平静的，舒展的，似乎并没有任何痛苦加在身上。

"来了吗？"鲁迅先生睁一睁眼睛，"不小心，着了凉……呼吸困难……到藏书的房子去翻一翻书……那房子因为没有人住，特别凉……回来就……"

许先生看周先生说话吃力，赶快接着说周先生是怎样气喘的。

医生看过了，吃了药，但喘并未停，下午医生又来过，刚刚走。

卧室在黄昏里边一点一点地暗下去，外边起了一点小风，隔院的树被风摇着发响。别人家的窗子有的被风打着发出自动关开的响声，家家的流水道都是哗啦哗啦响着水声，一定是晚餐之后洗着杯盘的剩水。晚餐后该散步的散步去了，该会朋友的会友去了，弄堂里来去的稀疏不断地走着人，而娘姨们还没有解掉围裙呢，就依着后门彼此搭讪起来。小孩子们三五一伙前门后门地跑着，弄堂外汽车穿来穿去。

鲁迅先生坐在躺椅上，沉静的，不动的阖着眼睛，略微灰了的脸色被炉里的火光染红了一点。纸烟听子蹲在书桌上，盖着盖子，茶杯也蹲在桌子上。

许先生轻轻地在楼梯上走着，许先生一到楼下去，二楼就只剩了鲁迅先生一个人坐在椅子上，呼喘把鲁迅先生的胸部有规律性地抬得高高的。

鲁迅先生必得休息的，须藤老医生是这样说的。可是鲁迅先生从此不但没有休息，并且脑子里所想的更多了，要做的事情都像非立刻就做不可，校《海上述林》的校样，印珂勒惠支的画，翻译《死魂灵》下部；刚好了，这些就都一起开始了，还计算着出三十年集。

鲁迅先生感到自己的身体不好，就更没有时间注意身体，所以要多做，赶快做，当时大家不解其中的意思，都以为鲁迅先生不加以休息不以为然，后来读了鲁迅先生《死》的那篇文章才了然了。

鲁迅先生知道自己的健康不成了，工作的时间没有几年了，死了是不要紧的，只要留给人类更多，鲁迅先生就是这样。

不久书桌上德文字典和日文字典又都摆起来了，果戈理的《死魂灵》又开始翻译了。

鲁迅先生的身体不大好，容易伤风，伤风之后，照常要陪客人，回信，校稿子。所以伤风之后总要拖下去一个月或半个月的。

《海上述林》校样，1935年冬，1936年的春天，鲁迅先生不断地校着，几十万字的校样，要看三遍，而印刷所送校样来总是十页八页的，并不是统统一道地送来，所以鲁迅先生不断地被这校样催索着，鲁迅先生竟说：

"看吧，一边陪着你们谈话，一边看校样的，眼睛可以看，耳朵可以听……"

有时客人来了，一边说着笑话，一边鲁迅先生放下了笔。有的时候也说："就剩几个字了……请坐一坐……"

1935年冬天许先生说：

"周先生的身体不如从前了。"

有一次鲁迅先生到饭馆里去请客，来的时候兴致很好，还记得那次吃了一只烤鸭子，整个的鸭子用大钢叉子叉上来时,大家看着这鸭子烤得又油又亮的,鲁迅先生也笑了。

菜刚上满了,鲁迅先生就到竹躺椅上吸一支烟,并且阖一阖眼睛。一吃完了饭,有的喝多了酒的,大家都乱闹了起来,彼此抢着苹果,彼此讽刺着玩,说着一些刺人可笑的话,而鲁迅先生这时候,坐在躺椅上,阖着眼睛,很庄严地在沉默着,让拿在手上纸烟的烟丝,慢慢地上升着。

别人以为鲁迅先生也是喝多了酒吧!

许先生说,并不是的。

"周先生的身体是不如从前了,吃过了饭总要阖一阖眼稍微休息一下,从前一向没有这习惯。"

周先生从椅子上站起来了,大概说他喝多了酒的话让他听到了。

"我不多喝酒的,小的时候,母亲常提到父亲喝了酒,脾气怎样坏,母亲说,长大了不要喝酒,不要像父亲那样子……所以我不多喝的……从来没有喝醉过……"

鲁迅先生休息好了,换了一支烟,站起来也去拿苹果吃,可是苹果没有了。鲁迅先生说:

"我争不过你们了,苹果让你们抢没了。"

有人抢到手的还在保存着的苹果,奉献出来,鲁迅先生没有吃,只在吸烟。

1936年春,鲁迅先生的身体不大好,但没有什么病,吃过了晚饭,坐在躺椅上,总要闭一闭眼睛沉静一会。

许先生对我说,周先生在北京时,有时开着玩笑,手按着桌子一跃就能够跃过去,而近年来没有这么做过,大概没有以前那么灵便了。

这话许先生和我是私下讲的,鲁迅先生没有听见,仍靠在躺椅上沉默着呢。

许先生开了火炉的门,装着煤炭哗哗地响,把鲁迅先生震醒了。一讲起话来鲁迅先生的精神又照常一样。

鲁迅先生吃饭,是在楼上单开一桌,那仅仅是一个方木盘,许先生每餐亲手端到楼上去,那黑油漆的方木盘中摆着三四样小菜,每样都用小吃碟盛着,那小吃碟直径不过二寸,一碟豌豆苗或菠菜或苋菜,把黄花鱼或者鸡之类也放在小碟里端上楼去,若是鸡,那鸡也是全鸡身上最好的一块地方拣下来的肉,若是鱼,也是鱼身上最好一部分许先生才把它拣下放在小碟里。

许先生用筷子来回地翻着楼下的饭桌上菜碗里的东西,菜拣嫩的,不要茎,只要叶,鱼肉之类,拣烧得软的,没有骨头没有刺的。

心里存着无限的期望,无限的要求,用了比祈祷更虔诚的目光,许先生看着她自己手里选得精精致致的菜盘子,而后脚板触着楼梯上了楼。

希望鲁迅先生多吃一口,多动一动筷,多喝一口鸡汤。鸡汤和牛奶是医生所嘱的,一定要多吃一些的。

把饭送上去,有时许先生陪在旁边,有时走下楼来又做些别的事,半个钟头之后,到楼上去取这盘子。这盘子装得满满的,有时竟照原样一动也没有动又端下来了,这时候许先生的眉头微微地皱了一点。旁边若有什么朋友,许先生就说:"周先生的热度高,什么也吃不落,连茶也不愿意吃,人很苦,人很吃力。"

有一天许先生用着波浪式的专门切面包的刀切着一个面包,是在客厅后边方桌上切的,许先生一边切着一边对我说:

"劝周先生多吃些东西,周先生说,人好了再保养,现在勉强吃也是没用的。"

许先生接着似乎问着我:

"这也是对的。"

而后把牛奶面包送上楼去了。一碗烧好的鸡汤,从方盘里许先生把它端出来了。就摆在客厅后的方桌上。许先生上楼去了,那碗热的鸡汤在桌子上自己悠然地冒着热气。

许先生由楼上回来还说呢:

"周先生平常就不喜欢吃汤之类,在病里,更勉强不下了。"

那已经送上去的一碗牛奶又带下来了。

许先生似乎安慰着自己似的:

"周先生人强,欢喜吃硬的,油炸的,就是吃饭也喜欢吃硬饭……"

许先生楼上楼下地跑,呼吸有些不平静,坐在她旁边,似乎可以听到她心脏的跳动。

鲁迅先生开始独桌吃饭以后,客人多半不上楼来了,经许先生婉言把鲁迅先生健康的经过报告了之后就走了。

鲁迅先生在楼上一天一天地睡下去,睡了许多日子就有些寂寞了,有时大概热度低了点就问许先生:

"有什么人来过吗?"

看鲁迅先生精神好些,就一一地报告过。

有时也问到有什么刊物来。

鲁迅先生病了一个多月了。

证明了鲁迅先生是肺病,并且是肋膜炎,须藤老医生每天来了,为鲁迅先生先把肋膜积水用打针的方法抽净,共抽过两三次。

这样的病,为什么鲁迅先生自己一点也不晓得呢,许先生说,周先生有时觉得肋痛了就自己忍着不说,所以连许先生也不知道,鲁迅先生怕别人晓得了又要不放心,又要看医生,医生一定又要说休息。鲁迅先生自己知道做不到的。

福民医院美国医生的检查,说鲁迅先生肺病已经二十年了。这次发了怕是很严重。

医生规定个日子,请鲁迅先生到福民医院去详细检查,要照X光的。

但鲁迅先生当时就下楼是下不得的,又过了许多天,鲁迅先生到福民医院去查病去了。照X光后给鲁迅先生照了一个全部的肺部的照片。

这照片取来的那天许先生在楼下给大家看了,右肺的上尖角是黑的,中部也黑了一块,左肺的下半部都不大好,而沿着左肺的边边黑了一大圈。

这之后,鲁迅先生的热度仍高,若再这样热度不退,就很难抵抗了。

那查病的美国医生,只查病,而不给药吃,他相信药是没有用的。

须藤老医生,鲁迅先生早就认识,所以每天来,他给鲁迅先生吃了些退热的药,还吃停止肺部菌活动的药。他说若肺不再坏下去,就停止在这里,热自然就退了,人是不危险的。

鲁迅先生在四月里，曾经好了一点，有一天下楼去赴一个约会，把衣裳穿得整整齐齐，腋下挟着黑花包袱，戴起帽子来，出门就走。

许先生在楼下正陪客人，看鲁迅先生下来了，赶快说：

"走不得吧，还是坐车子去吧。"

鲁迅先生说："不要紧，走得动的。"

许先生再加以劝说，又去拿零钱给鲁迅先生带着。

鲁迅先生说不要不要，坚决地就走了。

"鲁迅先生的脾气很刚强。"

许先生无可奈何地，只说了这一句。

鲁迅先生晚上回来，热度增高了。

鲁迅先生说：

"坐车子实在麻烦，没有几步路，一走就到。还有，好久不出去，愿意走走……动一动就出毛病……还是动不得……"

病压服着鲁迅先生又躺下了。

七月里，鲁迅先生又好些。

药每天吃，记温度的表格照例每天好几次在那里画，老医生还是照常地来，说鲁迅先生就要好起来了，说肺部的菌已停止了一大半，肋膜也好了。

客人来差不多都要到楼上来拜望拜望，鲁迅先生带着久病初愈的心情，又谈起话来，披了一张毛巾子坐在躺椅上，纸烟又拿在手里了，又谈翻译，又谈某刊物。

一个月没有上楼去，忽然上楼还有些心不安，我一进卧室的门，觉得站也没有地方站，坐也不知坐在哪里。

许先生让我吃茶，我就倚着桌子边站着，好像没有看见那茶杯似的。

鲁迅先生大概看出我的不安来了，便说：

"人瘦了，这样瘦是不成的，要多吃点。"

鲁迅先生又在说玩笑话了。

"多吃就胖了，那么周先生为什么不多吃点？"

鲁迅先生听了这话就笑了，笑声是明朗的。

从七月以后鲁迅先生一天天地好起来了，牛奶，鸡汤之类，为了医生所嘱也隔三差五地吃着，人虽是瘦了，但精神是好的。

鲁迅先生说自己体质的本质是好的，若差一点的，就让病打倒了。

这一次鲁迅先生保持了很长的时间，没有下楼更没有到外边去过。

在病中，鲁迅先生不看报，不看书，只是安静地躺着。但有一张小画是鲁迅先生放在床边上不断看着的。

那张画，鲁迅先生未生病时，和许多画一道拿给大家看过的，小得和纸烟包里抽出来的那画片差不多。那上边画着一个穿大长裙子飞着头发的女人在大风里边跑，在她旁边的地面上还有小小的红玫瑰花的花朵。

记得是一张苏联某画家着色的木刻。

鲁迅先生有很多画,为什么只选了这张放在枕边?

许先生告诉我的,她也不知道鲁迅先生为什么常常看这小画。

有人来问他这样那样的,他说:

"你们自己学着做,若没有我呢!"

这一次鲁迅先生好了。

还有一样不同的,觉得做事要多做……

鲁迅先生以为自己好了,别人也以为鲁迅先生好了。

准备冬天要庆祝鲁迅先生工作三十年。

又过了三个月。

1936年10月17日,鲁迅先生病又发了,又是气喘。

17日,一夜未眠。

18日,终日喘着。

19日,夜的下半夜,人衰弱到极点了。天将发白时,鲁迅先生就像他平日一样,工作完了,他休息了。

七、推荐书目

[清]沈复《浮生六记》,人民文学出版社,1999年1月出版。

钱学森——中国人的骄傲

一、作品背景

钱学森,我国著名科学家。祖籍浙江杭州。1911年12月11日生于上海,中学时在北师大附中读书。1929年考入上海交大,1934年毕业后,考取清华大学公费留学生。1935年留学美国,1939年获美国加州理工学院航空与数学博士学位。

1950年于美国申请回国,但被美国政府长期软禁。经不懈斗争后终于于1955年10月回国。回国后,长期担任中国火箭和航天计划的技术领导人,对航天技术、系统科学和系统工程作出巨大的和开拓性的贡献。共发表专著7部,论文300余篇。学习钱学森热爱祖国、热爱科学、勤奋学习并保持着非凡的想象力和创造力的优秀品质。

二、课文剖析

这是一篇记叙人物生平经历、评述其品行业绩的记叙文,我们知道每篇文章都有一定的思路。思路,即思维的"路线"。在文章写作中,作者在获取了丰富的材料并确定了写作主旨之后,对文章的布局谋篇进行总体构想和具体安排,它包括怎样安排文章材料的先后顺序,怎样开头、结尾、过渡、照应,怎样使文章的各个部分形成有机联系的整体等。该文回顾钱学森先生在国外求学、成名及冲破阻力毅然回国的非凡经历,叙写他不负祖国重托,开创导弹、卫星事业的辉煌成就,赞颂他以爱国、报国为核心的崇高精神境界。

理解本文开头以概述点题,下列小标题分述,通过人物非同寻常的经历来揭示人物的内心世界,刻画人物性格的写法。

钱学森在我国科学史上具有重要的地位,作者如何在短短的篇幅内生动再现他一生中的重要贡献和他所取得的荣誉,这是我们学习时应当注意的重点问题。

阅读课文引言,理解其内容,进而理解题目的巧妙之处。

(1)引言的内容

简要介绍了钱学森的经历、贡献以及他所获得的崇高荣誉,并以江泽民总书记对他的高度评价点题。最后点明本文所要刻画的主人公——钱学森,有造成悬念、引起读者阅读兴趣的效果。

(2)目的巧妙之处

《钱学森——中国人的骄傲》这一标题不仅点明了本文所记的主要人物,而且引用江泽民的话,对人物给予高度评价,揭示了文章的主题。若换成其他题目,则不能包含这样深刻的含义。

(3)思路

第一部分《始终眷恋着自己的祖国》,主要记叙了钱学森的求学经历和他在美国从事科学研究的情况。

这一部分共有五个自然段。

第1段主要介绍了钱学森的生平经历,及读中学和在美国取得博士学位并留校任教的经历。在所有教过他的老师中,重点突出了冯·卡门这位著名的物理学家,因为钱学森正是在他影响下对火箭技术产生了极大的兴趣,他不仅是钱学森导师,还是他亲密的合作伙伴。

第2—4段,记述了钱学森在美国的二十年间,学术上取得的成就,以及他在应用数学、空气动力学、现代航空科学和火箭技术等研究领域的权威性地位。

第5段,概述钱学森在美国的学术成就与他拥有的优厚待遇,以感人的事实说明了他始终眷恋着自己的祖国,引出下一部分的记叙。

第二部分《为回国而斗争》,主要叙写钱学森为了回到祖国而进行的长达五年的斗争。

这一部分情节曲折、波澜起伏,学生自己阅读,概括情节的发展。

① 萌发回国的念头。② 提出回国要求。③ 作好回国的准备。④ 受到美国移民局的阻拦与恐吓。⑤ 被捕关押。⑥ 多方营救。⑦ 被变相软禁。⑧ 向祖国求救。⑨ 祖国设法营救。⑩ 踏上回国的旅途。

文章通过详细记叙这场带有传奇色彩的斗争,不仅刻画了钱学森拳拳赤子之心,伟大的爱国主义情怀,不肯屈从于美国政府的民族自尊心,还让读者看到了党和国家领导人对海外赤子的关心。

请学生自己阅读文章找出并理解文章中的细节描写。

1. 十五天的关押使钱学森的体重下降了30磅。
2. 他的信件和电话受到检查。
3. 他的家中总是摆好是三只轻便的小箱子。
4. 租房子总是只签一年合同。

第三部分《开创我国的导弹卫星事业》,记叙了钱学森回到祖国后受到党和政府的重托,白手起家,艰苦创业,开创了我国导弹卫星事业的经过。

这一部分可以分为三个层次:

第一层写钱学森回国后受到党和政府的热情关怀和高度关注,一种报效祖国、盼望祖国强大的愿望促使他立即投身于创建中国航天事业的工作中。

第二层叙写开创中国导弹卫星事业的第一步:建立研究机构,培养导弹专业人才,确定我国导弹研究方针。这为研究工作的开展奠定了基础。

第三层写在钱学森的亲自领导下,我国第一枚近程导弹研制成功。

这一层从视觉、听觉、动态等多种角度,详细描写了导弹发射试验时的壮观场面,有很强的感染力。

第四层写钱学森带领科技人员克服重重困难,用四年的时间完成改进型中程导弹的研制,于1966年成功进行了导弹核武器"两弹结合"的飞行爆炸试验,使我国导弹核武器得到了飞速发展,跻身于世界强国之列。

第四部分《不倦的追求》,略写了钱学森在60年代后期和70年代初的科学研究成果及设想,表现了他在科学的追求上永无止境的精神。

三、写作方法

1. 开头概述点题,下列小标题分述,条理清晰。
2. 选材典型,记叙详略得当,通过人物非同寻常的经历来揭示人物的精神世界,展示人物的性格。
3. 运用多种描写手法刻画人物性格,形象生动。

四、知识拓展

实现中华民族伟大复兴的中国梦,是新一届中央领导集体根据我国社会主义初级阶段基本国情提出的重大战略构想,是我党治国理政的目标及国家未来发展的政治宣言。实现中国梦,离不开现代科技尤其是高科技的支撑。航天技术作为一个国家现代技术综合发展水平的重要标志,具有增强经济实力、科技实力、国防实力和民族凝聚力的作用。习近平总书记指出:"航天梦是强国梦的重要组成部分。"

钱学森是中国航天事业的技术领导人和创业奠基人,为中国科技事业、国防和军队现代化建设建立了不朽功勋,"为祖国和人民留下了彪炳史册的科学成就和弥足珍贵的精神财富",堪称老一辈爱国科学家群体中践行中国梦的典型代表。

(一)幼学壮行,振兴中华

考察杰出人才的成长经历与成功因素,不能不考察其所受的教育,尤其是家庭教育和中小学阶段的"基础教育"。钱学森出身于书香门第,从小就接受了良好的教育。父亲钱均夫早年留学日本,专修教育,后来成为教育家。在钱学森很小的时候就经常给他讲"学习知识,贡献社会"的家训,这八个字深深地印在钱学森幼小的心灵里。母亲章兰娟自钱学森幼时起就对他进行知识和道德启蒙教育。父辈言传身教,对钱学森日后的成长产生了潜移默化的重要影响。

在学生时代,钱学森即树立了报效祖国、振兴祖国的远大理想,成为他矢志不渝的动力之源。1923年9月,12岁的钱学森进入北师大附中学习,该校秉持"诚、爱、勤、勇"校训,爱国主义是学校的核心办学思想。特别是校长(时称主任)林砺儒先生,是著名的爱国教育家,力推"全人格教育"办学理念,开中国基础教育之先河。晚年钱学森曾写了1份对其产生深刻影响的17位老师名单,除父母外,另有7位是他在北师大附中就读时期的老师。对于自己在北师大附中所受的爱国主义教育,钱学森曾回忆说:"当年我们在附中上学,都感到民族、国家的存亡问题压在心头,老师们、同学们都在思考这个问题。在这样的气氛下,我们努力学习,为了振兴中华。"爱国主义内化于心,外化于行,对钱学森青少年时期人格养成起着催化作用,启蒙了他的报国梦想。他曾不无感慨地说:"我能为国家为人民做点事,也是与中小学老师的教育分不开的!"

(二)实业救国,起步航天

1929年7月,钱学森从北师大附中毕业后,决心走交通救国、技术强国之路,为改变旧中国积贫积弱的面貌尽一己之力。他"抱着振兴祖国的决心",以优异成绩考上被誉为"东方MIT"的交通大学，主修铁路工程。在大学期间，一·二八事变爆发，日本空军凭借空中优势，掌握了对中国领空的控制权，对上海狂轰滥炸，中国军民惨遭杀戮，人员财产遭受惨重损失。钱学森亲眼目睹了这一切，他深切感受到现代航空技术对国家实力与国防安全的重要作用，痛感中国必须发展先进的航空技术，拥有强大的航空工业，才能自立于世界民族之林。于是，面对国之患、时之需，他在大学四年级的时候，将人生理想从"交通救国"转到"航空救国"上来，并进行了不懈探索。在学有余力之际，钱学森选修了《航空工程》等课程，并利用大部分课余时间去学校图书馆借阅航空方面的书籍和杂志，专攻航空与火箭知识，并有了初步的研究心得。至赴美留学前夕，他已发表《火箭》《美国大飞船失事及美国建筑飞船的原因》《气船与飞机之比较及气船将来发展之途径》《最近飞机炮之发展》等多篇航空、火箭方面的论文。

在《火箭》一文中，钱学森发出这样的感慨"你在一个清朗的夏夜，望着繁密的闪闪群星，有一种可望而不可即的失望吧！我们真的如此可怜吗？不，绝不！我们必须征服宇宙。"从这段充满浪漫主义色彩的激扬文字中可以看到，探索太空、征服宇宙的梦想已经在风华正茂的钱学森心里扎根，体现了他将个人梦想与一个国家、一个民族的梦想紧密联系在一起的远大志向和宏伟抱负。钱学森在文中极富前瞻性地指出了火箭的发展前景："（火箭）是征服空间，征服宇宙的开端！"钱学森在交大时期对航空的关注和研究为他后来转向这个领域奠定了知识基础，交通大学也由此成为他走上航空之路的光辉起点。

（三）求真务实，壮志凌云

1934年7月，钱学森以优异成绩从交通大学毕业，考取清华大学留美公费生，专业是航空门机架组。按照清华大学的规定，凡选派出国的留学生，必须由学校指派导师补习一年。当时主持招考工作的清华大学理学院院长叶企孙为钱学森选派了由王士倬、钱莘觉、王助三位教授组成的导师组，对他进行具体指导。在此期间，钱学森深得大师真传，并先后赴杭州、南昌、南京等地的飞机修理厂实习，为出国留学做好了必要的准备，并由此踏上了迈步航天路、追逐航天梦的壮丽征程。

今天的年轻人可能难以理解，钱学森为什么要放弃自己学习了4年且就业前景很好的热门专业，另起炉灶去选择一个在当时的中国还仅限于纸上谈兵的"冷门"专业？一个主要因素是中国抵御外侮的国家需要促发了他报国志向的调整，促使他从国家命运和民族前途的角度和高度思考自己的人生追求。钱学森后来在一篇文章中回忆说："1934年夏我报考清华公费留美，改行了，要学航空工程。"面对国家的迫切需要，青年钱学森及时从铁路工程专业转向航空、火箭研究，赤子情怀，鲜明可鉴。在新的历史时期，钱学森在大学时代的专业选择与人生追求无疑值得广大青少年学习和借鉴。

追梦："要把最先进的科学技术学到手"时势造英雄。社会需要对人才成长及其品质塑造有着巨大的催生和引示作用，是人才养成的根本动因。在诸多社会需要中，祖国需要高于一切，民族利益高于一切，是国家的"最高利益"。个人需要一旦与社会需要相结合，即可内化为人才持久、永恒的创造需要，激发人才产生崇高、坚定的理想目标，指引着人才的奋斗志向。钱学森的成长经历是这一人才学基本原理的典型验证，他是祖国需要与个人理想志向、民族利益与个人奋斗目标结合成才的典范。

(一)负笈西学,勇攀高峰

1935年9月,经过在国内飞机修理厂一年的见习后,钱学森怀着发展祖国航空事业的远大抱负,赴美求学。那个年代中国内忧外患,国家尊严屡遭践踏。国弱则民卑,中国人在世界上尚未摘除"东亚病夫"的帽子,低人一等。初到美国的钱学森倍感处处受人歧视,这深深地伤害了他的民族自尊心。于是他下决心发奋学习,一定要为中国人争口气,一定要用自己的才智在外国同学面前证明中国人不可小觑。他当年曾说:"我到美国去学技术是暂时的,学成之后,一定回来为祖国效力。""我到美国去,心里只有一个目标,就是要把最先进的科学技术学到手,而且要证明我们中国人是可以赛过美国人,达到科学技术的高峰。"

正是因为有这种坚定的理想信念作支撑,钱学森潜心研攻,心系祖国,仅用一年时间即获得航空工程硕士学位,顺利毕业,并随即认识到"一名技术科学家对于祖国的帮助远大于一名工程师",于是将研究方向从航空工程转向航空理论的学习。1936年10月,钱学森转入加州理工学院,师从世界著名力学大师冯·卡门教授,攻读博士学位,学习航空工程理论,即应用力学,开始了与冯·卡门亦师亦友的学术情谊。在美国工作期间,钱学森功成名就,地位显赫,但对于国外优厚的生活待遇和优越的工作条件,他不为所动,时刻准备回国效智效力。当得知新中国即将诞生,他即先后辞去各种要职,毅然决定回国。他说:"我的事业在中国,我的成就在中国,我的归宿在中国。"虽说科学是没有国界的,但科学家都有自己的祖国,钱学森对此做了最好的诠释。

(二)开拓创新,功成名就

旅美期间,钱学森在应用力学、喷气推进以及火箭与导弹研究方面,取得了举世瞩目的成就。与导师冯·卡门共同完成的高速空气动力学问题研究课题和建立的卡门·钱近似'公式,使他在28岁时一举成名,成为世界知名的空气动力学家;他独立完成的学术论文《关于薄壳体稳定性的研究》,使他在航空技术工程理论界获得很高声誉;他提出的火箭与航空领域中的若干重要概念、超前设想和科学预见,奠定了他在力学和喷气推进领域的翘楚地位。同时,他还开创了工程控制论、物理力学两门新兴学科,为人类科学事业的发展作出了开创性的重要贡献。尤其是他1954年出版的《工程控制论》一书,"成为自动控制领域的一本经典著作"(戴汝为)。它"所体现的科学思想、理论方法与应用,直到今天仍然深刻地影响着系统科学与系统工程、控制科学与工程以及管理科学与工程等的发展"(于景元)。这些划时代科技成就的取得,无不凝聚着钱学森科学报国的雄心壮志、智力储备和学术积淀,也因此铸就了他科学历程中的第一座创造高峰。"故园渺何处,归思方悠哉"。正如他自己所言:"我在美国前三四年是学习,后十几年是工作,所有这一切都在做准备,为了回到祖国后能为人民做点事。因为我是中国人","根本不打算在美国住一辈子。"

圆梦:"竭尽努力建设自己的国家"

(一)归心似箭,义无反顾

1949年10月,钱学森夫妇获悉新中国成立的喜讯,即着手为回国做准备。他归心似箭,"无一日一时一刻不思归国,参加伟大的建设高潮。"1950年8月,钱学森打点好行李、买好机票准备举家回国。但是,麦卡锡主义政治阴风盛行的美国以莫须有的罪名,非法扣留钱学森,并软硬兼施,以达到让他长期滞留美国置其科学生命荒废的险恶目的。钱学森不为迫害所惧,不为利诱所惑,他据理力争,大义凛然,充分展示了一位中国科学家崇高的民族气节。面对美方检察官的质询和责难,他坚定地说:"我不能再留在美国,新中国已经成立了,我是一定要回到祖国去的,这没有什么可商量的。"在即将踏上祖国土地的前夕,面对美联社记者的提问,钱学森不无感慨又义正词严地宣告:"我是大唐的后代,我的一腔热血只图报国。我的根在中国。"

1955年8月4日,在钱学森的不懈抗争和中国政府的严正交涉下,美国移民当局理屈词穷,最终不得不同意放行钱学森。9月17日,钱学森一家从旧金山踏上了回归祖国的路程。为了这一刻的到来,他整整准备了20年。在回国的邮轮上,钱学森无比激动地说:"今后我将竭尽努力,和中国人民一道建设自己的国家,使我的同胞能过上有尊严的幸福生活。"这是他对在美国所受屈辱的洗刷和昭雪,也是对自己报国之情的宣告和陈说。

1987年钱学森在访问英国时对当地的中国留学生说道:"我为什么要走回归祖国这条道路?我认为道理很简单,鸦片战争近百年来,国人强国梦不息,抗争不断。革命先烈为兴邦,为了炎黄子孙的强国梦,献出了宝贵的生命,血沃中华热土。我个人作为炎黄子孙的一员,只能追随先烈的足迹,在千万般艰险中,探索追求,不顾及其他。"这段豪言壮语掷地有声,英雄豪迈,是他对自己悠悠报国心、拳拳赤子情的最好诠释。

(二) 奠基航天,功勋卓著

钱学森回国后,自觉服从国家需要,勇敢承担起创建我国航天事业的重任,为中华民族屹立于世界民族之林忘我工作,不懈奋斗。他始终站在世界科技前沿,以超凡智慧、开拓意识和战略眼光,带领中国航天人白手起家,自力更生,攻破了一系列重大技术难关,解决了一大批关键技术难题,在艰苦卓绝的环境中开创了中国的航天事业。他从战略高度思考、谋划我国科学技术发展特别是国防科技发展的重大问题,提出了许多富有创造性、富于前瞻性的重要学术思想和有重大价值的建议,为我国导弹航天事业发展作出了许多具有里程碑意义的贡献。

作为中国航天事业初创阶段的技术领导人,钱学森在中国乃至世界航天史册上书写了浓墨重彩的一笔,留下了彪炳史册的一页。新华社《钱学森同志生平》电文用14个"第一"对此进行了概括:组建我国第一个火箭、导弹研究机构;组建了我国第一个空气动力学专业研究机构;指导设计了我国第一枚液体探空火箭;协助聂荣臻成功组织了我国第一枚近程地地导弹发射试验;作为发射场最高技术负责人,组织指挥了我国第一枚改进后的中近程地地导弹飞行试验;作为技术总负责人,协助组织实施了我国首次"两弹结合"试验;牵头组织实施了我国第一颗人造地球卫星发射任务;组织完成"实践一号"卫星发射试验,首次获得我国空间环境探测数据;领导设计制造了我国第一艘核动力潜艇;组织启动了远洋测量船基地建设工程;指挥成功发射了我国第一颗返回式卫星;组织领导了我国洲际导弹第一次全程飞行、潜艇水下发射导弹和地球静止轨道试验通信卫星发射任务。钱学森"为实现我国国防尖端技术的新突破建立了卓越功勋";"为我国导弹航天事业发展作出了许多具有里程碑意义的贡献"。

筚路蓝缕,创业维艰。经过以钱学森为代表的第一代航天人协同努力,攻坚克难,中国航天事业一步一个脚印,阔步向前,中国国防力量步一个台阶,蒸蒸日上。如今,中国已经成为名副其实的航天大国,德国《明镜》周刊网站2013年12月14日援引德国明斯特大学的月球研究者哈拉尔德·希辛格的话表示:中国现已"跃升到航天大国的甲级队之中"。吃水不忘挖井人。这一辉煌成就的取得,自然离不开中国航天事业奠基人钱学森的卓越贡献。他早年的航空救国梦、科学报国梦如今都在新中国的土地上变成了现实。"长征"升空,神舟飞天,嫦娥奔月,浩瀚太空一次次留下中国人的矫健身影。

祖国强大、民族复兴、人民幸福是钱学森的最高追求。在钱学森心里,"国为重,家为轻,科学最重,名利最轻";在钱学森看来,"外国人能干的,中国人都能干。"他胸怀民族自尊、民族自信、民族自强,秉持爱国之情、报国之志、效国之行,矢志科学报国、科技强国、科教兴国,向祖国和人民递交了一份完美的人生答卷,为实现中华民族伟大复兴的中国梦倾注了满腔热忱,奉献了毕生心智。

续梦:"活着的目的就是为人民服务"。进入晚年,钱学森从国防科研战线技术领导岗位上退居二线,但他退而不休,老而弥坚,继续思考攸关国家长远发展、关乎社会长治久安的前瞻性、战略性重大理论和现实问题,并提出了许多有价值的新观点、新理论、新方法,为续写自己的中国梦殚精竭虑、鞠躬尽瘁。他的国防科技发展战略思想、教育思想、第六次产业革命理论等理论观点,可谓高瞻远瞩为我国社会主义现代化建设提供了重要现实借鉴和理论参照。

(一)科技强军

科技强军,面向未来出于对祖国国防和军队现代化建设事业的关切,钱学森一直十分重视研究军事科学的有关理论,并提出了许多深思熟虑的创见。他敏锐把握国防现代化对军事科学研究方法革新的需要,大力倡导以"计算机兵棋推演"为核心的作战模拟技术,并提出运用"从定性到定量综合集成方法和综合集成研讨厅体系",使军事科学研究走出纸上谈兵和沙盘模拟的传统模式,跨入集成创新的新时代,从而"启发新的作战思想"。他希望通过科学技术与军事科学的结合,注重"尖端科学技术的国际攻关",努力推动我国军事科学的现代化,以更好地发挥军事科学在国防现代化进程中的理论先导作用。

1984年3月3日,钱学森在国防科工委举办的一次讨论会发言中无不忧虑地指出:"我们社会主义中国还处于一个很不安宁的世界,我国安全还受到严重威胁,我们绝不能放松警惕,必须在大力发展经济建设的基础上加强国防建设。我们要努力(加强)人民解放军的建设,把我军建成一支强大的现代化、正规化的革命军队,进一步提高我军在现代战争条件(下)的自卫能力。"为此,钱学森特别强调军事系统工程思想的重要性。他指出:"军事系统工程是现代军事科学的重要内容,又是科学地研究现代战争的重要手段。解决国防战略问题一定要用它。"

钱学森关于未来战争模式与现代军事科技发展走向的科学判断,对我国国防建设和军事斗争准备的筹划具有重要意义。

(二)教育强国,后继有人

钱学森始终从战略高度思考谋划人才培养。他曾经多次向有关部门提出建议,深刻阐述培养我国科技帅才和将才的重要性、迫切性,并具体提出了培养途径和方法。他指出:"教育问题是一个十分紧迫的问题。""在21世纪,国与国的竞争,综合国力的比赛,最关紧要并有决定性的,是公民的教育文化水平。水平高的占优势,水平低的处劣势。"因此,"要十分重视教育和人才培养。当代世界科技竞争最激烈的是人才竞争。一个国家现代化建设诸因素中最重要的是人才因素"。为此,钱学森曾设想要用"马克思主义的人才系统工程"理论建立起马克思主义的"用人学",并提倡加强脑科学、思维科学、行为科学等的技术攻关,培养适应社会主义现代化建设的各类创新型人才,包括"社会科学"人才,防止出现"人才断层"。

2005年7月29日,面对前来看望的温家宝总理,钱学森发出犀利的感慨:"现在中国没有完全发展起来,一个重要原因是没有一所大学能够按照培养科学技术发明创造人才的模式去办学,没有自己独特的创新的东西,老是冒不出杰出人才。"2007年,96岁高龄的钱学森通过助手表示,他"成天思考""念念不忘",无比"忧虑"的问题,就是中国目前缺乏拔尖的科技领军人才。他说:"这是一件关系国家长远的大事,要办好。"钱学森对教育事业的关注体现了他始终将祖国强大、民族振兴放在第一位的高尚情操,饱含着深挚的人文情怀和深邃的战略眼光,具有丰富的理论内涵和现实指向,对于国家科技教育事业的发展,为实施科教兴国战略、实现中国梦提供了理论支撑,具有重要的现实价值和启示意义。

(三)五业并举,利国利民

上世纪80年代,面对常规能源日见其少,人地矛盾日益凸显,环境问题日益突出,钱学森首次提出"农业型的知识密集产业"理论,为解决中国未来"百年之困"的"三个怎么办"未雨绸缪、出谋划策,即:常规能源煤、天然气、石油等用完了怎么办?18亿亩耕地红线突破后怎么办?人口发展到30亿,要丰衣足食怎么办?钱学森认为,与其到月球上找未来的生存发展空间,不如把地球表面的沙漠治理好,草地利用好,用"高科技"和"可持续"确保中华各族儿女过"富裕而有尊严的生活","给世界带好这个头"。

1984年5月,在中国农业科学院召开的第二届学术委员会会议上,钱学森应邀作了《创建农业型的知识密集产业农业、林业、草业、海业和沙业》的报告。他在报告中正式提出要发展"农业型的知识密集产业"。他认为,"既然说是知识密集型的产业,那就要充分运用自然科学、社会科学、工程技术,以及一切可以运用的知识来组织经营它",使之成为社会主义中国21世纪的第六次产业革命。钱学森提出"建立农业型知识密集产业"理论,旨在利用高科技和新思维,既充分利用自然条件,提高农业生产率,又保护和改良生态环境,让中国农民尽快富裕起来,造福子孙万代。如今,这一理论在沙漠地区的实践正在"将不毛之地变为良田沃土",告慰着他利国福民的遗愿。

惟德动天,无远弗届。钱学森为祖国的航天事业,为国家发展、民族振兴和社会进步呕心沥血,殚精竭虑。他用一辈子的奉献和全身心的投入,诠释着"惟愿以身许家国,但将碧血谱丹青"的崇高境界和炽热情怀。"我作为一名科技工作者,活着的目的就是为人民服务,如果人民最后对我的工作满意的话,那才是最高奖赏。"这是何等崇高的境界、何等博大的胸怀!心里始终装着人民,并为人民的事业奋斗终生,是他对事业充满热情,并取得辉煌成就的根本动力。

结语

平生无意求虚名,惟尽百年赤子情。钱学森用毕生的情感、智慧和忠诚,实现了自己的科学报国梦,也成就了自己的辉煌人生。作为德高望重的"国家杰出贡献科学家",钱学森集爱国之心、报国之情、效国之能、强国之行于一身。他是中国梦的勇敢追随者、自觉践行者、坚定守护者和生动诠释者,中国梦的实现,有钱学森的一份功劳;在钱学森身上,可以看到中国梦的希望。

钱学森中国梦

自古江浙多才俊,钱塘江上起风云。隆隆炮声朝廷覆,呱呱坠地钱学森。父贤母惠把路引,春风化雨爱国心。年少立下鸿鹄志,根正可期秀于林。咿呀学步上北京,身著长袍习三坟。幼学启蒙泽聪慧,腹有诗书得经纶。蒙养院里书声紧,少小无邪志豪情。尘土飞扬胡同里,不见当年宣武门。

五、美文欣赏

王乃彦:"中国式"科学家(节选)

2008年初,王乃彦等院士一行到天津大学参加有关科学教育的研讨,回京路上与天津大学校长龚克同行,这一次同行让龚克校长有了意外收获:原来王先生的哥哥从北洋大学(天津大学前身)毕业,尚在读初中的他读了很多哥哥寄来的参加"反内战、反饥饿"的学生运动照片,印象深刻,说起这些往事,龚校长连忙向王先生打听这些照片是否还在,他认为这是珍贵的校史资料。

福建出院士。据了解,目前闽籍和在闽工作的院士多达110多位。像福建许多20世纪二三十年时代的家庭一样,读书的种子早在家庭的熏陶下就种下了,虽然家境并不富裕,但"唯有读书高"的信念是家庭生活的根。大舅和二舅都是学化工的,二舅当时是著名化学家侯德榜的助手,从事制碱工艺。受此影响,王乃彦的哥哥姐姐都是学化工的。

"爸爸特别喜欢读书",听王乃彦先生讲自己的父亲和家族,你会感觉中国传统家庭父慈母爱的力量。他的祖父去世很早,父亲能由中国当时最高的测量学堂毕业,全靠姑姑做衣服纳鞋底的收入。父亲在生活上克勤克俭,在子女的读书上却决不吝惜。

王乃彦兄妹四个,他排行老三。哥哥上大学后,姐姐也考取了上海交通大学。这样一来使本不富裕的家境更加捉襟见肘。一天深夜,父母亲的谈话让还没睡着的王乃彦听到了:父亲说,我手边还有一点钱,用它给孩子当学费吧。这差不多是这个六口之家的家底了。他还记得那时国民党垮台后,父亲失业,他们家上午和晚上都是稀饭,家里人要分着吃一点点主食。

王乃彦初中三年级的时候,福州解放了。他从福州三中考到了福州一中,这两所学校都是福州最好的。高中时福州一中用的英语课本是商务印书馆出版的原版英语教科书,价格比较贵。买书成为这个家庭做不到的事情。他清晰地记得,父亲在开课前想办法从别人那里借来了英语课本,将其中要上的课,用笔把单词一个一个抄下来,而王乃彦就拿着这手抄本去上课。父亲对他说,再艰难的日子也得念书。这手抄的课本,1952年王乃彦上大学时从家带到北大,可惜的是后来失落了。

他学习外语,真是一个有意味又贯穿了从王先生初中时期到现在的故事。

初三毕业的暑假,经济拮据的父亲还是省出钱来请人为王乃彦补习外语,父亲的办法现在看来依然简单而有效。买了两本原版的《汤姆索亚历险记》,老师一本,王乃彦一本,一个假期学完了这本书。高中以后,特别是抗美援朝战争以后,学生们不学"美帝国主义的语言",王乃彦记得教他们英语的是上海圣约翰大学毕业的时尚女老师,可是他们几个班干部却一起交了白卷。直到大学毕业,他的英语依然是初中水平。

20世纪80年代初,一次到美国参加学术会议,却深深刺激了王先生。邀请者请他们作学术报告,却因为英语不好,只能请美国人代讲。虽然后来的国际学术会议王乃彦可以用英文报告,但是最害怕的是提问和交流。

当时他63岁了。每天早晨5点起床以后,晚上睡觉之前都是固定的学英语时间,走到哪学到哪。最多的时候一天学5个小时。2002年退下来的时候,他曾经想还要不要继续学英语,毕竟付出了太多的心血,他说,英语对于他,已经有了深厚的感情。他现在用自己的经历鼓励那些从小没有学好英语的人。

2000年在汉城。王乃彦成为世界核理事会正理事长的时候,要发表正式的就职演说,王先生脱稿而讲,现场发挥。与会者给与了热烈的掌声。

1. 下列对作品有关内容的分析和概括,不正确的两项是:

A. 王乃彦家境困难,但在家庭的熏陶下,仍然培养出了一个又一个人才,他的哥哥毕业于北洋大学、姐姐毕业于上海交大,他自己毕业于北京大学。

B. 王乃彦的父亲不仅在生活上克勤克俭,供养子女读书,而且身体力行、言传身教,亲自为儿子手抄英语课本,这对子女的影响是深远的。

C. 由于受"不学'美帝国主义的语言'"的影响,以及在当时背景下对时尚女教师的反感,因此,"直到大学毕业,他的英语仍然是中学水平"。

D. 作者选取王乃彦的英语学习作为这一部分的主要内容,完全是因为这些材料贯穿了他的一生,体现了王乃彦学习生活的曲折,使得文章波澜迭起。

E. 文章写王乃彦老年学习英语的经历"美国参加学术会议的刺激——高龄坚持学习——汉城会议的热烈掌声",不加评论而运用事实说话,给读者深刻的印象。

2. 结合本文,简要叙述王乃彦"有意味又贯穿了从王先生初中时期到现在"的学习英语过程。

3. 作者在写王乃彦的学习生活时,用了很大篇幅写他的家人的事,是否节外生枝,请结合全文作简要分析。

参考答案:

1. CD(C"在当时背景下对时尚女教师的反感"有误;D概括不完整,不仅仅"体现了王乃彦学习生活的曲折",还体现了他的学习精神)

2. 王乃彦初三毕业的暑假,一个假期学完了原版的《汤姆索亚历险记》。高中时英语课本是商务印书馆出版的原版英语教科书,价格比较贵,他父亲就手抄了课本让他去上课。上大学时,受当时环境的影响,英语故意交了白卷。直到大学毕业,他的英语依然是中学水平。到了60多岁,又重新学习英语,每天坚持,终于取得了成效。

3. 示例一:没有节外生枝,写他的家人,体现了王乃彦家庭对他的熏陶和影响,很好地体现了良好的环境对一个人的健康成长的作用,为后面写王乃彦的成就奠定了基础。

示例二:用大量篇幅写他的家族显得不够简洁,因为他的舅舅、哥哥、姐姐对王乃彦的成长没有什么关系,写他的家境贫寒,父亲抄书给他当课本就可以了,应腾出笔墨集中写他如何刻苦攻关,这样,中心更加明确。

六、推荐篇目

1. 周欣宇《优雅的科学独行者》,《中国青年报》,2007年4月25日。
2. 杨燕迪《寂静的独语——纪念肖邦逝世150周年》,《钢琴艺术》,2010年第5期。

眼睛与仿生学

一、作品背景

了解一些仿生学的知识,激发学生对科学的兴趣。

仿生学简介:仿生学是近一二十年发展起来的一门属于生物科学与技术科学之间的边缘科学。它把各种生物系统所具有的功能原理和作用机理作为生物模型进行研究,希望在技术发展中能运用这些原理和机理,最后目的是要实现新的技术设计并制造出更好的新型仪器、机器等。生物界各种丰富多彩的功能,具有极其复杂的精巧的结构,其奇妙程度远远超过迄今为止的许多人、物、机器,因此在工程科学的进一步发展中,人们需要向生物寻找启发和进行模拟是很自然的,这种努力有广阔的前景。

探索人和眼睛奥秘的仿生学研究工作,称为视觉仿生,属于感觉仿生学范围。感觉仿生学是目前仿生学发展的重点。

二、主题剖析

课文是根据有关材料改写的一篇科学说明文,介绍人和动物的眼睛的不同结构和功能及从中得到的重要启示,使读者对仿生学有了较形象的了解。

由于仿生学是一门新兴科学,人们一般对它比较陌生,作者不是先在科学定义上做文章,而是先形象地介绍人眼和某些动物眼睛的特殊构造和功能,使读者饶有兴趣地接受了这一部分知识后再指出从中得到的启示,并介绍如何运用到一些具体的仪器和机器的改进制造中去,最后才概括出仿生学的定义,说明视觉仿生的研究对象和重要地位。

课文结构:

第一部分(1—3自然段)概括说明研究各种不同构造的眼睛的意义。

1. 以人眼为例,说明眼睛对感知外物的重要作用。
2. 说明眼睛感知外物的基本原理。
3. 说明各种动物眼睛构造不同及研究它的重要意义。

第二部分(4—14自然段)具体说明对各种构造不同的眼睛的研究情况及已经或即将取得的成果。

第一层(4—9自然段)人眼及一般动物眼睛的研究及意义。

4. 人眼的功能及重要参考价值。
5. 对人眼的研究已取得和即将取得的成就。
6. 青蛙有一双机能优异的大眼睛。特点(过渡)
7. 蛙眼的独特本领、功能。
8. 对蛙眼研究已取得和即将取得的成就。

9. 鹰眼的特点及由此得到的启示。

第二层(10—14自然段)复眼的研究和意义。

10. 以蜻蜓眼睛的结构特点来说明什么是复眼。(过渡,承上启下)

11. 象鼻虫复眼的特殊功能。

12. 说明什么是太阳的偏振光。

13. 蜜蜂复眼研究的运用。

14. 复眼的构造对于研究复眼透镜的启发作用和取得的成就。

第三部分(15—16自然段)仿生学研究的意义、范围和任务,并指出感觉仿生学已成为目前仿生学的发展重点。

三、写作方法

(一)本文的说明顺序是由一般到特殊,由简单到复杂

视觉仿生的依据是眼睛,而人们最熟悉、印象最深刻的,便是人的眼睛。所以作者先从人眼的构造和功能及其在仿生学中的意义谈起,然后再谈其他动物的眼睛及其特殊功能。这样的说明顺序易于读者理解。从眼睛的构造来说,一般眼睛的构造比复眼要简单,所以作者先从一般眼睛谈起,然后再介绍复眼的构造及其在仿生学中的意义。这样由浅入深地说明事物,符合人们的认识规律。要做到深入浅出,还必须抓住事物的特征。课文分别介绍了人和蛙、鹰、象鼻虫、蜜蜂、蜻蜓及苍蝇等动物的眼睛,之所以选这些材料,就是因为它们的眼睛有特征,有区别于其他眼睛的独特构造和功能。仿生学之所以要研究它们,原因也在于此。本文在分析说明的时候,采用了相同的层次结构,即对各种眼睛在仿生学中的意义进行分析说明时,都先说明这些眼睛的构造特点或功能特点,然后再说明它们对于发展科学技术的启发。这样写眉目清楚,使读者易于掌握。

(二)本文的结构特点及说明方法

1. 课文的整体结构采用"总分总"的形式,开头1—3段是引言部分,总提人眼和动物眼睛在构造和功能上各有许多特殊之处,从中得到的启示对发展现代科学技术有重要意义。4—14自然段分别介绍了人眼和几种动物眼睛在仿生学上的作用,最后两个自然段,总结概括了仿生学的定义,指出它的任务,介绍了它的研究范围、类别和发展重点。

课文主体部分采用了条分缕析的方法,始终停留在一个平面上举例介绍了人眼和其他动物眼睛的特殊构造、功能及其在仿生学上的作用。这种"横式"结构便于作者充分介绍材料,使说明对象的各个部分和侧面能清晰地展现出来,各并列部分之间由浅入深,结构上有内在联系。

横式结构在写作时往往运用分类说明的方法,将被说明的对象,按照一定的标准,一类一类地加以说明。本文以眼睛为说明对象,以第10自然段为分界和过渡,前面说明一般的眼,后面说明复眼。一般的眼中分别说明人眼(4—5自然段)、蛙眼(6—8自然段)、鹰眼(9自然段),复眼中分别说明象鼻虫眼(11自然段)、蜜蜂眼(13自然段)、蜻蜓和苍蝇眼(14自然段)。这些眼睛的分类主要以构造功能为标准,类别的划分突出了每种眼睛之间的差异,使每种眼睛的特征更加突出。

2. 本文交错运用举例和比较这两种方法进行说明。一边大量举例子,一边对所举例子进行比较,既简略介绍相关事物的共同性,又详细地说明了它们的不同之处。如以人眼为例说明研究各种不同构造的眼睛在仿生学中的意义时,拿人眼与照相机比较。先用"人眼的光学系统跟照相机十分类似",极简略地说明两者的相似处,再介绍不同处:① 照相机只是把外界事物的图像映在照相底片上,而人眼则是先要对图像进行信息加工,并编制成神经密码信号再传给大脑;② 人眼还可以对比周围的景物,使人感知自身的运动和位置状态,确定物体的距离、形状和大小。又如介绍复眼时,先以蜻蜓为例,与人眼进行比较,说明复眼的特殊构造与功能,然后用"虾、蟹、蜂、蚁等节肢动物的眼睛都是复眼"一句简略说明它们的共同点:都是复眼,再分别说明象鼻虫、蜜蜂、蜻蜓和苍蝇等各自不同构造的复眼及其功能。

本文还运用了分析说明和综合说明。分析说明通常指对某一说明对象按照不同的角度或眼睛分开来说明。如本文对眼睛的说明,一般的眼睛(人眼、蛙眼、鹰眼)特殊的眼睛复眼(蜻蜓、象鼻虫、蜜蜂、苍蝇)。综合说明是从总体上对一个事物作概括的说明(13自然段)(10自然段)(15、16自然段)。

3. 语言准确、严密

课文在介绍视觉仿生学的一系列研究成果时,用词特别准确、严密。对其中取得较好效果的,如"复眼透镜",作者就具体介绍它的特殊作用,指出它"大大提高了工效与质量",对有些虽已制成但效果尚不理想的,如"人造眼",作者在介绍它的用途后,同时强调它还需要"进一步完善",对于尚未研制成仪器或机器的,如"电子鹰眼",作者就连用"如果……就能够""如果……就有可能""如果……就可以"三个假设关系的复句来表示,说明只是一种假设,并未变成现实。这样实事求是反映发展现状的写法,是科学说明应当遵循的原则。

四、美文欣赏

如今,生物技术正在引起医药卫生领域的新革命。尤其在心血管病、肿瘤、艾滋病等目前尚无药可治的重大疑难性疾病的治疗上,人们对生物工程寄予厚望,期待利用生物工程技术生产出有效的治疗药物。一些具有特异治疗作用的生物活性物质,如酶、激素、疫苗、干扰素、免疫球蛋白、白细胞介素、生长因子等,传统的生产工艺主要从动物的脏器、血液和尿液中提取。由于资源有限,含量极微,高纯度的分离工艺有一定难度,成本昂贵。用生物基因工程方法生产这些药物,就可以很好地解决这些难题。

新崛起的基因工程技术在医药研制方面的应用已产生了显著的效果,并预示着医药工业体系的划时代变革已经到来。首先,基因工程技术,能明显提高生化药物的生产效率,降低生产成本和改进医疗效果。如用450升含人体生长激素基因的微生物发酵液生产的激素产量,相当于从6万具尸体的脑垂体中所得的激素产量。其次,基因工程提供了大规模制取人体内活性物质的技术。人体内有许多生理活性极强、含量极微的活性物质,如各种细胞因子、激素、神经多肽等,对一些病症的治疗有重要价值。它们用传统技术难以制备,基因工程技术则可以在极其复杂的机体细胞内提取出所需基因,生产出比原来多数百倍、数千倍的此类物质。再次,基因工程药物对过去难以治疗的一些疾病有特殊效果。如人的促红细胞素生成素是治疗由肾功能衰竭引起的贫血的特效药。第四,基因工程药物大多来自人体内蛋白质、激素或活性多肽,一般毒副作用较小。而从猪或牛的胰腺中提取的胰岛素用于人体时,副作用发生率达5%—10%。最后,生产基因工程药物与生物化学合成药物不同,一般不要庞大的厂房,污染问题比较容易解决,新药开发周期较短。主要难点是投资强度大,研究开发难度高,但如果开发成功,就会产生巨大的社会效益和经济效益。

由于基因工程技术在医药工业领域效果显著、具有独特的优越性;也由于医药产品加工的增值很高,产品投放市场后能较快的收回成本,因此正日益受到全球制药工业的高度重视。各国对生物技术的风险投资近年来猛增,对生物技术特别是基因药物的开发也寄予厚望。据统计,国际上已经取得的生物技术研究成果有60%集中在医药工业。可见,在新技术革命的影响下,传统的化学药物模式正在为生物药学模式逐步替代,医药工业体系正在发生根本性的伟大变革,将逐步从化学合成工业过渡到生物学工业。

1. 对"就可以很好地解决这些难题"之中"这些难题"的含义,理解最恰当的一项是(　　)
  A. 按传统工艺提出生物活性物质,高纯度的分离工艺有一定难度,成本昂贵。
  B. 利用生物工程技术生产出有特异治疗作用的生物活性物质。
  C. 能提出生物活性物质的动物的脏器、血液和尿液等资源有限、含量极微。
  D. 心血管病、肿瘤、艾滋病等目前尚无药可治的重大疑难性疾病的治疗。

2. 不能说明基因工程技术在医药研制方面的优越性的一项是(　　)
  A. 基因工程药物对过去难以治疗的一些疾病有特殊的效果,且毒副作用较小。
  B. 能明显提高生化药物的生产效率,降低生产成本和改进医疗效果。
  C. 基因工程提供了大规模制取人体内生理活性极强、含量极微的活性物质的技术。
  D. 医药产品加工的增值很高,产品投放市场后能较快的收回成本。

3. 所谓"医药工业体系的划时代变革"的确切含义是(　　)
  A. 医药工业体系由化学合成工业逐步过渡到生物学工业。
  B. 生物活性物质由动物体内提取转为人体内提取。
  C. 传统的药物生产方式将为生物基因工程方法替代。
  D. 生物医药模式正在由化学医药模式逐步替代。

4. 根据原文提供的信息,以下推断正确的一项是(　　)
  A. 因为生物基因工程药物一般不要庞大的厂房,新药开发周期短,因而投资小,成本低,效率高。
  B. 从动物体内提取的生物活性物质毒副作用小,其开发利用价值将越来越高。
  C. 基因工程药物对过去难以治疗的肾功能衰竭引起的贫血有特殊效果,目前尚无药可治的其他重大疑难疾病的有效治疗药物也有望研制出。
  D. 生产基因工程药物投资强度大,研究开发难度高,这必然影响人们投资的热情。

参考答案:

1. A(主要指技术上的困难而言)

2. D(是说医药产品的共同特点)

3. A

4. C(A"投资小"有误。B"毒副作用小"有误。D"这必然影响人们投资的热情"有误)

五、推荐篇目

1. 杨弦章《陨石坑:地球上的宇宙礼物盒》,《中国国家地理》,2013年5月。
2. 吴若《世界的青花瓷》,《人民日报》,2014年11月。

简笔与繁笔

一、作品背景

粉碎"四人帮"以后,特别是党的十一届三中全会以后,文艺界、出版界一片春光,期刊和书籍如雨后春笋,呈现出前所未有的繁荣景象,尤其是小说,出版了许多扣动读者心弦,产生了广泛影响的作品。《人到中年》《乔厂长上任记》《高山下的花环》即是典型的例子。但繁荣中也存在着一些问题,其中比较突出的是:长篇小说出得很多,但真正成功的却很少;许多作品只有生活,只有感情,但语言艺术却不高,有些艺术上还相当粗糙。如本文所述,作者是因"现今,创作上有一种长的倾向"而写作本文的,但作者并未简单地从现象上看问题,而是透过现象看到"简而淡,繁而冗,往往两病兼具"。他独辟蹊径,以文章繁简的辩证关系为基点,令人信服地论述了文章繁简"不可以文字的多寡论",而应"各得其宜,各尽其妙",避免了以偏纠偏,以偏概全的弊病,令人读了耳目一新。

俗话说"量体裁衣""对症下药""有话则长,无话则短",文章的繁简、撰著的长短,要根据思想内容、读者对象、社会条件、文体特征等方面的具体需要来决定,所谓"文无定法"就包括这方面的意思。但是,提倡简练为文,还是正确的,懒婆娘的裹脚布应当扔到垃圾堆里去,就是文章里的赘文、累句、浮词,也应当看作欺骗禾苗的芜草,一概除掉,甚至像鲁迅所主张的那样,尽量删去可有可无的字、句、段,使文章的表达通畅、鲜明、有力。

二、主题剖析

本文是一篇文艺随笔(即文艺短论),是文艺评论的一种。其特点是一事一议,篇幅短小,既发议论又写感受,行文自由,语言精辟,议论形象化。

本文针对现今创作上"简而淡,繁而冗,往往两病兼具"的实际状况,列举了令人信服的例子,论证"文章的繁简又不可单以文字的多寡论",而应"各得其宜,各尽其妙"的观点,并进一步指出,要"做到繁简适当",首先得"来自生活,发诸真情",重视对生活的提炼和语言表达的洗练。简言之,作者首先"正本清源",再据此对现状有所针砭,最后水到渠成地提出自己的主张。

1. 段落结构

第一部分(1自然段)概述文章繁简的观点:"各得其宜,各尽其妙"。

第二部分(2—3自然段)以《水浒传》为例,各举一例,阐明上述观点。

第三部分(4—5自然段)进一步阐述如何看待文章的繁简问题。

第四部分(6—7自然段)针对现实,分析原因,提出应"提倡简练为文"的意见。

2. 第一段简析

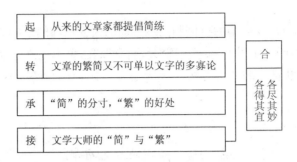

这是一种通过严密的推理,而后得出结论的归纳推理,具有不可辩驳的逻辑力量。在提出论点前就进行初步的论证,不但作者的观点表达得十分鲜明,而且作者是"从客观存在着的事物出发",在"详细地占有材料"以后,"给以科学的分析",然后才阐述自己的观点。这样,观点建立在事实和分析的基础上,一提出就令人信服。短短的一段文字,既生动活泼,又严密周到,这正是作者严密精致的构思在文字上的表现。

3. 观点和材料的水乳交融

第二段文学大师创作中的简笔材料——《水浒传》中以二字和一字点染景象,写出"神韵"的例子,紧扣第一段中的"惜墨如金,力求数字乃至一字传神"。

第三段文学大师创作中的繁笔材料——《水浒传》中写鲁智深三拳打死"镇关西"的例子,紧扣第一段中的"描摹物态,求其穷形尽相"。

第四段文学大师创作中的繁笔材料——《社戏》中写"我"早年看戏的情状的例子,紧扣第一段中的"刻画心理,能使细致入微"和"有时使繁,用墨如泼,汩汩滔滔,虽十、百、千字亦在所不惜"。

这三段中的例子,又是以"例"(典型的事例)来论证本文的论点"简笔与繁笔,各得其宜,各尽其妙",用例准确精当。作者没有大段抄录例子的原文,只是摘用了最能说明问题的那么几句,并且又谈又议,三言两语就点明了例子与所说道理之间的关系。

三、写作方法

1. 运用辩证观点分析说理。

分析简的两种情况:"言简意赅"和"言简意少"(前好后不好)

分析繁的两种情况:"繁冗拖沓为作文病忌"和"非繁不足以达其妙处"(提出的"各得其宜,各尽其妙"正是这一辩证观点的结晶。)

如何做到繁简适当,既强调了主观努力,"需要提炼",又强调主观努力必须符合客观规律"来自生活,发诸真情"。在评论当前文艺创作倾向时,既持两点论"简而淡,繁而冗,往往两病兼具",又注意抓重点,突出主要的倾向是"一种长的趋向"。在分析这种"长的趋向"的原因时,既指出"首先是对生活的提炼,亦即艺术概括的问题";同时也指出"艺术手法和语言表达的欠洗练也是不容忽视的一条"。在纠正这种"繁冗"的不良倾向时,既从"简笔"的一面,说如何写得"简",又从"繁笔"的一面,说怎样"繁"得好。

综上所述,这样的辩证分析,避免了片面性和绝对化,文章也就真正起到了导向作用,真正具有了生命力。

2. 本文用辩证的观点、典型的事例和简练生动的语言论述问题的方法。

完整准确地理解原文意思,不要牵强附会,断章取义,更不允许歪曲篡改原意。能恰当地说明自己的观点,和自己的话密切配合,并要联系实际,有的放矢,不要无目的的引用。

四、美文欣赏

第一篇　淡妆浓抹总相宜
——关于简笔和繁笔的奇想

简笔是淡妆的少妇,繁笔是浓妆的少女。虽然两种风格迥异,但都有一种夺人神魂的魅力。

简笔那浅浅的装束中分明隐藏了一份精致与考究;繁笔虽是浓重的扮相,却没有雕琢的痕迹。

简笔又像是一幅粗线条勾勒出来的意象画,寥寥数笔却给人无限开阔的空间,只那么简单的一两笔,人的思维却鬼使神差般地一直铺展下去。简笔的魅力就在于以有限的语言传达无限的韵味,把人带入一个无边无际的世界,就像这样很简单的一句,"那一年,他没有走完秋天",不多的几个字,所蕴含的意韵却是无限丰富的,其中的悲痛、无奈与喟叹,使每一位读者的心都不能阻止地浸在那汪微妙的忧伤与痛苦的水中了。

不管前面是高峰还是低谷,不管是清风还是明月,简笔以十二分的冷静,不动声色地向你传达着情感。但是越是不动声色越是容易把人引导到内心深处的思考中去。一位清秀婉约的少妇,随意绾(wǎn)起的青丝,一切都是平凡朴实的,而正是这种朴素的美让人想到很多。也会让人情不自禁地看过一眼又一眼,直到把其中所蕴含的深层次的美给解读出来。这样还不算完事,时不时地,还总爱让这一幕在记忆中重现。

繁笔呢,似乎有些不喜宁静,总爱把什么东西都大力渲染一番。好像是活力无限的少女,大有要炫耀一番的派头。似乎那种无尽的热情与活力不经释放会把人憋出病来一样。让人体味到一种直接生动的痛快淋漓。

繁笔精雕细刻的每一笔都是不可缺少的。好像面前是一个硕大的植物园,虽然几乎每类植物都是一水的绿色,但细看其中的每一株就会觉得它们各具风情,缺少了谁,都是一种无法弥补的缺憾。

简笔,平淡、含蓄而深沉;繁笔,热烈、奔放而狂野。但是我们会同时接受这两种笔法,就像我们欣赏少妇的同时也喜欢少女一样。

第二篇　重视新诗的语言形式

在语言文学中,没有一种文体比诗歌更富有形式感。离开诗体语言,何以言诗?衡量一个诗人造诣的高低,首先要看他对诗体语言的创造能力。诗人的人格魅力,只有通过语言形式的艺术表现力,包含于诗美的魅力之中,才具有诗的价值。我们不能认同关于新诗的"裸体美人"论、"散文美"论,就是因为它们抹杀了诗歌形式自身的特性,忽略了诗体语言所独具的诗美能量生成的艺术转化。诗的意义和本质,总是包含于语言形式之中。新诗应是诗意本体与形式本体的真正融合。

新诗的形式要素,包括内形式(隐喻结构、情绪节奏、心理逻辑等)与外形式(词语、体式、音节、韵律、色彩等)。实际上,诗的外形式与内形式是不可分的。新时期诗歌向内心的突入,促成了"内形式"建构,而对"外形式"的轻视甚至抛弃,造成了诗形的严重缺失和诗美的消减。"外形式"是对诗人的基本技艺和语言智性的验示,形成汉语诗歌特有的形式美,凸现出诗的表征,它具有相对的独立性。没有"外形式","内形式"就失去了依托。同样,"内形式"是对诗人的灵魂和生命体验的显影,没有"内形式","外形式"也成了空壳。20世纪五六十年代流行的半自由体、民歌体,因缺乏内形式(也有诗情虚假的原因),导致诗意肤浅或空泛。一首优秀的诗歌,总是内外形式健全完美,高度融合。

新文学诞生近一个世纪以来,为什么新诗未能取得像小说、散文那样长足的发展?新诗语言形式没有得到很好地解决,大概是其主要原因。

新诗语言形式的生命力,在于发挥现代汉语的特色。既要顺应中国人的现代生活节奏,从大众口语和民歌民谣中汲取活力,又要善于从优秀的古典诗词中汲取艺术营养,接通新旧诗之间的血脉联系;既要从寻根探源中发掘汉语诗意(诗性)的闪光点,在打破和摆脱诗体语言的束缚中建立新诗体格式,又要将汉语诗歌艺术置于世界诗歌艺术的潮流中,从与其他民族和国家的诗歌语言艺术的对话中显示出新异感和光色。

新诗语言的规则性与心灵抒发的自由性,是一组矛盾。诗人的本领就在于能够在二者的对立统一中获取诗创作的自由。亦如跳舞,一旦谙熟舞步,即可从别扭进入自由的状态。确立新诗的形式本体意识,就是要实现新诗创作从"走路"进入"跳舞"的艺术转变。

1. 下列关于"新诗的形式"的理解,符合原文意思的一项是(   )

A. 20世纪五六十年代流行的半自由体、民歌体,就是因缺乏内形式而导致诗意肤浅或空泛。

B. 诗的"内形式",是对诗人的灵魂和生命体验的显影,而"外形式",则是对诗人的基本技艺和语言素养的验示,因此诗的内形式要比外形式重要一些。

C. 新诗的内形式包括体式、音节、韵律等;新诗的外形式则包括情绪节奏、心理逻辑等。

D. 诗歌"外形式"形成了汉语诗歌特有的形式美,凸现出诗的表征,它具有相对的独立性。

2. 下列表述,不符合原文意思的一项是(   )

A. 新诗形式欲有生命力,则应顺应中国人的生命节奏,从口语及民歌中汲取活力,又从优秀古典诗词中汲取营养,接通新、旧诗体之间的血脉联系。

B. 诗人的本领在于:能够从新诗语言的规则性和心灵抒发的自由性中获取诗歌创作的自由。

C. 新时期诗歌向内心的突入,促成了"外形式"建构,而对"内形式"的轻视甚至抛弃,造成了诗形的严重缺失和诗美的消减。

D. 新文学诞生近一个世纪以来,新诗未能取得像小说、散文那样长足的发展,可能是因为新诗语言形式没有得到很好地解决。

3. 根据原文内容,下列推断不正确的是(　　)

A. "裸体美人"论、"散文美"论抹杀了诗歌形式自身的特性,忽略了诗体语言所独具的诗美能量生成的艺术转化,没有达到新诗的诗意本体与形式本体的融合。

B. 诗的意义和本质总是寄寓于诗歌的语言形式之中,只有能把握住诗的语言形式,你才能够理解诗歌的意义和本质。

C. 诗人的人格魅力,只要通过语言形式的艺术表现力,包含于诗美的魅力之中,就具有诗的价值。

D. 我国的新诗要形成自己的特点,要得到长足发展,在改掉缺乏"内形式"这个问题的同时,还必须重视诗歌"外形式",因为外形式是汉语诗歌特有的形式美。

参考答案:

1. D 2. C 3. C

五、推荐篇目

1. 周国平《灵魂教育》
2. 雷池月《闲话信仰》

六 国 论

一、作者介绍

苏洵(1009—1066)字明允,号老泉,唐宋八大家之一。宋代眉山(今四川眉山县)人,人称"老苏",与儿子"大苏"(苏轼)"小苏"(苏辙)并称"三苏",均在"唐宋八大家"之列。后人有诗称赞:"一门三父子,都是大文豪,诗赋传千古,峨嵋共比高。"

二、作品背景

唐太宗李世民在其名相魏征去世后,感慨地说:"人以铜为镜,可以正衣冠;以史为镜,可以知兴替;以人为镜,可以明得失。朕常保此三镜,以防己过。今魏征殂逝,遂亡一镜矣!"(选自《贞观政要》唐吴兢编著)如何以史为镜,关键在于发现错综复杂的历史事实之间的内在联系,理出导致王朝兴替的中心线索,才能达到借鉴史实、古为今用之目的。

战国七雄,论富有,秦国比不上齐国;论兵力,秦国比不上赵国;论地域的辽阔,秦国比不上楚国。可是最后六国却全部被秦国一一灭掉。这究竟是什么原因,就让我们来看一下苏洵对这个问题的阐述。

作者所处的北宋王朝,对内专制集权,对外卑躬屈膝,内忧外患,始终不绝。北宋初期,西、北方边患严重,自开国至英宗统治年间,宋和辽与西夏开战,败多胜少。军事上的软弱无能导致外交上的妥协投降,北宋为求苟安,年年割地纳贡。而这样沉重的负担,全落在百姓头上。国难当头,矛盾尖锐,苏洵针对这样的现实写作此文,用于讽喻宋王朝。

宋朝建国以后吸取唐末五代的教训,采用中央专制集权政策,一切权力归中央,削弱了将帅的权力,但同时造成兵力渐趋衰落,以致在与辽和西夏的交战中输多胜少。只好割地赔款以求和。针对这种现实,作者以历史上六国灭亡的教训立论,借古讽今,借六国因贿赂强秦而亡的历史批评宋王朝贿赂契丹、西夏的失败。

三、主题剖析

六国:在我国历史上,战国是七雄争霸的时代,为了独占天下,国与国之间经常进行战争。六国就是指的战国七雄中秦国以外的齐、楚、燕、赵、韩、魏六个国家,它们都被秦国一个个地击破而消灭了。"六国论"在这里是一个省略式短语,实际应是"六国破灭之论"。文章旨在分析六国失败的原因。

"论"是古代常用的一种散文文体,以论证为主,要求善于析理,一般有两种,即政论文和史论文,政论文主要用于发表作者对于时政的见解和主张,史论文主要通过评论历史,总结历史教训为当时统治者提供治国借鉴。提问:本文属于政论文还是史论文?(史论文)

苏洵关心国家、反对屈辱求和,主张抵抗外侮的思想,了解作者借古讽今的现实针对性,培养学生"天下兴亡匹,夫有责"的历史责任感和"以史为鉴共创未来"的与时俱进精神。

1. 掌握"兵、弊、互、率、完、暴、弥、至于、颠覆、再、殆、速、智力、不行、当、礼、故事"的含义;归纳多义词"得、非、或、相、势"的义项;掌握文中重要虚词"而、之、以、为"的用法;总结归纳本文特殊句式和用法。

2. 洞悉"六国破灭,非兵不利,战不善,弊在赂秦"中心论点的内涵,了解苏洵如何围绕中心论点展开论证,理清思路,弄清论点和论据的关系。

3. 出示秦灭六国时间表:前230年灭韩;前225年灭魏;前223年灭楚;前222年灭燕、灭赵;前221年灭齐。

4. 由此请学生将六国分为两类:赂秦者,韩魏楚;不赂秦者,燕赵齐。

再让学生在文中找到两个分论点:"赂秦而力亏","不赂者""失强援"。

由此学生便水到渠成地找到了本文的中心论点:六国破灭,弊在赂秦。

第1段,提出全文的中心论点:六国破灭,弊在赂秦。本文开门见山地提出中心论点"弊在赂秦",接着从正反两个不同的角度,即"赂者"和"不赂者",均受赂秦之害进行论证。"赂秦"的国家因"赂秦"而"力亏";不赂秦的国家因"盖失强援,不能独完",故"不赂者以赂者丧"。最后总结,重申论点,"弊在赂秦"。

第2段以"割城"为例,论证"赂秦"之弊。紧承第一个分论点"赂秦而力亏"写韩、赵、魏三国把祖先艰难得到的土地轻易拱手送给秦国,而"奉之弥繁,侵之愈急","故不战而强弱胜负已判矣",从而论证"弊在赂秦"的论点。

第3段,以"不赂者以赂者丧"的事实,进一步论证"弊在赂秦"。紧承第2个分论点"不赂者以赂者丧",文中写齐、赵、燕三国虽"义不赂秦",但"盖失强援,不能独完",从而论证"弊在赂秦"的中心论点。

第4段承上启下,提出"为国者"不要被敌国的"积威之所劫"的劝告。

第5段,借时讽世,借古喻今,讽谏北宋王朝改变妥协政策,奋起抵抗。将六国的情况与北宋情况作对比,证明六国力量远弱于北宋,警告北宋统治者不要重蹈六国灭亡的旧事,点明本文主旨,即作者写作本文的目的。

5. 分析苏洵写作此文的动机:

苏洵在《六国论》中指出六国背弃了盟约自相屠杀而导致灭亡;杜牧在《阿房宫赋》中提到"灭六国者,六国也,非秦也……使六国各爱其人,则足以拒秦"指出六国没有爱惜百姓而导致灭亡;李桢在《六国论》中提到"孟子尝以仁义说梁、齐之君矣,而彼不用也,可慨也夫。"指出六国没有施行仁义而导致灭亡。那么苏洵并非历史学家,见解未必准确,他为什么强调六国灭亡的原因是因为"赂秦"呢?

结合北宋的地形图,学生以小组为单位分析、讨论本文的写作动机:借古讽今,劝诫北宋统治者不要采取以贿求和的方式而重蹈六国的覆辙。明代诗人何仲默评价此文说:"老泉论六国赂秦,其实借论宋赂契丹之事,而卒以此亡,可谓深谋先见之识矣。"

苏洵这位充满忧患意识,关心国家命运的北宋散文家,开篇提出中心论点,以六国为喻,反复申述六国灭亡的原因是"弊在赂秦",其结果是削弱自己,强大敌人,最终导致自己的灭亡。苏洵的散文论点鲜明,论据有力,语言锋利,纵横恣肆,具有雄辩的说服力,欧阳修称赞他"博辩宏伟"。

齐、燕、赵灭亡的原因分别是什么？（唇亡齿寒）

诸侯国	直接原因	根本原因	感情色彩
齐国	与嬴而不助五国	智力孤危 战败而亡	鄙夷
燕国	以荆卿为计		赞美
赵国	牧以谗诛		惋惜

联系：赵国似乎专门出大将，我们学过的有廉颇"凭谁问，廉颇老矣，尚能饭否？"，在长平之战赵国君王听信谗言弃廉颇而用只会纸上谈兵的赵括，造成长平之战打败，几十万大军被秦军活埋。

总结：本段从不赂秦的国家（齐、燕、赵）灭亡的原因进行论述，说明"不赂者"的灭亡也是"赂"的结果，进而总说六国，提出假设，从反面将论证推进一层——如果韩、魏、楚不赂秦，齐不附于楚，燕赵有正确的决策，也有不灭亡的可能。把"赂者"的失败和"不赂者"的失败联系起来，全面深入地论证了中心论点。

第一，对赂秦者的悲悯与愤恨之情

作者在论证全文的总论点时，又提出两个分论点，其中之一即是"赂秦而力亏，破灭之道也"。在此观点之下，作者对赂秦的国家如韩、魏、楚三国，先从理论上进行对比，说明赂秦之损失大于战败之损失，进而动之以情，展开了深情的叙述和描写，从追述各诸侯的先祖创业艰辛与子孙不知珍惜、轻易割让进行对比；从"今日割五城，明日割十城，然后得一夕安寝"的失与"起视四境而秦兵又至矣"的得进行对比；从"诸侯之地有限"与"暴秦之欲无厌"进行对比；从"奉之弥繁"与"侵之愈急"方面进行对比。这一系列的对比中，作者饱含着强烈的感情，对这些六国之君的后继者，作者真是"哀其不幸，怒其不争"，深深的悲悯与强烈愤恨交织在一起，而引用古人"以地事秦，犹抱薪救火，薪不尽，火不灭"的警语，既是告诫，又流露出作者失望乃至绝望之情。联系作者当时所处的现实，他对投降派的憎恶之情溢于言表。

第二，对不赂秦者的叹惋和痛惜之情

在另一分论点"不赂者以赂者丧"的统摄之下，作者对不赂秦的齐、燕、赵三国，更是流露出赞赏与惋惜、痛切与激愤交织的复杂感情。对"燕赵之君"开始时的表现，作者大加赞赏："始有远略，能守其土，义不赂秦。"尤其是对"赵尝五战于秦，二败而三胜""李牧连却之"的战绩，作者更是赞赏有加。

第三，对当世统治者的殷殷的劝诫之情

作为史论文，作者写作的用意显然不是单纯为了论史，而是要借古讽今，警告当时的北宋统治者不要采取妥协苟安的外交政策。因为，从北宋的真宗皇帝到仁宗皇帝，都不敢与当时威胁宋朝的少数民族政权如契丹、西夏等展开军事斗争，只想用屈服妥协的办法向他们纳银输绢以换取和平。作为一个清醒的、有良知的文人，为国家民族，他不能眼睁睁地看着宋朝政权被敌人灭亡，故而借史讽今，向北宋统治者敲响了警钟，告诫他们不要重蹈六国的覆辙:"苟以天下之大,而从六国破亡之故事,是又在六国下矣。"可谓用心良苦,真情感人。也唯其如此,他才能有如此鲜明的、强烈的爱憎;也正因了这真挚的情感,文章才会产生以理服人、以情动人的神奇效果。

四、写作方法

(一)本文借古讽今和围绕中心论点逐层论证的论证结构

本文在一个"赂"字上,即历史与现实的共同点,六国与北宋皆是采取屈辱求和的对外策略,以借古讽今的手法,运用对比、类比推理、比喻论证的方法,充分论证了六国破亡的原因,劝谏北宋统治者吸取历史教训,以六国为借鉴,对辽、西夏的侵犯奋起反抗。历史是一面镜子,常常照出丑陋才能有挽救的希望。而不知回望历史,不懂吸取教训,只会重蹈覆辙。所以说:"前事不忘,后事之师"我们现在生活在安宁祥和的年代,战争的硝烟已经消散多年。当时间日复一日不断延伸开去,许多人已经忘记中华民族内心深处的伤痕。可历史的悲剧往往会惊人的相似。所以,可怕的不是那段血写的历史,可怕的是那不堪回首的历史再重演。还记得吗?160年多年前,闭关自守的清政府腐败无能,面对八国联军的大炮卑躬屈膝,割地赔款,丧权辱国,大好江山,任侵略者随意践踏,泱泱大国,支离破碎。1931年9月18日,日本军国主义用罪恶的双手在中国大地上制造了"九·一八"事变。从此,中国人民进入了漫长的抗战,生活在水深火热之中。知道吗?我们的民族饮下的是一杯杯落后的苦酒。愿北宋重蹈覆辙的故事永远成为故事!

如第三段运用对比论证,比较秦和"赂"之国不同的做法与结局,分别从三个方面展开对比:

① 数量上:小邑——大城;得百倍——失百倍;大欲——大患。

② 程度上:得难——献易;有限——无厌;奉繁——侵急。

中间有形象的描述,如写先人创业的艰难过程,用"暴霜露,斩荆棘";写成效来之不易,用"以有尺寸之地",用夸张手法,极言其所得甚微。对于"割城""赂地"的具体方式,"今日""明日",夸张地说明了"赂秦"的频繁,"五城""十城",用层递的方式揭示赂秦的数量越来越大,换来的只是"一夕安寝",实在是损失巨大,收效甚微。一个"视"字,一个"又"字,用类似漫画的手法刻画出割地求安者的痴态和秦国侵略者的贪婪。"起"与"寝"紧紧相应,突出秦兵来得急,苟安已不可得。这样描写把历史大事写得活灵活现,让读者如身临其境。韩魏楚三国君王没有看到长远利益,只为眼前考虑,患的是政治上的近视眼。

本段的最后,还采取引证法,引用《战国策》中的话,从道理上揭示了以地事秦的必然后果。通过三小层就赂秦国家灭亡的原因进行论述,有理有据,确凿有力地论证了中心论点。

(二)苏洵的《六国论》里的语言——美在气势,美在情景,更美在多变而富有激情

鼓点语言,遮不住铿锵气势

《六国论》的语言有个很大特点:多用四字句式。形式上像四个字的成语,读起来,像读《诗经》,有着铿锵的节奏,和谐的韵律。本文的内容是谈六国灭亡的原因及其沉痛教训,其节奏、韵律的流动凸显"阪上走丸"之势。如文章开头"六国破灭,非兵不利,战不善,弊在赂秦"。直击六国覆亡的本质原因,道出该文的中心论点。全篇共用了3/4的"四字句",显得

精练而警策。

这些句子嵌入文中,有时更像繁密的鼓点在擂动,让人有畏惧之感,有被征服之感。如"齐人勿附于秦,刺客不行,良将犹在,则胜负之数,存亡之理,当与秦相较,或未易量",除了句中的主语"齐人"和假设词"当",整个句子都属于"四字句"了,读此,咄咄逼人气势,让人有不可疑义之感,大大增强了文章的说服力量。

描述语言,藏不住如画的情景

描述语言,即带描写性质的叙述语言,这样的语言一般是很形象的,往往有情景再现的实感,让人觉得"身临其境、如观其景"。如"暴霜露,斩荆棘,以有尺寸之地"极言"得地"之不易,言之逼真形象,激人想象;"今日割五城,明日割十城,然后得一夕安寝"写割城之频繁,得"安寝"之代价大,用语讲究,似用反复,又兼对偶,满蓄妙不可言的嘲讽意味,使人掩卷思之,有情景历历在目之感。

多变语言,掩不住犀利之锋芒

苏洵写《六国论》得天下之优势多矣!见识之高,立意之深,材料之实,下笔之先几占尽矣。发于语言,更是摇曳多姿,多变化奇幻之美。四言、五言、六言等句式应有尽有;设问、排比、对偶等修辞比比皆是;叙述、描写、议论、抒情等表达方式也丰富多彩。且处处见议论犀利;每每见论证锋芒。就连作者自己对这篇文章的语言也颇有自信,在《上田枢密书》中自评其文兼得"诗人之优柔,骚人之清深,孟、韩之温淳,迁、固之雄刚,孙、吴之简切"。如"呜呼!以赂秦之地封天下之谋臣;以事秦之心礼天下之奇才;并力西向,则吾恐秦人食之不得下咽也。悲夫!有如此之势,而为秦人积威之所劫,日削月割,以趋于亡。为国者无使为积威之所劫哉!"一段,有感叹之语"呜呼!深沉叹惋,有历史深思之慨;有对偶句"以赂秦之地封天下之谋臣;以事秦之心礼天下之奇才",句式工整,有壮阔气势;有假设句,增强说服力;"悲夫!有如此之势"叹惋之情,令人情不自禁;"为国者无使为积威之所劫哉!"属祈使句,给予当局者以棒喝。如此行文极尽变化摇曳之能事,表意也极尽汪洋,恣肆、势不可挡之态势,令人折服。

总之,《六国论》的语言美到极处,你只要善于发现,总会有更美的亮点存在。有人说,语言是一门很活跃的艺术,它能厘清你的思维,表达你的激情,更能凸显你的情趣与个性!

五、知识拓展

(一)向苏洵学写议论文

1. 提出论点:六国破灭,弊在赂秦。不赂者以赂者丧。

秦以攻取之外,小则获邑,大则得城。

赂者:秦之所得,百倍于战胜之所得。——诸侯之所亡,百倍于战败之所亡。

诸侯如弃草芥——秦贪得无厌。——犹抱薪救火,薪不尽,火不灭。

2. 分析论证:

齐——不助五国,五国既丧,齐亦不免。

不赂者:燕——虽小而后亡,用兵之效也。以荆卿为计,始速祸焉。

赵——五战于秦,二败三胜。牧以谗诛,邯郸为郡,用武而不终。

(燕赵处秦革灭殆尽之际,可谓智力孤危,战败而亡,诚不得已)
六国如何能不亡:三国各爱其地,齐人勿附于秦,刺客不行,良将犹在,或未易量。

3. 得出结论:
以赂秦之地封天下之谋臣,以事秦之心礼天下之奇才,并力西向。
宋该怎么办:以天下(宋)之大,而从六国破亡之故事,是又在六国下矣。
(不赂辽,不赂西夏——与之战)

(二)这篇史论文强调四性

1. 论证性

写议论文,简单地讲,就是让别人信服你的观点。论证并不是一些材料的简单堆砌,而是要通过分析让材料与观点发生必然的联系。

苏洵在《六国论》中,开头就摆出中心论点:"六国破灭,非兵不利,战不善,弊在赂秦。"并概括地讲明其中的道理:"赂秦而力亏,破灭之道也。""不赂者以赂者丧,盖失强援,不能独完。"但是这并不能有力地证明论点,你得有让人心服的事实和道理,所以必须展开论证。苏洵接下来并没有简单的罗列事实:韩怎样赂秦而丧,魏怎样赂秦而丧(甚至苏洵根本没有写这些事实,因为这些史实已众人皆知。议论文的事实论据越简明越好,决不能"字数不够,事实来凑"),而是结合事实进行分析。

首先,从"赂者"方面进行论证。先用对比的方法指出一个事实,秦受赂所得与战胜所得要大百倍,而三国赂秦所失与战败所失也要大百倍,可见赂秦带来的损失之大。接着进一步分析:"诸侯之地有限,暴秦之欲无厌,奉之弥繁,侵之愈急",自然"至于颠覆,理固宜然"。然后又引用古人云"以地事秦,犹抱薪救火,薪不尽,火不灭"加以证明,使论点得到让人信服的证明。值得指出的是,作者在论述中又插入赂秦者先祖们"暴霜露,斩荆棘,以有尺寸之地"和"子孙视之不甚惜,举以予人,如弃草芥"及"得一夕安寝,起视四境,而秦兵又至矣"的生动描述,不仅形象地说明了赂秦者怎样陷入"力亏"的境地,而且通过鲜明的对比,引起读者情感上的共鸣,可谓是情理并茂。

其次,从"不赂者"方面论述。先说齐国,指出它"与嬴而不助五国",所以"五国既丧,齐亦不免"。再分析不赂而抗秦的燕、赵,用它们"用兵之效"的事实,说明秦国并非不可战胜,其实这是从反面证明"赂秦之弊"。接着分析它们的灭亡是处于"秦革灭殆尽之际,可谓智力孤危,战败而亡,诚不得已",这样就把灭亡的罪责归到"赂者"的身上,使中心论点得到进一步的证明。最后又运用假设推理,用不赂秦的可能结果与赂秦而亡的事实对比,引起人的深思。

整个论证主体部分,都是围绕中心论点以事实为依托进行分析、比较、引用、推理,让论据和论点有机联系起来,具有让人信服的逻辑力量。

2. 严密性

论证说理如果有懈可击,就无法让人信服。本文的中心论点是"六国破灭弊在赂秦"。那么,最大的漏洞就是,六国中有三国并没有"赂秦",为什么也灭亡了呢?不解决这一问题,观点就无法成立。作者不能回避这个问题,因而在论证了"赂秦而力亏,破灭之道"后,又用了几乎同样的篇幅论证"不赂者以赂者丧",进行了合情合理的分析。论证的严密性,还表现在语言表达要有分寸。在进行假设推理的时候,对其结果,作者说是"胜败之数,存亡之理,当与秦相较,或未易量",并未说一定会战胜秦国。其他地方如"则吾恐秦人食之不得下咽也""犹有可以不赂而胜之之势",话说得都很有分寸。议论文就要以理服人,给人以理性之美。苏氏父子三人都写过《六国论》,立意不同,但分析都合情合理,自成一说。

3. 条理性

在各种文体当中,议论文对条理性的要求可以说更高一些。本文从结构上来说,开头摆出中心论点,主体部分分两层展开论述,最后总结历史教训,得出结论。引论、本论、结论,一目了然。从论证思路上来说,作者开头提出中心论点后,针对会出现的疑问,指出"不赂者以赂者丧",然后再具体从这两个方面展开论述。事实上,作者在中心论点下设置了两个分论点:"赂秦而力亏,破灭之道也";"不赂者以赂者丧。盖失强援,不能独完"。赂者因赂而丧,不赂者因赂者而丧。思路清晰,自然连贯,给人以势如破竹之感。

4. 针对性

苏洵为什么要写这篇文章?这与苏洵所处的北宋时代的历史现实有关。北宋是我国历史上一个积弱的王朝,经常受到契丹、西夏的威胁与侵略,北宋败多胜少。军事上的软弱无能导致了外交上的妥协投降。到苏洵生活的年代,北宋每年要向契丹纳银20万两,绢30万匹;向西夏纳银10万两,绢10万匹,茶3万斤。这样贿赂的结果,助长了契丹、西夏的气焰,加重了北宋人民的负担,极大地削弱了国力,带来了无穷的后患。苏洵正是针对这样的现实写下了这篇文章。所以苏洵最后总结历史教训时说:"为国者无使为积威之所劫哉。"这里的"为国者"已是一语双关,明指六国统治者,暗指北宋统治者。接着又用一推想"苟以天下之大,而从六国破亡之故事,是又在六国下矣",矛头则直接指向了北宋统治者。昔日六国虽"势弱于秦""犹有可以不赂而胜之之势",今日北宋强于契丹与西夏,但朝廷却采取妥协的办法,以财赂敌,求得苟安,重蹈六国的覆辙,自然就连六国也不如了。此可谓语意深切,发人深省,且具有强烈的现实针对性。

六、美文欣赏

宋词的文化品格

从文化角度考察,宋词的荣耀得力于其市井文化与士林文化相互影响的双重品格。这一点,我们可以从词的别名入手加以探讨。词又称"诗余"或"长短句",前者是循其文体嬗变脉络而言,后者是就其形式立名。至于"曲子词""曲子"的别名,则强调其音乐属性。从隋唐至宋,这一属性是造就词的双重文化品格的基础。西域音乐在隋唐时代传入中土,并与汉族的传统音乐融合产生出与雅乐对立的燕乐,燕乐即俗乐,词在初期就是与之相配的歌词,其市井文化的品格不言而喻。明俞彦《爱园词话》云:"诗亡,然后词作,故曰余也,非诗亡,所以歌咏诗者亡。"此论也从音乐入手探讨词的产生。反言之,词之所以能够继诗之后获得演唱者或者吟咏者的青睐,又与其表现形式的灵活多样密不可分。词打破了古近体诗较为齐整的句式,参之以变化错落,因而更适于倚声弦歌与抒情达意。

作为配乐的歌词,词作者必须按照乐谱的音律、节拍进行创作,才能用于演唱实践,于是"倚声""填词"等相关术语就应运而生了。词的句法参差错落,又有多种词牌可供创作时选择,因而在传达人们复杂隐秘的内心世界时,就有了诗所无可比拟的灵活性。古人作文吟诗,往往正襟危坐,以体现"诗言志"的尊严,却独于倚声填词较少顾忌。这就是"诗庄词媚"或"词为艳科"说之由来。在反映社会生活的深度与广度上,或许词不如诗;但若表现复杂的感情世界,词又有胜于诗的优越性。王国维曾就此论道:"词之为体,要眇宜修,能言诗之所不能言,而不能尽言诗之所能言。诗之境阔,词之言长。"概括出诗与词的不同文体特征,的确很有见地。

词的文体特征与其音乐属性密切相关,而其接受方式也有了双重选择的可能。当其婉转于歌伎之口以娱悦听众时,听众成分的复杂化要求词的写作须向俚俗靠拢。除字句易于听懂外,情趣的共鸣也是不可或缺的。此外,耳听与目治的接受方式的不同,也要求词的写作不宜晦涩艰深,而要有一定的口语化基础。所有这些要求都无疑会令词的市井文化品格得到加强,否则,词将失去赖以发展的土壤,而成为纯粹供文人欣赏的案头文学。柳永"假使重相见,还得似旧时么",李清照的"不如向帘儿底下,听人笑语",前者写恋人细语温柔,缠绵悱恻,后者感人生苍凉,寓愁于乐。词句浅显易懂,毫无费解之处,便于听唱;如果用诗的形式表现,就很难传达出个中细腻微妙的情愫。当然,词也并非只局限于风月情怀或身世之愁的抒发。在言志咏史与挥洒壮志的有关题材中,也有区别于诗的潇洒风度,苏轼的"大江东去"的放歌,辛弃疾的"千古江山"的抒怀,皆可佐证。

1. 下面不属于词的"市井文化品格"特点的一项是(   )
A. 词在早期是与燕乐相配的歌词,燕乐对词的市井文化品格形成了影响。
B. 词的句法参差,词牌丰富,能够较少顾忌地表现复杂隐秘的内心世界。
C. 词的语言向俚俗靠拢,语句浅显易懂,有一定程度的口语化。
D. 词并非只局限于风月情怀或身世之愁的抒发,也能言志咏史与挥洒壮志。

2. 下面关于诗与词不同特征的表述,不符合原文意思的一项是(   )
A. 诗的句式较为整齐,而词的句式变化错落,适于倚声弦歌与抒发复杂的情感。
B. "诗庄词媚""词为艳科"之说,表明诗和词在所表现的情感内容方面存在不同。
C. "诗之境阔,词之言长"是说诗长于反映社会生活,词善于表现复杂的感情世界。
D. 诗的语言晦涩艰深,而词较为浅显易懂,既能满足文人的欣赏,又能娱悦听众。

3. 下列对原文的分析,正确的一项是(   )
A. 词又被称作"诗余",这标志着诗的发展在唐代之后,到了宋代便开始逐渐消亡。
B. 词的音乐属性,影响了词的创作方式和接受方式,是词形成市井文化品格的基础。
C. 由于词具有市井文化品格,深受普通大众的喜爱,这就决定了宋词的荣耀与辉煌。
D. 词在咏史言志时,具有区别于诗的潇洒风度,是因为其表现情感更有深度和广度。

参考答案:
1. D(本项只是说词可以把诗的题材作为自己的题材,与"市井文化品格"无关)
2. D(诗的语言晦涩艰深在文中无此信息)
3. B(A项从"诗余"这一名称并不能证明诗的消亡;C从第一段"宋词的荣耀得力于其市井文化与士林文化相互影响的双重品格"可以看出该项错误;D"因为其表现的深度和广

度"在文中无据）

七、推荐篇目

1. 周黎明《以史为鉴与以史为乐》,《人民日报》,2012年12月25日。
2. 普冬《诗歌批评庸俗化》,《人民日报》,2013年1月22日。
3. 叶舒宪《诗经的文化阐释:中国诗歌的发生研究》,陕西人民出版社,2006年7月版。

第四单元 梳理结构

 单元指要

本单元的学习重点是:梳理文章的结构,探寻作者的思路;学习和运用组织材料、安排结构的方法。

常见的文章结构方式有四种:

1. 并列式:文章各部分的内容没有主次轻重之分。例如培根的《论读书》,三个部分分别谈到了读书的目的、读书的方法、读书的好处,就是采用并列的结构。

2. 总分式:先总述,再分说。这种关系还可以演变为"分—总"或"总—分—总"的结构方式。例如《应有格物致知的精神》一文采用的就是"总—分—总"的结构:先总说"格物""致知"就是指现代学术的基础,即实地的探察,也就是现在所谓的实验。然后先儒家对"格物""致知"意义的曲解和对"格物""致知"精神的埋没;再阐述科学发展为什么需要"格物""致知"的精神。最后从正反两个方面总结"格物""致知"精神的重要性。

3. 对照式:文中两部分内容或进行对比,或用这部分内容烘托另一部分内容。例如鲁迅先生的《中国人失掉自信力了吗》一文,前一部分反面批驳了敌论中的论据不能证明论点,即中国人失掉的是"他信力",发展的是"自欺力",而不是"自信力"直接批驳了敌论;后一部分从正面列举事实,提出正确的论点,我们中国人没有失掉自信力,间接地批驳了敌论。

4. 递进式:文章几部分内容逐层深入。例如《不求甚解》一文,先从"不求甚解"一词的来历谈起,分析了陶渊明的读书方法,首先要"好读书",二是主张读书要会意。再从正反两个方面举例说明,读书应当重在读懂书本的精神实质,而不是寻章摘句。最后进一步从正反两个方面论证了读书"不求甚解"的重要性。

本单元的语文活动是运用技巧,解说景物。旨在培养我们的观察能力、语言组织能力和口头表达能力。

一张诊断书

一、作者简介

乐拓,原名王念临。1931年生,原籍河南漯河,抗战时流亡入川。民盟成员。1949年参军,1951年毕业于中央军委防空军事学校。曾入朝作战,任团作战参谋。1956年转业。1958年调入包头文联任《包头文艺》编辑部主任。包头市政协六、七、八届委员,内蒙古文史馆馆员,中国散文学会会员。著有长篇小说《绿林好》(与苏涛合作),小说散文集《早晨好》,小说集《骑兵战士》,报告文学集《创造太阳》,散文集《双翼神马》,长篇童话《神马萨日勒》(合作),中篇童话《月亮湖》(合作),电视连续剧剧本《额吉和她的孩子们》(已录制播出)等。散文《一张诊断书》选入全国通用职业高中语文教材,散文《百灵庙之晨》《阿尔山森林风光》选入内蒙古教育出版社蒙古族高、初中教材。作传记文学《中西文化传媒人——梁发》被列入岭南文化书系。

二、作品主题

《一张诊断书》是一篇叙事散文。叙事散文是以写人记事为主,其目的都是为了抒"情"明"理"。在阅读这类文章时,我们可以从文章线索、写作思路以及重点段落、语句上寻找作者所要表达的思想感情。

本文的线索是一张诊断书,文章结构共分为三个部分。

第一部分(第1—4自然段)倒叙方式点出一张诊断书,写林巧稚大夫逝世的消息引起"我"悲痛的回忆。

第二部分(第5—26自然段)回忆进京求医和林巧稚大夫开出诊断书的经过。

第三部分(第27—28自然段)珍藏诊断书,总结诊断书的价值,感激怀念林巧稚医生。

小结文章主题:

本文通过对一张诊断书的回忆,叙述了十年"文革"中发生在"我"和妻子身上的永远难忘的一段经历,表现了林巧稚大夫的正义感和责任感,歌颂了林巧稚大夫将个人安危置之度外、无私无畏地为受害者洗冤的凛然正气和崇高品德。

三、作品特色

(一)线索明晰,结构严谨

全文以时间推移为顺序组织材料,写出事情发生、发展、变化和结束的全过程。作者巧妙运用过渡,自然衔接现实和历史两个阶段,叙事灵活而不凌乱。如"夜深了,塞北的春风还在不停地呼啸,我和妻子坐在被风摇曳着的灯光下,抚着这张变黄了的诊断书,片片往事一起飘落在我们的眼前"。文章首尾照应,叙事完整,更好地表达感情,彰显主题。

（二）综合运用多种叙述手法

倒叙、顺叙、插叙。文章开头采用了倒叙的方式，这样安排从结构上看，可以开篇点题；从内容上看，点明了这张诊断书不同寻常。开篇文笔饱含悲痛及怀念之情，确立了本文追忆往事时感恩于恩人的基调。作者回忆进京求医和林巧稚大夫开出诊断书的经过，这是顺叙；中间"早年间我就听她说过，有一次，她的妈妈在生产中病危，经过林巧稚大夫抢救，转危为安了。这位医术精湛、品格高洁的林大夫，一直留在她的记忆中"是插叙，巧妙交代了寻找林巧稚大夫诊断的原因。

（三）运用多种描写方法

运用多种描写方法刻画林巧稚大夫，以表现她的高贵品质。同学们要注意找出文中有关林巧稚大夫的外貌、神态、语言、行为等方面的描写语句，仔细体会作者所传递的思想感情。

（四）运用多种修辞手法

比喻、反语。

四、知识拓展

（一）对"那是一个人妖颠倒的年代"的理解

"那是一个人妖颠倒的年代"指的是我国十年"文革"时期。

"一九六六年五月至一九七六年十月的'文化大革命'，使党、国家和人民遭到建国以来最严重的挫折和损失。"（《关于建国以来党的若干历史问题的决议》（注释本），中共中央文献研究室编，人民出版社1985年版第27页，下同）"文化大革命"是"全局性的、长时间的严重错误"。（第14页）"'文化大革命'是一场由领导者错误发动，被反革命集团利用，给党、国家和各族人民带来严重灾难的内乱。"（第30页）

"'文化大革命'前，在如何建设社会主义的问题上，我们党内长期存在着不同思想的尖锐对立和斗争。刘少奇、彭德怀、邓子恢等同志的很多正确主张，长期受到以毛泽东为主导的'左'倾思潮的压制和打击，'文化大革命'则把这种极'左'思潮发展到了极致。持续十年的内乱，不仅使民生凋敝，冤狱遍地，问题如山，使人民生活在压抑和失望之中，而且也使传统的政治经济体制走到了尽头。"（文章摘自《历史选择了邓小平》作者：高屹 出版社：武汉出版社）

"1976年对中国来说是极不寻常的一年。我们敬爱的周总理、朱德总司令和毛主席相继去世，全国人民沉浸在一片哀思之中。文化大革命进行了十年，人妖颠倒，鬼魅横行。生产停滞，百业凋敝，经济到了崩溃的边缘。1976年9月9日毛主席去世后，四人帮认为时机已到，加紧篡夺党和国家的最高领导权的活动。以华国锋、叶剑英为首的政治局常委征得政治局许多委员和老同志的同意后决定采取断然措施，对四人帮及部分骨干实行隔离审查。这一行动代表了全党和全国人民的热切愿望，一举粉碎了四人帮的凶险阴谋，挽救了中国革命的前途。文化大革命随之结束。四人帮被逮捕的消息一公布，举国欢庆，全国几百个大小城市和各地农村的亿万人民自动走上街头，连续三天举行庆祝游行。"（摘自《亲历与见闻——黄华回忆录》，黄华著，世界知识出版社出版）

（二）关于林巧稚

林巧稚（1901—1983），医学家。她在胎儿宫内呼吸、女性盆腔疾病、妇科肿瘤、新生儿溶血症等方面的研究做出了贡献，是中国妇产科学的主要开拓者、奠基人之一。她是北京协和医院第一位中国籍妇产科主任及首届中国科学院唯一的女学部委员（院士），虽然一生没有结婚，却亲自接生了5万多婴儿，被尊称为"万婴之母""生命天使""中国医学圣母"。

林巧稚不仅医术高明，她的医德、医风，奉献精神更是有口皆碑。她献身医学事业，有着丰富的临床经验，深刻敏锐的观察力，对妇产科疾病的诊断和处理有高超的本领和独到的见解。她全面深入地研究了妇产科各种疑难病，确认了癌瘤为戕害妇女健康的主要疾病，坚持数十年如一日地跟踪追查、积累了丰厚的供后人借鉴的资料。

（三）抓住文眼，把握中心和主旨

叙事性散文一般通过对人物、事情的记叙，或者对风物的描绘来抒发某种感情，或表达某种哲思。有的感情比较明显，思想比较集中，但有的却比较隐讳，这就要求我们要善于披文入情，准确把握文章的中心和主旨。一般可以从以下几个方面入手：

1. 分析文章标题，找到理解全文的钥匙。
2. 分析重点段落，找到主旨的"着力点"，迅速把握主题。
3. 分析重点语句。重点语句包括抒情议论句、转折过渡句、总结句等等，这些语句是作者情感的"爆发点"，是散文主题的"凝聚点"。
4. 分析文中的细节描写。传神的细节，往往饱含了作者的情感，分析它的内涵，有助于发现作品的主旨。

五、美文欣赏

白纸的传奇

王鼎钧

大约在我出生前一年，父亲到上海谋职。当时上海由一位军阀占据，经人推荐，父亲做了那个军阀的秘书。

那时上海是中国第一大埠，每年的税收非常多，加上种种不法所得，是谋职者心目中的金矿宝山。父亲能到那里弄得一官半职，乡人无不称羡。可是，据说，父亲离家两年并没有许多款项汇回来，使祖父和继祖母非常失望。

大约在我出生后一年，那位军阀被国民革命军击败，父亲在乱军之中仓皇回家，手里提着一只箱子。箱子虽小，显然沉重，乡人纷纷议论，认为这只随身携带的箱子里一定是金条，甚或是珠宝。一个庞大的集团土崩瓦解之日，每个成员当然抓紧最重要最有价值的东西。

可是，我家的经济情形并没有改善，依然一年比一年"紧张"，遣走使女，卖掉骡子，把靠近街面的房子租给人家做生意。乡人伫足引颈看不到精彩的场面，也就渐渐地把那只手提箱忘记了。

我初小结业，升入高小。美术老师教我们画水彩，我得在既有的文具之外增添颜料和画图纸。这时,父亲从床底下把那只箱子拿出来。箱子细致润泽,显然是上等的牛皮。

他把箱子打开。

箱子里装的全是上等的白纸。

颜色像雪,质地像瓷,用手抚摸的感觉像皮,用手提着一张纸在空气中抖动,声音像铜。这怎会是纸,我们几曾见过这样的纸。那时,以我的生活经验,我的幻想,我的希冀,突然看见这一箱白纸,心中的狂喜一定超过看见了一箱银元。

当年父亲的办公室里有很多很多这样的纸。当年云消雾散,父亲的那些同事分头逃亡,有人携带了经手的公款,有人携带了搜刮的黄金,有人拿走了没收的鸦片,有人暗藏了银行的存折。父亲什么也没有,打算什么也不带。

他忽然看到那些纸。作为一个读书人,他异常爱纸,何况这些是在家乡难得一见的纸。紧接着他想到,孩子长大了也会爱纸,需要纸,而这样的好多纸会使孩子开怀大笑。他找了一只手提箱,把那些纸叠得整整齐齐,装进去。

在两个三代同堂、五兄弟同居的大家庭里,继祖母因父亲失宠而嫌恶母亲,可是母亲对父亲并没有特别的期望。母亲当时打开箱子,看了,抚摸了,对父亲说:"这样清清白白,很好。"他们锁上了箱子,放在卧床底下,谁也没有再提。

倏忽七年。

七年后,父亲看到了他预期的效果。我得到那一箱纸顿时快乐得像个王子。由于纸好,画出来的作业也分外生色,老师给的分数很高。

高小只有两年。两年后应该去读中学,可是那时读中学是城里有钱人的事,父亲不能负担那一笔一笔的花费。他开始为我的前途忧愁,不知道我将来能做什么。但是,他不能没有幻想,他看我的图画,喃喃自语:"这孩子也许能做个画家。"

我用那些白纸折成飞机,我的飞机飞得远。父亲说:"他将来也许能做个工程师。"

有一次我带了我的纸到学校里去炫耀,一张一张赠送给同学,引起一片欢呼声。父亲大惊:"难道他将来做慈善事业?"

父亲也知道幻想终归是幻想,他用一声叹息来结束。这时母亲会轻轻地说:"不管他做什么,能清清白白就好。"

清清白白就好。我听见过好多次。

现在,我母亲逝世五十年了,父亲逝世也将近十六年了,而我这张白纸上已密密麻麻写满了几百万字。这几百万字可以简约成一句话:"清白是生命中不可忍受之轻,也是不可承受之重。"

虽然写满了字,每个字的笔画很清晰,笔画间露出雪白耀眼的质地。白色的部分,也是笔画,可以组成另一句话,那是:"生命无色,命运多彩。"

(选自《台港文学选刊》)

【作品导读】

这篇散文以时间为序,围绕一箱白纸写了父子两代人的生活,借用白纸的朴实无华,揭示了做人的道理:一定要清清白白。文章内容丰富,时间跨度大,行文却有条不紊,思路清晰,且避开了平铺直叙。篇首的悬念,篇中的照应,篇末的升华,使文章有波澜、有深度。这篇散文笔调自然,文风清新。读此文,就如同听人诉说一个久远的故事,亲切悠长。

两条狗

刘亮程

　　父亲扔掉过一条杂毛黑狗。父亲不喜欢它,嫌它胆小,不凶猛,咬不过别人家的狗,经常背上少一块毛,滴着血,或瘸着一条腿哭吟吟地从外面跑回来。院子里来了生人,也不敢扑过去咬,站在狗洞前吠叫两声,来人若捡个土块、拿根树条举一下,它便哭叫着钻进窝里,再不敢出来。

　　这样的孬狗,连自己都保不住咋能看门呢?

　　父亲有一次去50公里外的柳湖地卖皮子,走时把狗装进麻袋,口子扎住扔到车上。他装了37张皮子,卖了38张的价,狗算了一张。回来后父亲物色了一条小黄狗。我们都很喜欢这条狗,它胖乎乎的,却非常机灵活泼。父亲一抱回来便给它剪了耳朵,剪成三角,像狼耳朵一样直立着,不然它的耳朵长大了耷拉下来会影响听觉。

　　过了一个多月,我们都快把那条黑狗忘了。一天傍晚,我们正吃晚饭,它突然出现在院门口,瘦得皮包骨头,也不进来,嘴对着院门可怜地哭叫着。我们叫了几声,它才走进来,一头钻进父亲的腿中间,两只前爪抱住父亲的脚,吟吟地叫个不停,叫得人难受。母亲盛了一碗揪片子,倒在盆里给它吃,它已经饿得站立不稳了。

　　从此我们家有了两条狗。黄狗稍长大些就开始欺负黑狗。它俩共用一个食盆,吃食时黑狗一向让着黄狗。到后来黄狗变得霸道,经常咬开黑狗,自己独吞。黑狗只有站在一旁,等黄狗走开了,吃点剩食,用舌把食盆舔得干干净净。家里只有一个狗窝,被黄狗占了,黑狗夜夜躺在草垛上。进来生人,全是黄狗迎上去咬,没黑狗的份儿。一次院子里来了条野狗,和黄狗咬在一起,黑狗凑上去帮忙,没想到黄狗放开正咬着的野狗,回头反咬了黑狗一口,黑狗哭叫着跑开,黄狗才又和野狗死咬在一起,直到把野狗咬败,逃出院子。

　　后来我们在院墙边的榆树下面给黑狗另搭了一个窝。喂食时也用一个破锨头盛着另给它吃。从那时起黑狗很少出窝。有时我们都把它忘记了,一连数天想不起它。夜里只听见黄狗的吠叫声。黑狗已经不再出声。这样过了两年,也许是三年,黑狗死掉了。

　　直到现在我都无法完全体味那条黑狗的晚年心境。我对它的死,尤其是临死前那两年的生活有一种难言的陌生。我想,到我老的时候,我会慢慢知道老是怎么回事,我会离一条老狗的生命更近一些,就像它临死前偶尔的一个黄昏,黑狗和我们同在一个墙根晒最后的太阳,黑狗卧在中间,我们坐在它旁边,背靠着墙。与它享受过同一缕阳光的我们,最后,也会一个一个地领受到同它一样的衰老与死亡。可是,无论怎样,我可能都不会知道我真正想知道的——对于它,一条在我们身边长大老死的黑狗,在它的眼睛里我们一家人的生活是怎样一种情景。

(选自《刘亮程散文精读》)

【作品导读】

文章写的是我们司空见惯的家畜。这样的文章按理说很难出彩,然而作者却在这些最常见的家畜身上倾注了自己的情感,文章因而显得细致传神而又清新自然;在平凡的事情上注入了自己对人生的领悟,以黑狗卑微凄惨无助的一生来反观自身观照人类,以小见大,文章也因此更显得厚重有味,意蕴深远。

讲 究

孙春平

大学新生入学,302室住进八位女生。当晚,各位报了生日,便有了从大姐到八妹的排序,尽管都是同庚。

不久,大姐王玲的老爸来看女儿,搬进了一个水果箱。打开,便有十六个硕大红艳的苹果摆在了桌面上,每个足有半斤重,且个头儿极齐整。王玲抢着把苹果一字摆开,再让大家看,众姐妹更奇得闭不上眼了。原来每个苹果上还有一个字,合在一起是:"八人团结紧紧的,试看天下能怎的!"之后便笑,一幢楼都能听到八姐妹的笑声。王玲得意地告诉大家,说家里承包了果园,入夏时她老爸就让果农选出十六个苹果,并在每个苹果的阳面贴上一个字或标点符号,秋阳照,霜露打,便有了这般效果。这是老爸早就备下的对女儿考上大学的贺礼。五妹张燕是辽宁铁岭来的,跟赵本山是老乡,故意学着那个笑星的语气对王玲老爸说:"哎哟妈呀王叔,您老可真讲究啊!"众人再大笑,"讲究"从此便成了302室的专用词语,整天挂在了八姐妹的嘴上。

第二个来"讲究"的是三姐吴霞的妈妈,带来了八件针织衫,穿在八姐妹身上都合体不说,而且八件八个颜色,八人一齐走出去,便有了"赤橙黄绿青蓝紫,谁持彩练当空舞"的效果。吴霞说,妈妈在针织厂当厂长,这点儿讲究,小菜一碟。

年底的时候,二姐李韵的家里来了"钦差",是爸爸单位的秘书,坐着小轿车,送给大家的礼物是每人一个皮挎包。女孩子挎在肩上,可装化妆品,也可装书本文具,款式新颖却不张扬,做工选料都极精致,只是都是清一色的棕色。但细看,就发现了"讲究"也是非比寻常,原来每只挎包盖面上都压印了一朵花,或腊梅或秋菊等,八花绽放,各不相同。李韵故作不屑,说一定又是年底开什么会了,哼,我爸就会假公济私。

每有家长来,并带来讲究的食品或礼物的时候,默不作声静坐一旁的是七妹赵小穗。别人喊着笑着接礼物,她则总是往后躲,直到最后才羞涩一笑,走上前去。所以,分到她手上的苹果,便只剩了两个标点符号,落到她肩上的挎包则印着扶桑花。有人说扶桑的老家在日本,又叫断头花,那个桑与伤同音,不吉利,便都躲着不拿它。每次,在姐妹们的笑语喧哗中,默声不语的赵小穗总是很快将一杯沏好的热茶送到客人身边,并递上一个热毛巾。平日里,寝室里的热水几乎都是赵小穗打,扫地擦桌也是她干得多,大家对她的勤谨似乎已习以为常。大家还知道她的家在山区乡下,穷,没手机,连电话都很少往家打,便没把她的那一份"讲究"挂在心上。

一学期很快过去,放寒假了。众姐妹兴高采烈再聚一起的时候,已有了春天的气息。

那一晚,赵小穗打开旅行袋,在每人床头放了一小塑料袋葵花子,说:"大家尝尝我们家乡的东西,是我妈我爸自己种的,没用一点儿农药和化肥,百分之百的绿色食品。"

葵花子平常,可赵小穗送给大家的就不平常了,是剥了皮的仁儿。一颗颗那么饱满,那么均匀,熟得正是火候而又没一颗裂碎,满屋里立时溢满别样的焦香。

李韵拈起一颗在眼前看,说:"葵花子嘛,要的就是嗑时那份情趣,怎么还剥了?是机器剥的吧?"

赵小穗说:"我爸说,大家功课都挺忙,嗑完还要打扫瓜子皮,就一颗颗替大家剥了。不过请放心,每次剥之前,我爸都仔细洗过手,比闹'非典'时洗手过程都规范严格呢。"

王玲先发出了惊叹:"我的天!每人一袋,足有一斤多,八个人就是十来斤。这可都是仁儿呀,那得剥多少?你爸不干别的活儿啦?"

赵小穗的目光暗下来,低声说:"前年,为采石场排哑炮时,我爸被炸伤了。他出不了屋子了,地里的活儿都是我妈干……"

吴霞问:"大叔伤在哪儿?"

赵小穗说:"两条腿都被炸没了,胳膊……也只剩了一条。"

寝室里一下静下来,姐妹们眼里都噙了泪花。一条胳膊一只手的人啊,蜷在炕上,而且那不是剥,而是捏,一颗,一颗,又一颗……

张燕再没了笑星般的幽默,她哑着嗓子说:"小穗,你不应该让大叔……这么讲究……"

赵小穗喃喃地说:"我给家里写信,讲了咱们寝室的故事。我爸说,别人家的姑娘是爸妈的心肝儿,我家的闺女也是爹娘的宝贝……"

那一夜,爱说爱笑的姐妹们都不再说话,寝室里静静的,久久弥漫着葵花子的焦香。直到夜很深的时候,王玲才在黑暗中说:"我是大姐,提个建议,往后,都别让父母再为咱们讲究了,行吗?"

(原载《百花园·中外读点》)

【作品导读】

孙春平的《讲究》在2005年的"中国小小说排行榜"上占了头名的位置;2006年孙春平以包括《讲究》在内的10篇小小说精品得了一个"中国小小说金麻雀奖"。

这是一篇选材和立意都很新奇的小小说。作者从日常生活出发,选取了大学校园里某间宿舍为镜头,叙述了这间宿舍里的八个女同学,她们的父母为了给她们送上讲究的礼物而煞费苦心的事情,表现了社会主义新时期人们在物质财富上的互相讲究和炫耀之风,并批评了这种风气带给人们特别是青少年的影响。

《讲究》这篇小小说包含着两条线索。第一条线索是围绕着302室的八姐妹们的"讲究"礼物而展开,另一条则是由于众姐妹的讲究,引出了赵小穗父亲苦难的故事。

孙春平在叙述时精心采用了两个技巧。一个叫"叙述延宕"——4份礼物实际上是一个比一个"讲究","苹果上的字"很讲究,"8件针织衫有不同颜色",也很讲究;"8个皮挎包有不同花型"当然更讲究,但这3个礼物,都没有"剥了壳的瓜子仁"在情意上和意志上来得最讲究。前3个细节孙春平用了叙述和描叙的方式来比较概括地表达,而最后一个核心细节——因为它在高潮位置上,孙春平采用了细致的"场面描写"方式来渲染,因为前3个细节做了有力的重复铺垫,而当最后一个"最讲究"的高潮出现时,"剥了壳的瓜子仁"便爆出了揭示人物生活方式和内心情感的"最亮点"。3个铺垫细节和1个高潮细节的"延宕叙述",把那个核心细节蓄备的感人的能量全引爆了。这就是小小说故事叙述的一大技巧。

另一个技巧叫"人物侧写"。最让我们感动的作品主人公——赵小穗的爸爸竟然在全篇作品中完全没有出场,孙春平没有给这个作品主人公一笔正面描写的笔墨,他的所有的生活状态和情感状态全是通过赵小穗的口、通过女大学生们的对话描写来侧面隐涵而出。这个作者没有花一笔正面描写的人物,最后不但感动得连一向叫喳喳的女大学生沉默了,甚至通过王玲的一句"往后,都别让父母为咱们讲究了"告诉我们——女大学生们不仅仅是被赵小穗爸爸的行为和情意感动了,而且在思想上、生活上竟然有了改变。让作品不出场的主人公的形象改变作品的表层描写的人物的言行,这就是"人物侧写"的方法带来的最好的效果。

同学们读完这篇作品,能否尝试用"延宕叙述"和"人物侧写"来叙事写人呢?

荷叶咏

一、作者简介

郑伯琛(1939—1979),北京人。曾任北京师范学院文艺理论课讲师,多年来一直从事教学工作。粉碎"四人帮"以后,开始致力于各类散文的写作。他的散文具有敏锐的思想,饱满的热情和丰富的文学史知识。《荷叶咏》,尤为人们所称许。

本文《荷叶咏》选自1979年3月3日《中国青年报》。

二、作品主题

《荷叶咏》是一篇咏物言志的散文。阅读托物言志类散文,我们可以从两个方面入手:

(一)**整体把握文本,掌握结构思路。**

全文三大部分:

第一部分(1—2):触景生情,具体写荷花的艳丽。

第二部分(3):欲扬荷叶,先赞荷花,引述古人对荷花的赞美。

第三部分(4—8)由荷花到荷叶,由荷叶到人民群众,逐渐点出本意,标明题旨。

(二)**深入文本,揣摩表现手法,分析形象特点。**

本文所咏赞的"物",主要是荷叶。但是,作者却意味深长地从描写荷花入手。写他初到荷花洲,玉立婷婷的荷花怎么"首先映入眼帘",使他沉醉在"好一幅迷人的景色"之中,不知不觉地联想起,古代的骚人墨客对荷花的争相赞美和描绘,赋予种种美丽的名称,给予种种美好的形容……直到一阵"凉风"及"清香"吹来,才使作者注意到"田田荷叶",中断了他对荷花的联想,引起进一步的思索。这样写,为下文写荷叶做铺垫,写荷花目的是映衬荷叶,言在荷花意在荷叶,从而觉得韵味无穷。如果从荷叶的角度看,这样的手法称作"欲扬先抑"。

如果说,有关古人赞美荷花的联想,主要是客观记叙的话,那么,咏赞荷叶的文字,无论是议是叙,还是夹叙夹议,都倾注着作者无比深挚的感情。当作者从美学和生物学角度论证荷叶重要作用的时候,那连珠炮似的设问和反问,饱含着多么炽烈的热情。他好像裁判历史功过的哲人,胸中激荡着伸张真理正义的神圣责任感。当作者正面描写和咏赞荷叶的时候,更使用了"朴实无华""无私""襟怀坦荡""不出风头""不论地位"等等专门形容人的高贵品质的语汇;在作者的心目中,荷叶简直已经具有了人的灵性。

其中有些描写荷叶的文字,写得优美动人:

"……它们又是无私的……当风雨袭来时,它们紧密团结,连成一片,不怕风摧雨压,就是身子翻过来也忘我地护持着朵朵荷花;当烈日吐火时,它们个个撑着翠盖,挡住炎热,静静地看着荫凉处的鱼戏虾游……"

这既符合荷叶的自然生长状态,又渗透着作者挚爱的感情,达到了情景交融的境界。

在尽情咏赞荷叶的风格之后,作者笔锋陡转,通过一系列设问,把荷叶同人民群众联系在一起。这联想,奇警而贴切,人民群众的境遇,确实同荷叶颇为相似,他们创造了大地上一切美好事物,而"过去的史书上很少记载"。他们的风格,确实也同荷叶的风格相似,虽然遭受着不公正的待遇,但从不计较什么,"总是默默地工作,默默地战斗"。荷叶的风格就是人民的伟大精神的象征!

承认只有人民群众是创造历史的动力,热爱人民,忠于人民,真心诚意地为人民服务;这应该是一个真正的无产阶级革命者人生观的根本。伟大的"四五运动"和"四人帮"的倒行逆施,从正反两方面再次警醒了人们,加深了人们对这一基本原理的认识。时时观察和思考生活的作者,恐怕也不会不从中受到深刻启示吧?作者所以那么爱荷叶,所以作荷叶咏,正是由于他无比挚爱人民,要尽情讴歌伟大的人民!

小结:

文章主旨:本文采用以荷花映衬荷叶的结构方法和拟人的描写手法,层层铺垫,尽情咏赞了荷叶谦逊、乐于默默奉献的高尚品格,讴歌了普通劳动者的高尚品质和伟大的奉献精神。

对于荷叶,作者由表及里,先写荷叶外表的自然美,再写荷叶内在的精神美,然后联系到人民群众默默无闻的奉献精神,自然合理。

本文安排结构的基本框架:由从到主、由表及里、由物到人。(层递式逻辑结构顺序)

三、《荷叶咏》的艺术特色

(一)托物言志、铺垫映衬手法

托物言志,就是将作者的思想感情寄托在对客观事物的描述中的写作手法。凡是托物言志的文章,往往总要有一番铺垫、过渡,像剥笋一样,逐层深入,最后才揭示主题,表明作者的旨趣所在。所以在谋篇布局时,托物言志的文章往往要用铺垫映衬的方法。先对有关事物做一番勾勒、点化、联想、提升,然后"言志"。本文正是如此。

(二)语言优美

所谓优美:就是指散文的语言清新明丽(也美丽),生动活泼,富于音乐感,行文如涓涓流水,叮咚有声,如娓娓而谈,情真意切。

四、知识拓展

(一)阅读托物言志类散文的一些方法

一要整体把握文本,揣摩表现手法。同学们在阅读时,往往分不清是用了托物言志还是借景抒情,最主要的原因是对"物""景"和"志""情"两对概念分不清,而这也正是二者的区别所在。

首先,要分清文中所描写的对象是"物"还是"景"。"托物言志"是通过咏物来抒情,所以这里的"物"通常是指某些具体植物、动物、物品等的一些特性,通过对这些特性的描写,委婉曲折地将作者的感情表达出来。这些"物"不是"景",咏物不是写景。而"借景抒情"是借助写景来抒情,或景中含情,时时流露;或情寓景中,蕴而不露。这里的"景"是指自然风景,而不是某种物品。

其次,要分清文章通过描写对象,是在表达某些"志"还是在抒发某种"情",表达的是什么样的志,抒发的是什么样的情。"托物言志"中的"志",含义很广,可以指感情、志向、情趣、爱好、愿望、要求等。"借景抒情"中的"情",专指热爱、憎恶、赞美、鞭挞、快乐、悲伤等感情。

二是要个性感悟文本,分析形象特点。生动描绘事物是托物言志类散文的独特风采。抓住特征,细腻描绘,只有形似,才有可能神似,因此我们要全面地分析所托之物的形态、色泽与特征。

(二)写作托物言志类散文的一些注意点

首先是立意。可以通过某种事物描状,表现某类人或某个人的精神品质。也可以寓社会、世态、人生的某些哲理,或写此物含彼意,或明写物暗喻人。立意要昭示人、感召人、激励人、鼓舞人生活、思考、斗争、前进。立意可发散性多元思维,从中选出最佳立意,也可逆向立意。

从具体操作上看,命题引导立意。

1. 顺向立意。举例如下:

(1)耕牛:描写耕牛紧拉套绳,步履坚定,任劳任怨。人格化地表现默默奉献、埋头苦干的精神和"得到的甚少,给予的很多"的品质的人。

(2)红叶、菊花:描写红叶、菊花霜凌之后叶更红、花更艳、人更爱。拟人化地表现人生经历艰辛苦寒是一种丰富,一种收获,一种精神财富。

(3)夕阳:描写"夕阳无限好",依然绚丽依然辉煌。象征性地反映老一代老当益壮、甘愿奉献余热于人间的精神。

(4)溪流:描写溪流冲过各种艰难险阻,百折不回,奔向江河。人格化地表现某种勇往直前、追求不息的性格。

(5)梯子:描写梯子朴实无华,忍辱负重。形象化地表现为了祖国未来、为了他人甘愿做人梯的奉献精神。

(6)老树:描写老树饱经风雨雷电的考验,历经沧桑岁月,目睹世事变化。人格化地表现承受艰苦生活环境磨炼的年富力强、精神财富富有的劳动者和建设者。

(7)烟雾:描写白雾弥漫,蒙住山峦沟壑,若不明辨,就会迷失方向。象征性地反映生活中有时团团迷雾,遮住真相,掩埋真理。启示人们在前进的道路上要头脑清醒、明辨是非、识别方向,尽量少走弯路和错路。

(8)仙人掌:描写仙人掌不择环境,只要有泥土,哪怕再贫瘠的泥土也能生根长大。拟人化地表现旺盛的生命力,鼓励有志青年去老少边穷地区生根、发芽、开花、结果,为开发建设大西北贡献力量。

(9)星空:描写繁星闪烁,星光璀璨。象征祖国群星灿烂,象征性地表现当今时代人才辈出,明星闪耀,"江山代有才人出,各领风骚数百年",激励青年一代积聚知识、智慧、力量,脱颖而出,辉耀于祖国上空。

(10) 无名花:描写无名小花繁盛艳丽,竞相开放,争奇斗娇。一改文学作品歌颂明星、名人、将军、功臣,而拟人化的讴歌不知名不起眼的小民百姓的朴实、正直、敦厚的美德。

2. 逆向立意。举例如下:

(1) 翠竹:描写翠竹傲寒凌雪,与松梅为"岁寒三友",高洁而令人钦敬。但反其意而立新意,拟人化地反映那种徒有虚名、内心空虚、华而不实、哗众取宠、"嘴尖皮厚腹中空"的人,启示我们应做内心充实、表里一致、朴实无华的人。

(2) 牵牛花(藤萝):描写牵牛花(藤萝)枝枝蔓蔓,五彩缤纷,如荫如盖,浓郁茂盛,借助他物攀得远、爬得高。人格化地表现攀附权要,趋炎附势一类依附者形象,启发人们应有独立人格。

(3) 芦苇:描写芦苇纤细轻盈,芦花如雪,随风摇曳,为秋色增美增趣。形象化地表现生活中见风使舵,随风摇摆那类人的性格特点,告诫人们做一个立场坚定的人。

(4) 鹅卵石:描写鹅卵石在急流中不停滚动碰撞,被波浪涌上沙滩,圆溜、光滑、可爱。形象化地反映人际关系中那类无爱憎无棱角圆滑光溜的处世哲学。

(5) 爆竹:描写爆竹在欢喜庆贺时增加节日气氛,使人欢快喜悦,为庆贺呐喊不惜献身碎骨。形象化地表现那类一发脾气,后果就不堪设想,或因炫耀威力而自取灭亡的脾气暴躁者。警戒人们"忍"字当先,三思而行。

其次是选材。或取不知名、不起眼的花草木石,人格化地表现普通人的精神品质;或取日月星辰、山川河流、雨雪雷电,象征性地寄寓某种哲理;或取用品什物、家具器皿,形象化地反映一种思想感情;或取家畜、飞禽、走兽,拟人化地蕴含某种思想。

第三要注意语言。诗化语言,绘画语言,浓淡相宜,饱含感情,含蓄深刻。描物状形语言是全文重点,要占多半篇幅,而议论、抒情性的点题语言宜少,适可即止。

五、美文欣赏

清塘荷韵
季羡林

楼前有清塘数亩。记得三十多年前初搬来时,池塘里好像是有荷花的,我的记忆里还残留着一些绿叶红花的碎影。后来时移事迁,岁月流逝,池塘里却变得"半亩方塘一鉴开,天光云影共徘徊",再也不见什么荷花了。

我脑袋里保留的旧的思想意识颇多,每一次望到空荡荡的池塘,总觉得好像缺点什么。这不符合我的审美观念。有池塘就应当有点绿的东西,哪怕是芦苇呢,也比什么都没有强。最好的最理想的当然是荷花。中国旧的诗文中,描写荷花的简直是太多太多了。周敦颐的《爱莲说》,读书人不知道的恐怕是绝无仅有的。他那一句有名的"香远益清"是脍炙人口的。几乎可以说,中国人没有不爱荷花的。可我们楼前池塘中独独缺少荷花。每次看到或想到,总觉得是一块心病。

有人从湖北来,带来了洪湖的几颗莲子,外壳呈黑色,极硬。据说,如果埋在淤泥中,能够千年不烂。因此,我用铁锤在莲子上砸开了一条缝,让莲芽能够破壳而出,不至永远埋在泥中。这都是一些主观的愿望,莲芽能不能长出,都是极大的未知数。反正我总算是尽了人事,把五六颗敲破的莲子投入池塘中,下面就是听天由命了。

这样一来,我每天就多了一件工作:到池塘边上去看上几次。心里总是希望,忽然有一天,"小荷才露尖尖角",有翠绿的莲叶长出水面。可是,事与愿违,投下去的第一年,一直到秋凉落叶,水面上也没有出现什么东西。经过了寂寞的冬天,到了第二年,春水盈塘,绿柳垂丝,一片旖旎的风光。可是,我翘盼的水面上却仍然没有露出什么荷叶。此时我已经完全灰了心,以为那几颗湖北带来的硬壳莲子,由于无法解释的原因,大概不会再有长出荷花的希望了。我的目光无法把荷叶从淤泥中吸出。

但是,到了第三年,却忽然出了奇迹。有一天,我忽然发现,在我投莲子的地方长出了几个圆圆的绿叶,虽然颜色极惹人喜爱,但是却细弱单薄,可怜兮兮地平卧在水面上,像水浮莲的叶子一样。而且最初只长出了五六个叶片。我总嫌这有点太少,总希望多长出几片来。于是,我盼星星,盼月亮,天天到池塘边上去观望。有校外的农民来捞水草,我总请求他们手下留情,不要碰断叶片。但是经过了漫漫的长夏,凄清的秋天又降临人间,池塘里浮动的仍然只是孤零零的那五六个叶片。对我来说,这又是一个虽微有希望但究竟仍是令人灰心的一年。

真正的奇迹出现在第四年上。严冬一过,池塘里又溢满了春水。到了一般荷花长叶的时候,在去年飘浮着五六个叶片的地方,一夜之间,突然长出了一大片绿叶,而且看来荷花在严冬的冰下并没有停止行动,因为在离开原有五六个叶片的那块基地比较远的池塘中心,也长出了叶片。叶片扩张的速度,范围的扩大,都是惊人地快。几天之内,池塘内不小一部分,已经全为绿叶所覆盖。而且原来平卧在水面上的像是水浮莲一样的叶片,不知道是从哪里积蓄了力量,有一些竟然跃出了水面,长成了亭亭的荷叶。原来我心中还迟迟疑疑,怕池中长的是水浮莲,而不是真正的荷花。这样一来,我心中的疑云一扫而光:池塘中生长的真正是洪湖莲花的子孙了。我心中狂喜,这几年总算是没有白等。

天地萌生万物,对包括人在内的动植物等有生命的东西,总是赋予一种极其惊人的求生存的力量和极其惊人的扩展蔓延的力量,这种力量大到无法抗御。只要你肯费力来观察一下,就必然会承认这一点。现在摆在我面前的就是我楼前池塘里的荷花。自从几个勇敢的叶片跃出水面以后,许多叶片接踵而至。一夜之间,就出来了几十枝,而且迅速地扩散、蔓延。不到十几天的工夫,荷叶已经蔓延得遮蔽了半个池塘。从我撒种的地方出发,向东西南北四面扩展。我无法知道,荷花是怎样在深水中淤泥里走动。反正从露出水面荷叶来看,每天至少要走半尺的距离,才能形成眼前这个局面。

光长荷叶,当然是不能满足的。荷花接踵而至,而且据了解荷花的行家说,我门前池塘里的荷花,同燕园其他池塘里的,都不一样。其他地方的荷花,颜色浅红;而我这里的荷花,不但红色浓,而且花瓣多,每一朵能开出十六个复瓣,看上去当然就与众不同了。这些红艳耀目的荷花,高高地凌驾于莲叶之上,迎风弄姿,似乎在睥睨一切。幼时读旧诗:"毕竟西湖六月中,风光不与四时同。接天莲叶无穷碧,映日荷花别样红。"爱其诗句之美,深恨没有能亲自到杭州西湖去欣赏一番。现在我门前池塘中呈现的就是那一派西湖景象。是我把西湖从杭州搬到燕园里来了。岂不大快人意也哉!前几年才搬到朗润园来的周一良先生赐名为"季荷"。我觉得很有趣,又非常感激。难道我这个人将以荷而传吗?

连日来,天气突然变寒。池塘里的荷叶虽然仍是绿油油的一片,但是看来变成残荷之日也不会太远了。再过一两个月,池水一结冰,连残荷也将消逝得无影无踪。那时荷花大概会在冰下冬眠,做着春天的梦。它们的梦一定能够圆的。"冬天如果来了,春天还会远吗?"

我为我的"季荷"祝福。

【作品导读】

季羡林(1911.8.6—2009.7.11),中国山东省聊城市临清人,字希逋,又字齐奘。国际著名东方学大师、语言学家、文学家、国学家、佛学家、史学家、教育家和社会活动家。早年留学国外,通英、德、梵、巴利文,能阅俄、法文,尤精于吐火罗文(当代世界上分布区域最广的语系印欧语系中的一种独立语言),是世界上仅有的精于此语言的几位学者之一。为"梵学、佛学、吐火罗文研究并举,中国文学、比较文学、文艺理论研究齐飞",其著作汇编成《季羡林文集》,共24卷。生前曾撰文三辞桂冠:国学大师、学界泰斗、国宝。

《清塘荷韵》是季羡林先生的散文名篇,写他无意在楼前清塘中投几颗莲子,竟得满塘风荷举。这篇文章刊载在1997年11月13日《人民日报》上,并获第8届"中国新闻奖"副刊作品一等奖。该文是季羡林先生于八十六岁高龄时完成的一篇上乘佳作,它清新俊逸,脱尽浮华,行文平易晓畅,直白中蕴蓄着哲理,情感朴素真挚。

文章以"荷花"为线索分为三个部分:盼荷——赞荷——赏荷。

文章将荷莲从孕育→绽放→凋落→孕育的漫长历程写了出来,期间作者的心情随之变化起伏。荷花历经了生命的考验,磨炼了顽强的个性,并且还看透了生命的进程,顺其自然,潇洒而逝。荷花是张扬生命的强者、彻悟生命的智者。作者正是通过"荷花"的描写抒发了自己的人生感悟,这种通过描摹事物来表达作者情感的写法,我们称之为"托物言志"。

读完全文,请同学们思考:如何理解文尾"冬天如果来了,春天还会远吗"这句话。

梧桐树

丰子恺

寓楼的窗前有好几株梧桐树。这些都是邻家院子里的东西,但在形式上是我所有的。因为它们和我隔着适当的距离,好像是专门种给我看的。它们的主人,对于它们的局部状态也许比我看得清楚;但是对于它们的全体容貌恐怕始终没看清楚呢。因为这必须隔着相当的距离方才看见。唐人诗云"山远始为容"。我以为树亦如此。自初夏至今,这几株梧桐在我面前浓妆淡抹,显出了种种的容貌。

当春尽夏初,我眼看见新桐初乳的光景。那些嫩黄的小叶子一簇簇地顶在秃枝头上,好像一堂树灯,又好像小学生的剪贴图案,布置均匀而带幼稚气。植物的生叶,也有种种技巧。有的新陈代谢,瞒过了人的眼睛而在暗中偷换青黄。有的微乎其微,渐乎其渐,使人不觉察其由秃枝变成绿叶。只有梧桐树的生叶,技巧最为拙劣,但态度最为坦白。它们的枝头疏而粗,它们的叶子平而大。叶子一生,全树显然变容。

在夏天眼看见绿叶成荫的光景。那些团扇大的叶片。长得密密层层。望去不留一线空隙,好像一个大绿幛,又好像图案画中的一座青山,在我所常见的庭院植物中,叶子之大,除了芭蕉以外,恐怕无过于梧桐了。芭蕉叶形状虽大,数目不多,那丁香则要过好几天才展开一张叶子来,全树的叶子寥寥可数。梧桐叶虽不及它大,可是数目很多。那猪耳朵一般的东西,重重叠叠地挂着,一直从低枝上挂到树顶。窗前摆了几枝梧桐,我觉得绿意实在太多了。古人说"芭蕉分绿上窗纱",眼光未免太低,只是阶前窗下的所见而已。若登楼眺望,芭蕉便落在眼底,应见"梧桐分绿上窗纱"了。

一个月以来,我又眼看见梧桐叶落的光景。样子真凄惨呢! 最初绿色黑暗起来,变成墨绿;后来又由墨绿转成焦黄;北风一起,它们大惊小怪地闹将起来,大大的黄叶子便开始辞枝——起初突然地落脱一两张来,后来成群地飞下一大批来,好像谁从高楼上丢下来的东西,枝头渐渐地虚空了,露出树后面的房屋来,终于只剩下几根枝头,回复了春初的面目。这几天它们空手站在我的窗前,好像曾经娶妻生子而家破人亡的光棍,样子怪可怜的! 我想起了古人的诗:"高高山头树,风吹叶落去。一去数千里,何当还故处?"现在倘要搜集它们的一切落叶来,使它们一齐变绿,重还故枝,回复夏日的光景,即使仗了世间一切支配者的势力,尽了世间一切机械的效能,也是不可能的事了? 选回黄转绿世间多,但象征悲哀的莫如落叶,尤其是梧桐的落叶。落花也曾令人悲哀。但花的寿命短促,犹如婴儿初生即死,我们虽也怜惜他,但因对它关系未久,回忆不多,因之悲哀也不深。叶的寿命比花长得多,尤其是梧桐叶,自初生至落尽,占有大半年之久,况且这般繁茂,这般盛大! 眼前高厚浓重的几堆大绿,一朝化为乌有! "无常"的象征,莫大于此了!

但它们的主人,恐怕没有感到这种悲哀。因为他们虽然种植了它们,所有了它们,但都没收有看见上述的种种光景。他们只是坐在窗下瞧瞧它们的根干,站在阶前仰望它们的枝叶,为它们扫扫落叶而已,何从看它们的容貌呢? 何从感到它们的象征呢? 可知自然是不能被占有的。可知艺术也是不能被占有的。

(选自《丰子恺散文集》,有删改)

【作品导读】

丰子恺(1898—1975),中国现代画家、散文家、美术教育家和音乐教育家、翻译家,新文化运动的启蒙者之一,是一位在文学、漫画、音乐、禅学等多方面卓有成就的文艺大师,一生著作等身,成就卓著。

正像那溢满童真的漫画一样,丰子恺的散文总给人一种清新、温暖的质感。自然、艺术、人生,在他至纯至净的童心关照下,无时无刻不散发出异样的神采。《梧桐树》便是一例。

在文中,作者借梧桐树的四季变化,通过写梧桐从新桐初乳到绿叶成荫,直到黄叶辞枝,在平实、质朴、精细的描摹中,一枝一叶总关情,抒发了作者淡淡的赞赏、欣喜和感叹,借梧桐树表现对自然、艺术、人生的感悟。文章结尾,表达了深刻的理趣:梧桐,拥有者未必能理解和欣赏,自然和艺术都是这样。对事物要有充分的理解和欣赏,才能为自己所拥有。

生活还需要我们认真地去感受和体验,并用心去发现,这样,你才可以说是拥有生活;因为形式上的拥有并不是真正的拥有。

《梧桐树》的艺术特点:

1. 运用类比,表达赞赏。

在作者眼中,梧桐树是很有个性的树,当属粗犷豪放一类。文章的第二段写初春梧桐叶的生长,作者先写其他植物生叶或"暗中偷换青黄",或"渐乎其渐",随即用"技巧最为拙劣,但态度最为坦白"写梧桐树生叶。在类比中,"最为坦白"表达的是作者内心的赞赏,而"拙劣"虽是贬义词,但流露的却是亲切。

2. 改动诗句,凸现欣喜。

文章的第三段写夏天梧桐树绿叶成荫的光景。"团扇大的叶片,长得密密层层,望去不留一线空隙,好像一个大绿幛,又好像图案画中的一座青山",写出了梧桐树生命力的旺盛;"窗前摆了几枝梧桐,我觉得绿意太多了",淡淡浮现了作者的欣喜;而将古人的"芭蕉分绿上窗纱"改为"梧桐分绿上窗纱",充分凸现了作者欣喜的心情。

3. 比拟传神,抒发感慨。

文章的第四段写秋天梧桐叶落的光景。"最初绿色黑暗起来,变成墨绿""北风一起,它们大惊小怪地闹将起来,大大的黄叶便开始辞枝——起初突然地落脱一两张来,后来成群地飞下一大批来""终于只剩下几根枝条""好像曾经娶妻生子而家破人亡了的光棍",这形象传神的比拟,沟通了树与人,自然与人类社会的内在联系。接着,作者进一步延伸了这一比拟,也延伸了对人生世事的思考。

四、轻嘘慢问,升华哲理。

第一段,作者用"必须隔着相当的距离方才看见""山远始为容"说明距离产生美。第五段,作者用"他们只是坐在窗下瞧瞧它们的根干,站在阶前仰望它们的枝叶,为它们扫扫落叶而已,何从看见它们的容貌呢?何从感到它们的象征呢?"轻嘘慢问中,揭示了"可知自然是不能被占有的。可知艺术也是不能被占有的。"

建议同学们课后去看看丰子恺的书《梧桐树》,将他的文字与漫画结合起来感受、思考其平易自然、清澄深远的艺术特质。

六、推荐书目

《丰子恺·梧桐树》作者:丰子恺著,刘子凌导读,出版社:天天出版社有限责任公司,出版时间:2013年4月1日。

《丰子恺·梧桐树》是对丰子恺优美散文的精编精选,收入了他最具代表性的《缘缘堂随笔》《缘缘堂再笔》《艺术趣味》等集子中的文章。每篇文章附上导读,对文章的写作背景和看点进行介绍,适合读者的阅读。书中还附录了"作者小传",对丰子恺的生平经历和思想主张进行介绍。该书编校精良、插图精美、装帧精美,是了解丰子恺及其文章的一个好的选择。

《中华散文珍藏本——汪曾祺卷》,出版社:人民文学出版社,第1版;出版时间:1998年12月18日。

《中华散文珍藏版:汪曾祺散文》是人民文学出版社编选的汪曾祺的经典散文选集。汪曾祺的散文成就很高,一位评论家说的"水一样的文字",正是他的极具地域特色的文字风格。写食品花草类,语言看似很平淡,却很能抓住人的心思,直戳要害。除食物外,他对于园林花草类、戏曲、书法字画等都别具个人看法。《中华散文珍藏版:汪曾祺散文》主要选入《我的家乡》《文游台》《观音寺》等散文。

海洋与生命

一、作者简介

童裳亮教授,1936年生,浙江临安市人,1961年毕业于山东海洋学院(现中国海洋大学)生物系,并留校任教。1980—1982年在美国加州大学斯克利普斯海洋研究所进修,1986—1987年在美国马里兰大学合作研究。历任山东海洋学院生物系主任、中国海洋大学生物工程研究所副所长、中国生理学会和中国海洋生物工程学会理事等职。长期从事海洋生物技术的教学和科学研究,主要著作有:《鱼类生理学》《海洋生物技术》《仿生技术》《中老年健康自助》等,参加编写《高技术百科辞典》《海洋科技名词》《海水养殖动物的免疫》《细胞培养与病害研究》。他也是一名科普作家。《海洋与生命》一文于1985年入编全国高中《语文》课本作为教材,2003年入编全国高等院校外国留学生用《现代汉语高级教程》,科普图书《海洋生物趣谈》获国家教委科技进步二等奖。

《海洋与生命》是童裳亮教授于1977年为《科学实验》杂志写的一篇科普说明文。

二、作品主题

阅读科普说明文的目的,主要就是获取信息,读懂文章所说明的事物或事理。为了把握文章的主要意思,我们首先要正确把握文章的思路,知晓文章的结构。

《海洋与生命》由三个小标题及结尾四个部分组成。

第一部分(浩瀚的海洋),概述海洋的深广。

这一部分共五段,可分三层:

第一层(1—3段),说明海洋之大,文章开头以形象的语言生动地描述了海洋美丽的景象,以具体数据采用作比较的说明方法,突出了海洋之辽阔,这样写能够启发读者的想象,引起读者的阅读兴趣。

第二层(第4段),说明海洋之深,运用列数字和作比较的说明方法,将海洋的平均深度和大陆的平均海拔高度相比,并大胆想象"如果把整个地球表面铲平","如果将珠穆朗玛峰移到马利亚纳海沟",两个假设句的运用,使读者对海洋的深度留下了深刻的印象。

第三层(第5段),小结,用比较句式突出海大水深。

这一部分概括说明了海洋既大且深,为后文说明海洋是生命的摇篮,是天然的"牧场",打下基础。正因为海洋深广才孕育了生命,成为生命的天然"牧场"。

第二部分("生命的摇篮"部分),说明海洋是生命的摇篮。

这一部分共十二段,可分为三层。

第一层(1—3段),说明生命在海洋里诞生和发展的过程。首先指出人类把陆地看作故乡,但很远的祖先却生活在海洋里,因为原始生命是在海洋里诞生的,时间是"大约在32

亿年以前"；接着阐述了原始生命诞生的意义，"像一声春雷，打破了地球的死寂，开辟了地球历史新纪元"；然后说明了原始生命发展的两个方向：一是动物，一是海藻。

第二层(4—9段)，说明生命在海洋里得以诞生的原因。首先指出海洋成为孕育原始生命的摇篮不是偶然的，是由海洋的物理和化学性质决定的。然后分别从生物的组成，水的"溶剂"作用，水的"温床""屏障"功能等方面说明这一切都是原始生命得以诞生和发展的必要条件。

第三层(10—12段)，说明高等动植物的诞生与海洋的密切关系。这一层作者先阐述海水由淡变咸的过程，并引述今天大部分动物体及人体血液是半咸的事实作为佐证，然后说明海洋对生物向高级阶段发展的限制、高级动物在陆地上诞生及部分高级动植物返回海洋的过程及原因。

这一部分阐述生命在海洋里得以诞生的原因及其诞生和发展的过程，从而说明海洋是孕育生命的摇篮。

第三部分（"天然的牧场"）说明海洋是"天然的牧场"。

这一部分共七段，可分三层：

第一层(第1段)，承上启下，"辽阔的海洋，昔日是生命的摇篮"概括总结了第一、二部分的内容，"如今是天然的牧场"则概括提示了下文的内容。

第二层(第2—3段)，介绍形形色色的海洋动物，说明他们是人类副食品的重要来源。

第三层(4—7段)，介绍了丰富的海洋植物，说明他们的作用。这一部分分别介绍了海洋丰富的植物，说明他们有的是人们珍贵的食品，有的是重要的工业原料和药材，有的"供养着几百亿吨级的海洋动物"，从而强调了如今的海洋是生命的"天然牧场"，与生命有着密切的联系。

第四部分：结尾。概述祖国辽阔富饶的海疆，展望祖国开发利用海洋资源的前景。

全文小结：

这篇介绍海洋生物学基本知识的科普说明文，以生动的笔调和充分的材料，揭示了海洋与生命的本质联系，说明了海洋昔日是孕育生命的"摇篮"，今日是养育生命的"牧场"，启示人们充分合理的利用丰富的海洋生物资源，使其为祖国的社会主义建设服务。

三、《海洋与生命》的写作特点

（一）在材料组织及说明层次的安排上，本文是按照事物的逻辑联系及人们的认识规律进行的。

全文围绕海洋与生命这一说明中心，开头介绍海洋的概貌，突出其深广，为后面的说明打下基础。正是因为海洋的浩大，才使得形形色色的海洋生物得以生存。接着，根据海洋的这一特点，从"摇篮""牧场"两方面说明海洋的重要作用，揭示海洋孕育生命、供养生命的道理，阐述了海洋过去和现在与生命的密切关系，使人们清楚地看到海洋在生命的诞生及发展过程中所起到的作用。文章的结尾，表达了科学的开发利用祖国海洋资源的期望。

全文就是这样按照人们的认识规律、按照事物的逻辑联系由现象介绍到本质说明，再表达愿望，层次分明。

（二）在说明方法的运用方面，本文综合运用了描述、比较、列数字、打比方、举例子等多种说明方法。

描述。大量的运用描述说明是本文在说明方法运用上的一大特点。描述说明可以将说明对象形象、生动地展现在读者面前，给读者留下直观而深刻的印象。

如：课文开头描述"海洋无尽的碧波在荡漾"，"整个地球表面，海茫茫，水汪汪"，写的生动形象，使读者如临其境。又如：在"天然的牧场"部分，介绍形形色色的海洋植物时，对各种海藻做了细致的描述，有的写颜色，有的写形状，使读者觉得海洋的植物真是"五颜六色、形状万千，无所不有"。

作比较。把两种或两种以上同类或异类事物作比较，通过同点和异点的分析，达到说明事物本质的目的。

如用海洋的总面积与陆地的总面积做比较，用海洋的平均深度与陆地的平均高度做比较。

列数字：援引有关数据以解说一定事物性状。

如在说明世界海洋的总面积、陆地的总面积、海洋的平均深度、最大深度，大陆的平均高度、最高山峰、每年的渔获量、单细胞海藻的总量与分布时，都运用了列数字的说明方法。

打比方：运用比喻的方法，形象地说明事物的性质特征。

如："像一声春雷，打破了地球的死寂，开辟了地球历史新纪元""巨大的海洋就像天然的温箱，是孕育原始生命的温床"等。

举例子：列举事实材料来说明事物。

如介绍今天的一些高级海洋动物，举了海龟、海蛇等例子。

（三）本文语言特色：既精确、周密，又生动、形象。

1. 精确周密。课文在介绍海洋生物学知识时，使用了较多的专业性词语。如"异养生物""自养生物""光合作用""媒介"。文章语言的语义精确单一，如"海洋的平均深度是3 800米"，其中"平均"是指事物的整体而言，不指单独的个体。此句若去掉这个词，则表意完全错误。海洋中最深的海沟上万米，浅的海域，如热带珊瑚海，仅近百米。又如"大约在32亿年以前，最原始的生命在海洋里诞生"，其中"大约"是估计和推测，不精确的意思。此句若去掉这个词，就变得十分确定，这是不符合客观实际的，人类对远古时代的探索，还只能凭一些远古的遗存物或遗存现象进行科学的推测估算。

2. 形象生动。语言的形象生动具体表现在恰当地运用了比喻和形象性、描绘性的词语。

四、美文欣赏

绝妙的错误
[美]刘易斯·托马斯

大自然迄今取得的唯一最伟大的成就，当然要数DNA分子的发明。我们从一开始就有了它。它装在第一个细胞之中，那个细胞带着膜和其他东西，在大约30亿年前这个行星渐渐冷却时出现在某个地方的浓汤似的水中。今天贯穿地球上所有细胞的DNA，只不过是那第一个DNA扩展和惨淡经营的结果。从某种本质意义上说，我们不能声称自己取得了什么进步，因为生长和繁衍的技术基本没有变。

可是，我们在其他方面却取得了进步。尽管今天再来谈论进化方面的进步已经不时髦了，因为如果你用那个词去指称任何类似改进的东西，会隐含某种让科学无能为力的价值判断，可我还是想不出一个更好的术语来描述已经发生的事情。毕竟，从一个仅仅拥有一种原始微生物细胞的生命系统中一路走来，从沼地藻丛的无色生涯中脱颖而出，演进到今天我们周围所见的一切——巴黎城，依阿华州，剑桥大学……我后院里的马栗树，还有脊椎动物大脑皮层模块中那一排排的神经元——从那一个古老的分子至今，我们真的已经走得很远了。

我们绝不可能通过人类智慧做到这一点。即使有分子生物学家从一开始就乘卫星飞来，带着实验室等等一切，从另外某个太阳系来到这里，也是白搭，没错！我们进化出了科学家，因此知道了许多关于DNA的事，但假如我们这种心智遇到挑战，要我们从零开始，设计一个类似的会繁殖的分子，我们是绝不会成功的。我们会犯一个致命的错误：我们设计的分子会过于完美。假以时日，我们终于会想出怎样做这事，核苷酸啦，酶啦等等一切，做成完美无瑕的一模一样的复本，可我们怎么想也不会想到，那玩意儿还必须能出差错。

能够稍微有些失误，乃是DNA的真正奇迹。没有这个特有的品性，我们将至今还只是厌氧菌，也绝不会有音乐。一个个地加以单独观察，把我们一路带过来的每一个突变，都是某种随机的全然自发的意外。然而，突变的发生又绝不是意外，因为DNA分子从一开始就命中注定要犯些小小的错误。

假如由我们来干这事，我们会寻求某种途径去改正这些错误，那样，进化就会半路停止了。试想，一些科学家正在专注地从事于繁殖文本完全正确的、像细菌一样的无核原生细胞，而有核细胞却突然出现，那时，他们会怎样地惊慌失措。

我们讲，犯错误的是人，可我们并不怎么喜欢这个想法。而让我们去接受这样一个事实——犯错误也是所有生物的本性，那就更难了。我们更喜欢立场坚定，确保不变。可事情还是这样的：我们来到这儿，就是由于纯粹的机遇，也可以说是由于错误。在进化路上的某处，核苷酸旁移，让进了新成员；也可能还有病毒迁移进来，随身带来一些小小的异己的基因组；还有来自太阳或外层空间的辐射在分子中引起了小小的裂缝，于是就孕育出人类。

不管怎样，只要DNA分子有这种根本的不稳定性，事情的结果大概只能如此。说到底，假如你有个机制，按其设计是用来不断改变生活方式的；假如所有新的形式都必须像它们先前那样互相适配，结成一体；假如每一个即兴生成的、能对个体进行修饰润色的新基因，很有可能为这一物种所选择；假如你也有足够的时间，那么，这个系统注定要迟早发育出大脑，还有知觉。

生物学实在需要有一个比"错误"更好的词来指称这种进化的推动力。或者，"错误"一词也毕竟用得。只要你记住，它来自一个古老的词根，那词根意为四处游荡，寻寻觅觅。

（选自《水母与蜗牛——一个生物学观察者的手记（续）》，有删改）

【作品导读】

科普文章的目的在于普及科学知识,所以它的语言除了准确严谨外,往往还具有趣味性、形象化、通俗易懂的特点,以便深入浅出地帮助读者轻松愉快地理解科学知识。

《绝妙的错误》一文,为了科学地介绍有关 DNA 的知识,当然首要注意语言的准确,引用确凿的事实、具体的数字和某些科学术语来说明问题,这就决定了它的语言基调是平实的,质朴的,严密的,表述主要使用说明的方法。但这不等于说科普文就要排斥文艺手法的运用。恰恰相反,"质而无文,行之不远",为了科学知识得以更好地传播,更容易为读者所接受,科普作家在不"以文害质",即不影响科学知识准确性的前提下,对文艺手法也格外青睐。在平实的说明中穿插了生动的描写,在科学的介绍里交织进形象化的语言,这是《绝妙的错误》一文在表现手法上的一个显著特色。

比如,它以"绝妙的错误"为题,艺术的气息就十分浓郁。它既准确地概括了文章的内容,又诗意盎然,给人一种醒目的美感,含孕着令人必读的诱惑力。

又如"今天贯穿地球上所有细胞的 DNA,只不过是那第一个 DNA 扩展和惨淡经营的结果","惨淡经营"中的"惨淡"是苦费心思的意思,"经营"指筹划,该成语常用于指创业的艰辛,用在文中就形象地写出了 DNA 艰难复杂的发展过程,能够引起读者的阅读兴趣。

再如"即使有分子生物学家从一开始就乘卫星飞来,带着实验室等等一切,从另外某个太阳系来到这里,也是白搭","白搭"是方言,是没有用,白费劲的意思,在这里就很通俗而明确地表达了 DNA 的内在机制是人类所无法设计的。

再如"假以时日,我们终于会想出怎样做这事,核苷酸啦,酶啦等等一切,做成完美无瑕的一模一样的复本,可我们怎么想也不会想到,那玩意儿还必须能出差错","玩意儿"其中一个意思是小摆设、玩具,或有趣的事物,也泛指东西,"玩意儿"一词极富口语化的特点,能让读者在轻松诙谐中开始思考 DNA 发展过程中的绝妙的错误,充满了趣味。

再如"在进化路上的某处,核苷酸旁移,让进了新成员;也可能还有病毒迁移进来,随身带来一些小小的异己的基因组;还有来自太阳或外层空间的辐射在分子中引起了小小的裂缝,于是就孕育出人类","让进"这词一般用于人与人之间的交往,在这里运用拟人手法,表述核苷酸的"旁移"和新元素的"加入",形象、简明地说明了人类在进化过程中复杂而深奥的突变。

扇 子

黎 戈

《东周列国志》里,看到过这样的插图:两个梳双髻的宫女,手执长柄大扇,立在对坐畅谈国事的公侯身后,这样的扇子多半是由奴仆执掌,象征性大于使用目的,它是表白强权的道具。准确地说,它是礼仪扇。

汉代的扇子,则是用竹篾编成,其形制类似于现在的大号菜刀,扇柄附于一侧而不是居中,且开始落入寻常百姓家。在古画中,常见一奴仆蹲踞扇火,大力使着一把扇子,扇子地位大跌。汉末有一些原理简单的机械扇,诸葛亮同学发明过诸葛扇,悬挂屋内,手拉使之转动生风。穿过千年时光隧道,在关于老上海的电影里,仍然可以看见理发店里有这种手拉的风扇。小伙计拉着一根绳,扇子左右缓移,时间也被拉长了,太太小姐们一边做头发,一边有一搭没一搭地拉呱家常。春日迟迟,欲睡昏昏。反正闲妇们有的是时间要打发,降那一点心火,微风徐来的排扇也够了。

　　魏晋南北朝的扇子是羽扇,不用说是仿生原理的朴素运用,羽扇有十羽和八羽之分,后来进化成比翼扇,即以竹木为骨架上糊以绢绸,只在末端象征性地饰以羽毛。羽扇是男人的物什,恪显名士做派的道具,羽扇名人有"羽扇纶巾"的公瑾侯及其政敌诸葛先生。真不能想象,诸葛先生要是丢了他的三件套——羽扇、纶巾、四轮车,会不会风采全无呢?

　　隋唐时流行纨扇,又称团扇,初唐时盛行腰圆纨扇,中晚唐为满月式样,纨扇近于现代的绢扇,以竹木为骨,承风面大,手感轻盈,它的使用者转向深闺。"轻罗小扇扑流萤",隋唐女子都是腴美人,如果是骨重身宽的羽扇,用来扑蝶扑流萤,动作的幅度太大,就失了娇羞劲儿。

　　宋元后期开始使用的折扇,轻便、价廉、易携带,袖藏即可。市民图耐用,多用油纸扇,文艺青年大多使用素纸扇,图它可以挥毫泼墨,题诗作画。

　　扇子还是艺术作品中经常出现的道具。

　　言情小说中,扇子可煽情,比如李香君血溅桃花扇;可定情,比如西施赠扇给范蠡;可抒情,《桃花扇》就是靠一把扇子来抒情,并且贯穿情节起落的;可绝情,《珍珠令》里,女主角赠男主角折扇一把,即可以示绝交,扇同"散",和伞一样,是很不祥的赠物。

　　武侠小说里,儒化的博雅侠客,手持一把小扇,以显其书生性情。江南七怪里那个执扇的妙手书生,还在扇子里面藏暗器、毒针什么的。有的扇子本身就是兵器,比如玉扇真人那把。

　　西方艺术作品里也常看见扇子的身影。电影里的名媛贵妇手捏一把小折扇,一手牵裙角,莲步轻移,旖旎而行。歌剧中的淑女用一种很有趣的面具扇,上面开了两只眼睛一样的小洞,把自己的面孔藏起来,以示畏怯。

(选自《私语书》,有删改)

【作品导读】

　　这篇科普说明文按照逻辑顺序,从扇子的发展史和扇子在艺术作品中的功用两个方面介绍了扇子。

　　说明扇子的发展史,作者按照时间顺序介绍各个历史阶段的扇子的特点和功用。

　　说明扇子在艺术作品中的功用时,运用了分类别的说明方法,介绍得全面且层次分明,让读者一目了然。如文章从言情小说、武侠小说、西方艺术作品三个方面介绍了扇子在艺术作品中的功用。又如,文章从可煽情、可定情、可抒情、可绝情四个方面介绍了扇子在言情小说中的功用。再如,文章从电影和歌剧两个方面介绍了扇子在西方艺术作品中的功用。

　　这篇科普文章的语言独具风格,它的言辞优美、生动形象、诙谐幽默,富有生活气息,给读者留下深刻印象。比如"小伙计拉着一根绳,扇子左右缓移,时间也被拉长了,太太小姐们一边做头发;一边有一搭没一搭地拉呱家常。春日迟迟,欲睡昏昏","春日迟迟""欲睡昏昏"等语句富有诗意,文化气息浓郁;"闲妇们""太太小姐们"等风趣幽默,生活气息浓厚;"有一搭没一搭""拉呱""打发"等词传神地写出了太太小姐们的悠闲生活。又比如"电影里的名媛贵妇手捏一把小折扇,一手牵裙角,莲步轻移,旖旎而行","捏""牵""莲步轻移""旖旎而行"等词句准确生动,形象细腻地表现出名媛贵妇高贵优雅的动作以及掩饰娇羞的动人姿态。

同学们看完《绝妙的错误》和《扇子》这两篇文章,能否比较他们的语言特点,能否总结科普说明文的语言特征呢?

人类捕鸟,灾难其后

林 森

① 湖南省新化县槎溪镇鸟坳村位于千年鸟道的罗霄山脉,是候鸟南飞的必经之地,近年来,这里已成候鸟迁徙路线上的一个断点。难以计数的候鸟丧命于此。有当地村民表示,有一天打下来的鸟就足有1吨。这条迁徙路线上,大多是小型鸟,每只只有100克左右,1吨差不多就是10 000只野生鸟。

② 多么令人惊心动魄的残忍和数字! 殊不知人类的好日子很大程度上是通过鸟类的多种功能和作用来实现的。

③ 世界上85%以上的鸟类可以程度不同地捕食害虫,即便是小小的麻雀每年也能捕食许多害虫。燕子能吃苍蝇、飞蛾和蚊子;啄木鸟能吃天牛幼虫;灰喜鹊能吃松毛虫等。1只大山雀在繁殖季节每天喂小鸟100余次,平均每窝按3只小鸟喂食,再加上大鸟自己的捕食,一天能消灭害虫400~500条,一窝大山雀在喂养幼鸟期间就可消灭害虫10 000余条。在欧洲1 000只紫翅椋鸟在繁殖期间能消灭22吨蝗虫,而1吨蝗虫一天的食物量与2 500人一天的食物量相当。猫头鹰和鹰等猛禽大多以老鼠等啮齿类动物为食,对控制农业、林业鼠害以及危险疫病的传播,有着重要的贡献。猫头鹰的食物中99%是啮齿类动物,1只猫头鹰一个夏季所消灭的老鼠,相当于保护了1吨粮食;1年所吃掉的老鼠等于保护了一两万斤粮食。以此观之,每年鸟儿吃掉害虫保护的粮食足以供给地球上的人们吃好几个月。

④ 鸟儿能够维护生物多样性,它们与其他动、植物共同生活、相互依存。每消失一种鸟类,意味着与其伴生的90种昆虫消失,35种植物消失,2至3种鱼类消失。在鸟类与植物的共生关系中有一种特别重要的依存关系,即许多植物的种子是靠鸟类来播散的。雁鸭类、鸠鸽、啄木鸟、乌鸦等,是植物种子的重要播散者,而且,很多植物种子经过鸟类消化后,更容易萌生和成长。蜂鸟、食蜂鸟、太阳鸟、啄花鸟、锈眼鸟、鹦鹉等鸟类嗜食花蜜,对有花植物的传粉有重要而不可替代的作用。

⑤ 与渡渡鸟一样,大颅榄树也是毛里求斯的一种珍贵特产。但是渡渡鸟灭绝后,大颅榄树也渐渐稀少,最后彻底消失了。今天人们才知道,大颅榄树的种子必须靠渡渡鸟消化过后才能发芽,没有了渡渡鸟对大颅榄树种子的首先孕育和催化,大颅榄树就再也不会生儿育女和繁衍后代。由此,我们不难看出某种鸟类的灭绝与植物乃至人类的生存的关系。

⑥ 海鸟眼睛的盐腺,能把喝下去的海水中的盐分排出,据此人们就能把地球上占总水量97%的海水进行淡化。未来飞机的设计可以模仿蜂鸟实现垂直起降、空中悬停及掉头等特性。还有一些鸟类能飞越几千米的高空而保持脑血管供血畅通,不会缺氧,这也为人类提供了在供氧不足的高原环境中正常生活和延长生命的重要线索。

⑦ 鸟类每天吸入大量的空气,进食相当于其体重的食物。在呼吸和进食的同时,鸟类具有较强的富集有害物质的功能,空气和食物如果被污染,通过收集和分析鸟类胃内容物的方法,就可知道环境的污染状况。

⑧ 鸟类被直接利用那就是为人类提供衣食、医药、役用和观赏等生活之需等,事实上今天的人类几乎已经离不开鸟类。

⑨ 现在已知的鸟类有9 775种,其中约4 000种是候鸟。在这9 775种鸟类中已有1 212种灭绝,占所有鸟类的约1/8,此外,还有179种鸟类面临严重威胁,344种面临高度灭绝危机,688种鸟类目前已非常罕见。

⑩ 随着人类对自然资源的大量挥霍以及对生物栖息地的不断破坏,人类身边的自然世界正在恶化和消失。鸟类濒临灭绝的原因中,栖息地破坏和改变占60%,人类捕杀占29%,外来物种竞争、国际贸易、污染等占11%。破坏环境和大量捕杀鸟类,最直接的后果是人类将要忍饥挨饿。而每消失一种鸟类,意味着大量的植物和动物也消失,甚至殃及鱼类。例如,每两种鸟类灭绝,必然有一种哺乳动物随之消亡。失去了这些为数众多的生物资源,人类的生存将变得越来越拮据。更严重的是,如果大量植物随着鸟儿的消失而灭绝,人类生存就会陷入万劫不复危机。

⑪ 人类不是不可以利用鸟类来满足人们的生存需求,但与此同时也需要积极地保护鸟儿的生物多样性资源。正如人与人体内的微生物群落的关系一样,人与包括鸟类在内的其他动物和植物同样也是一个共生体,如果人类保护包括鸟类在内的其他动物和植物,人类也就在为自己铺就永续生存之道。保护鸟类和其他动植物,也就是在保护人类自己。

【作品导读】

本文从鸟儿能保护环境和粮食,能维护生物多样性,能在仿生学中发挥重要作用,能在环境监测方面发挥作用,以及直接为人类提供生活之需等方面,说明人类的好日子很大程度上是通过鸟类的多种功能和作用来实现的。又概括说明鸟类濒临灭绝的原因,以及鸟类的灭绝与人类生存之间的关系。呼吁人们保护鸟类和其他动植物,就是在保护人类自己。

这篇文章是按照逻辑顺序来安排材料的,如第④、⑤、⑥段按照先主后次的顺序来说明,与本文介绍鸟类功能和作用采用的顺序一致,第④段、第⑤段按照从一般到个别的顺序来说明。

本文的说明方法突出表现在列数字和举例子上。

怎样快速阅读并掌握这种比较长的科普说明文的主要内容呢?请同学们思考,并总结方法。

"低头族",你错过了什么

好莱坞动画大片《机器人总动员》中,描述了公元2700年时人们的生活:那时的人类文明高度发达,但由于过度依赖智能设备,人们都变成四体不勤的大胖子,每时每刻面对的只有一个支在他们眼前的电脑屏幕。除了和屏幕对话,他们不懂得如何与其他人交流,甚至离开屏幕就几乎无法生存……他们就是传说中的"低头族"。

事实上,世界各地智能手机普及之处,地铁里、公交车上、工作会议上、课堂上、餐桌上、排队时,甚至驾车时,总有很多人低着头,手里拿着手机或是平板电脑,手指在触摸屏上来回滑动,所有的注意力都集中在手中发亮的方寸屏幕上,对身边的世界漠不关心。

首都师范大学心理咨询中心的一项调查显示:77%的人每天开机12小时以上,33.55%的人24小时开机,65%的人表示"如果手机不在身边会有些焦虑",超过九成的人离不开手机。智能手机带来的负面作用,已经开始显现了。

发表在《验光和视觉科学》期刊上的一项研究指出,人们通过手机阅读文本信息或上网时,眼睛会比手里拿着一本书或一张报纸离得更近,这意味着,眼睛聚焦手机图文更费劲,更容易导致头痛和双眼疲劳等问题。

长时间使用智能手机,会导致眼部结膜血管充血,甚至出现刺痛、流泪、畏光等症状。而长期低头看手机还会引起颈椎问题,半个小时到一个小时的低头就可引起颈部的疲劳,时间长久会引起椎间盘退型性病变、骨质增生,进而压迫血管和神经。此外,长期玩手机还会引起失眠、听力下降、手指肌腱炎等健康问题。

因专注于手机而引发的各类事故早已不是新闻。研究表明,走路玩手机导致人们左右看的几率减少了20%,遭遇交通事故的几率增加了43%。美国俄亥俄州立大学的一项统计显示,因专注于手机而导致的伤害事件近年来明显上升。2007年有600名行人因看手机而受伤,2010年这个数字增加到1 500人,研究学者警告说:如果这一趋势继续发展的话,类似的伤害事件将在未来5年增长一倍。

埋头于网络世界,带来的不仅是对身体的伤害,还有对人们精神世界的影响。2012年10月,青岛市民张先生与弟弟妹妹相约去爷爷家吃晚饭。饭桌上,老人多次想和孙子孙女说说话,但面前的孩子一个个拿着手机玩,老人受到冷落后,一怒之下摔了盘子离席。

有媒体评论称:老人摔盘离席是现代社会生活的一个典型切片,手机引发的各种情感危机,在社会的各个角落里不断重复上演。沉醉于手机的虚拟空间,消解了社会伦理,致使人与人之间的关系变得冷漠、隔阂。"世界上最远的距离不是天涯海角,而是我站在你面前,你却在玩手机。"网上广为流传的这句话,反映了人们对人际交往中手机这个角色的复杂心态。

【作品导读】

这是一篇科普说明文。文章开头由好莱坞动画大片《机器人总动员》写起,既激发了读者的阅读兴趣,又引出本文说明对象——低头族。接着说明"低头族"的种种表现,再说明长时间使用手机对身体造成的伤害,最后说明长时间使用手机还会对人们的精神世界带来影响。文章按照由浅入深的逻辑顺序组织安排材料,符合人们认识事物的一般顺序。

文章启发人们思考"科技进步是一首悲喜交集的进行曲",手机的出现有利有弊。有了手机,人与人联系更方便,沟通更便捷;利用手机上网,自由灵活,信息量大。但是随着手机的广泛使用,带来的不仅是对身体的伤害,还有对人精神世界的影响。手机引发各种情感危机,消解了社会伦理,使人与人之间的关系变得冷漠、隔阂。怎样科学合理使用手机,这值得同学们深刻思考。

五、推荐书目

《拜托,你该懂点逻辑学——学校没教的逻辑课》作者:刘炯朗,出版社:北京联合出版公司,出版时间:2014年1月。

刘炯朗曾任教于麻省理工学院及伊利诺大学香槟校区,并兼任伊利诺大学香槟校区助理副校长,1998年回台担任"国立"清华大学校长,培育英才无数;并以资讯工程之国际学术声望,于2000年获选为中央研究院院士。近年更悠游于写作、广播、演讲等领域,幽默的谈吐及丰富的学养深得学生及阅听大众喜爱。

这是一本逻辑学的趣味科普书。作者用逻辑学这个小工具,为我们一层层揭开了语言、人际关系、金钱游戏和数字迷宫背后隐藏的规则。让你在轻松的阅读中,学到逻辑学这门很有用的知识。

朋友四型

一、作者介绍

余光中（1928—　），男，当代著名作家、诗人和评论家。现在台湾居住，祖籍福建省永春县，1928年生于江苏南京，1948年发表第一首诗作，1949年随父母迁香港，次年赴台，就读于台湾大学外文系。1952年毕业于台湾大学外文系。1953年10月，与覃子豪、钟鼎文等共创"蓝星"诗社及《创世纪》诗刊，致力于现代主义诗歌创作。后赴美进修，获爱荷华大学艺术硕士学位。返台后先后任师大、政大、台大、香港中文大学教授及台湾中山大学文学院院长、教授等。余光中被称为台湾现代派"十大诗人"之一。

余光中一生从事诗歌、散文、评论、翻译，自称为自己写作的"四度空间"。其文学生涯悠远、辽阔、深沉，为当代诗坛健将、散文重镇、著名批评家、优秀翻译家。现已出版诗集21种；散文集11种；评论集5种；翻译集13种；共40余种。代表作有《乡愁》《白玉苦瓜》《等你，在雨中》等；诗集有《灵河》《石室之死》《余光中诗选》等；诗论集有《诗人之境》《诗的创作与鉴赏》等；散文集有《记忆像铁轨一样长》等；评论文集有《分水岭上：余光中评论文集》等。

他的代表作《乡愁》一诗，因为形象而深刻地抒发了游子殷切的思乡之情并富有时代感而受到人们的喜爱和赞赏。他的诗兼有中国古典文学与外国现代文学之精神，创作手法新颖灵活，比喻奇特，描写精雕细刻，抒情细腻缠绵，一唱三叹，含蓄隽永，意味深长，韵律优美，节奏感强。他因此被尊为台湾诗坛祭酒。他的诗论视野开阔，富有开拓探索的犀利朝气；他强调作家的民族感和责任感，善于从语言的角度把握诗的品格和价值，自成一家。

余光中先生热爱中华传统文化，热爱中国。他是中国文坛杰出的诗人与散文家，他的名字已经显目地镂刻在中国新文学的史册上。

二、初读感知

1. 字词疏通

恍然：形容忽然醒悟。

畏友：自己敬畏的朋友。

诤友：能直言规劝的朋友。

豁然：形容开阔和通达，这里引申为明白。

2. 主题

本文是一篇随感式的议论文，文章精辟地概括了朋友的四种类型及其特点，对大家日常交友具有一定的启示作用。

3. 整体感知

全文共5个自然段，可分为两部分：

第一部分(第 1 自然段):写朋友在人的生活中的重要性。(引论,提出问题,引起下文。)

第二部分(第 2~5 自然段):具体写朋友的四种类型及其特点。(本论,分析问题,具体论述。)

三、精读赏析

1. 作者把朋友分为四种类型,对四类朋友进行了描绘,写出了各自的特点,并阐明了自己的交友态度。具体如下表所示:

类型	特点	作者的观点
高级而有趣(第一型)	有理想有趣味,使人尊敬,使人欢喜	是自己的镜子,可遇而不可求
高级而无趣(第二型)	知识丰富,人格高超,缺乏幽默感	是诤友、畏友,美中不足,让人遗憾
低级而有趣(第三型)	没有学问,有趣味(有时是低级趣味)	极富娱乐价值但少了修养和品味
低级而无趣(第四型)	没有学问,没有趣味,没有自知之明	余不欲与之同乐

2. 第 1 自然段中"来按门铃的人很多"一句中"按门铃的人"具体是指(朋友)。

3. 该怎样理解第 1 自然段中"被选,是一种荣誉,但不一定是一件乐事。"这句话的含义?

被别人选作朋友,是别人对你的尊重和信任;但如果被不能令你"喜出望外"的朋友选中,就不是一件值得高兴的事。

4. 本文的语言风趣幽默、耐人寻味,用比喻、反问等修辞手法来阐明自己的观点,请从文中找出下列这些句子并仔细品味它们的含义。

(1)"……又高级又有趣的人,使人敬而不畏,亲而不狎,交接愈久,芬芳愈醇。譬如新鲜的水果,不但甘美可口,而且富于营养,可谓一举两得。"

作者把交接高级而有趣的朋友比喻成咀嚼新鲜的水果,这一比喻贴切、形象而生动,形象地突出了和高级而有趣的人交往,不但是一件快乐的事情,同时也会让自己受益匪浅。

(2)和高级而无趣的人交谈,"既不像打球那样,你来我往,彼此呼应,也不像滚雪球那样,把一个有趣的话题越滚越大。精力过人的一类,只管自己发球,不管你接不接得住。消极的一类则以逸待劳,难得接你一球两球"。

在这个句子中,作者把和高级而无趣的人交往比喻成打球,而且不是"你来我往"的"打球",只是他一个人发球。这就通俗易懂地说明了一个道理:和高级而无趣的人交往,虽然欣赏他的修养与人格,但却无法平等的展开交流、对话,自己会很被动,很吃力。作者的这一比喻寓幽默风趣寓人以沉思、回味。

(3)为这种畏友捡一晚上的球,疲劳是可以想见的。

余老先生又以为畏友捡球做比和"高级而无趣"的朋友相处。和这样的朋友相处,你得像捡球一样主动,虽然你与之相处而受益,但是终究你是需要付出很多的,也会感到疲劳。

(4)不过人性是广阔的,谁能保证自己毫无此种不良的成分呢?

此处以一个反问手法,说明了人性其实是各种类型都包含的,也许每个人身上都有或多或少的低级趣味。这也是我们为什么有时愿意和"低级而有趣"的人做朋友的原因。

四、写作特点

1. 结构特点:本文采取总分式、并列式相结合的方式来安排论述的层次。从全文看,开头第 1 自然段先总述,提出论述的问题。接着从第 2 至第 5 自然段进行分述。从局部看,文章的主体部分则采用并列式的结构方式,对朋友的四种类型分别进行论述。

2. 选材特点:剪裁合理,详略得当。作者对前三类朋友论述具体,而对第四类朋友一笔带过,充分表明了作者的态度(文末"余不欲与之同乐也")。

3. 论证特点:作者在论证方法上运用了比喻法、例证法等。比喻法如以新鲜水果比喻与朋友交往;例证法如举出苏东坡的例子,说明"高级而有趣"的朋友所到之处,则不会出现"低级而无趣的俗物"。

4. 说理特点:本文在说理时按先后顺序进行,条理清晰。作者运用打比方、对比等方法,并非说教,而是寓事于理,深入浅出。

5. 语言特点:简洁、生动、幽默,具有吸引力。

五、知识拓展

余光中是台湾著名作家,以现代诗闻于文坛,迄今已出版了十余部诗集,得到海内外一致推崇。余光中自称"右手为诗,左手著文",意谓散文造诣不如诗。但一些人认为其散文成就应该在诗歌之上。

余光中笔下涉猎很广,几乎囊括了所有散文形式,叙事、议论、说明、抒情等都有不少篇幅,均不乏佳作。而在所有形式中,当以游记与评论为重。在散文写作理论方面,余光中主张文章应感性、理性并重——即作家论述人情世理时固应明白透彻,而在景物描绘、情节叙述方面亦应鲜活生动,不能一味以成语敷衍了事,也不能干巴巴一味说理,只有在感性方面拥有深厚功力,才算得上当行本色的作家;对于日趋严重的中文西化问题,余氏也甚表担忧,多次发表评论文章进行阐释说明,意图纠其弊端,力倡"纯净的"中文;而对于中国古文——即文言文,他主张取其精华,在文章中适当进行引用,可使文章言之有据,亦增添了风格变化,同时反对所谓的纯白话文。

评论文章是余光中散文中占最大比重的部分。他的评论文章涵盖甚广,文学评论当然是主要部分,此外还包括绘画、音乐、影视、歌舞、民风民俗等。他出身外文系,英文功底深厚,广泛涉猎西学、西方文学(尤其是英美文学)、文艺理论、音乐、绘画诸方面,而他自幼便对中国古典文学潜心研读,也有相当造诣,由于学兼中西,故提高了文章的深度与广度,使之更具学术价值。余氏在文章中经常将中、西文化进行对比、分析,致力于将西方文艺理论应用到中文写作之中。

长期以来,我国散文创作是囿于"形散而神不散"的成年旧说中,"一根红线贯空始终"似乎也串了两代人,散文慢慢走到一个自我封闭的固有模式中。台湾六十年代以前散文创作也有类似的情况,那时的台湾作家多半在五四散文的模式中打转转。有着雄厚中国文学基础,又受过西方现代文艺洗礼的诗人余光中,敏锐地感到了散文的困境。他在不少文章中指出我们应该有真正的散文"一种讲究弹性、密度和质料的一种新散文"。于是在他的散文创作中,这种三维空间的理论及创作实践组成他散文的立体大厦,构成文坛的一大奇观。

余光中最为大家熟悉的还是他的以《乡愁》为代表作的乡愁诗,其在不同的创作阶段呈现出不同的风格和特色,最强音出现在1971年从美国返台到1974年离台赴香港期间集中出现的直接以大陆作为乡愁对象的作品。这一时期台湾当局失去了联合国的席位,中美交往,中日建交,台湾民众特别是知识界的思想受到很大的震动,而在当时的政治环境下,两岸又没有任何交流的可能。他这时人到中年,离开大陆已近20年,回乡无望,思乡日切,出现了《民歌》《乡愁》《呼唤》《乡愁四韵》等一大批名作。余光中曾自言《乡愁》只花去自己20分钟,但这种感觉在他的心中已经酝酿了多年。

六、美文欣赏

朋 友

巴 金

这一次的旅行使我更了解一个名词的意义,这个名词就是:朋友。

七八天以前我曾对一个初次见面的朋友说:"在朋友们面前我只感到惭愧。你们待我太好了,我简直没法报答你们。"这并不是谦虚的客气话,这是事实。说过这些话,我第二天就离开了那个朋友,并不知道以后还有没有机会再看见他。但是他给我的那一点点温暖至今还使我的心颤动。

我的生命大概不会很长久罢。然而在短促的过去的回顾中却有一盏明灯,照彻了我的灵魂和黑暗,使我的生存有一点光彩。这盏灯就是友情。我应该感谢它。因为靠了它我才能够活到现在;而且把旧家庭给我留下的阴影扫除了的也正是它。

世间有不少的人为了家庭抛弃朋友,至少也会在家庭和朋友之间划一个界限,把家庭看得比朋友重过若干倍。这似乎是很自然的事情。我也曾亲眼看见一些人结婚以后就离开朋友,离开事业……

朋友是暂时的,家庭是永久的。在好些人的行为里我发现了这个信条。这个信条在我实在是不可理解的。对于我,要是没有朋友,我现在会变成怎样可怜的东西,我自己也不知道。

然而朋友们把我救了。他们给了我家庭所不能给的东西。他们的友爱,他们的帮助,他们的鼓励,几次把我从深渊的边沿救回来。他们对我表示了无限的慷慨。

我的生活曾经是悲苦的,黑暗的。然而朋友们把多量的同情,多量的爱,多量的欢乐,多量的眼泪分了给我,这些东西都是生存所必需的。这些不要报答的慷慨的施舍,使我的生活里也有了温暖,有了幸福。我默默地接受了它们。我并不曾说过一句感激的话,我也没有做过一件报答的行为。但是朋友们却不把自私的形容词加到我的身上。对于我,他们太慷慨了。这一次我走了许多新地方,看见了许多新朋友。我的生活是忙碌的:忙着看,忙着听,忙着说,忙着走。但是我不曾遇到一点困难,朋友们给我准备好了一切,使我不会缺少甚么。我每走到一个新地方,我就像回到我那个在上海被日本兵毁掉的旧居一样。

每一个朋友,不管他自己的生活是怎样苦,怎样简单,也要慷慨地分一些东西给我,虽然明知道我不能够报答他。有些朋友,连他们的名字我以前也不知道,他们却关心我的健康,处处打听我的"病况",直到他们看见了我那被日光晒黑了的脸和膀子,他们才放心地微笑了。这种情形的确值得人掉眼泪。

有人相信我不写文章就不能够生活。两个月以前,一个同情我的上海朋友寄稿到广州《民国日报》的副刊,说了许多关于我的生活的话。他也说我一天不写文章第二天就没有饭吃。这是不确实的。这次旅行就给我证明:即使我不再写一个字,朋友们也不肯让我冻馁。世间还有许多慷慨的人,他们并不把自己个人和家庭看得异常重要,超过一切。靠了他们我才能够活到现在,而且靠了他们我还要活下去。

朋友们给我的东西是太多、太多了。我将怎样报答他们呢?但是我知道他们是不需要报答的。

最近我在法国哲学家居友的书里读到了这样的话:"生命的一个条件就是消费……世间有一种不能跟生存分开的慷慨,要是没有了它,我们就会死,就会从内部干枯。我们必须开花。道德、无私心就是人生的花。"

在我的眼前开放着这么多的人生的花朵了。我的生命要到甚么时候才会开花?难道我已经是"内部干枯"了么?

一个朋友说过:"我若是灯,我就要用我的光明来照彻黑暗。"

我不配做一盏明灯。那么就让我做一块木柴罢。我愿意把我从太阳那里受到的热放散出来,我愿意把自己烧得粉身碎骨给人间添一点点温暖。

1933年6月在广州

【作品导读】

《朋友》写于1933年,巴金29岁时写的随笔散文——《朋友》。巴金先生说他是靠友情生活到现在的。青年时的巴金埋头于写作,为了写作,他到40岁才结婚。没有家,朋友的家就是他的家,写作之余,巴金先生常常旅游到各处去看朋友,并写下了《旅途随笔》。散文《朋友》就是《旅途随笔》中的一篇。

巴金先生在一个明争暗斗的封建大家庭里度过了他的青少年时期,除了母亲给予的无私的爱,他很难得到更多的亲情的关怀,但是性格内向的巴金却有一大帮志同道合的朋友。他对朋友无话不说,至诚至义。巴金先生的小说《灭亡》发表后,他得到生平的第一笔稿费,他一分不剩地全给了朋友。巴金先生说没有这些朋友,他就没法写出这部小说。

在巴金先生最后的日子里,他的亲人和众多朋友一直陪伴在他的身边。还是在1999年2月,巴金先生一次病危被抢救过来时,他就说"从今天起,我为你们活着。"早年巴金先生也曾经说过:"友情是我生命中的一盏明灯,灯亮着,我走夜路也不会感到孤独。"冰心在巴金一幅画像旁题写赠言:"人生得一知己足矣,此际当以同怀视之。"巴金1994年5月20日给冰心题字:"冰心大姐的存在就是一种力量,她是一盏明灯,照亮我前面的道路。她比我更乐观。灯亮着,我放心地大步向前。灯亮着,我不会感到孤独。"巴金的朋友都把"多量的同情,多量的爱,多量的欢乐,多量的眼泪"分给了巴金,而这些东西正是巴金"生存所必需的"。多么真挚的朋友情谊啊!这也正是巴金终生奋斗的力量之源。

七、课后作业

1. 请说说与你交往的朋友主要有哪些类型,与他们交友,会引导你朝哪个方向发展。
2. 根据余光中《朋友四型》和巴金《朋友》,写一篇关于朋友的文章。

药

一、作者介绍

鲁迅生平及创作参见本教材《拿来主义》的相关内容。

二、作品背景

1907年,光复会成员徐锡麟刺杀安徽巡抚恩铭,事败被捕,恩铭的亲兵残酷地挖出徐的心肝炒食。不久,光复会的另一成员秋瑾被捕杀于绍兴城内"古轩亭口"。鲁迅就是以秋瑾被杀害的事件为背景,写了这篇小说《药》。

辛亥革命爆发,曾使鲁迅振奋,烈士的鲜血激起了他的强烈义愤。辛亥革命后,清朝的封建统治虽然被推翻了,但革命的资产阶级却未能完成反帝反封建的民主革命任务。鲁迅在失望和痛苦之中,深刻剖析中国社会的种种弊端,积极探索救国救民的真理。鲁迅在《我怎么做起小说来》中说:"我的取材,多采自病态社会的不幸的人们中,意思是揭出病苦,引起疗救的注意。"这话有两层意思:一是小说写的人物多是"不幸的人们"(包括民众和革命者);二是写作目的在于"揭出病苦"(包括写出民众的愚昧和革命者的悲哀)。当时鲁迅对革命的对象、任务、途径等问题,还不能作出马克思主义的回答,所以只是"引起人们疗救"而已。

三、作品主题

(一) 通过了解故事情节,把握小说的主题

小说围绕"药"展开情节,共分四个部分:买药——吃药——谈药——上坟(吃药的结果)。

《药》的第一部分写华老栓买"药",通过老栓取钱、刑场所见和买人血馒头,可以看到老栓的愚昧落后;第二部分写小栓吃"药",进一步加深对老栓愚昧的刻画,也在暗示小栓将死于愚昧;第三部分通过茶客谈"药",可以理解作者的写作目的是在刻画康大叔的丑恶形象和表现夏瑜的革命精神;最后一部分通过华、夏两家人上坟,表现革命者死后的寂寞和悲凉,这可以进一步加深对主题的认识。

可见,《药》的主题是作者通过描写华、夏两家的悲剧,揭露了封建统治阶级镇压革命和愚弄人民的反动本质,表现了群众的愚昧和革命者的悲哀。

(二) 通过作者塑造的主要人物形象把握主题

作者塑造人物形象的目的就是表达一定的思想,透过主要人物的性格特征,可以弄清作者的立场和他对现实生活的态度,看出他爱什么,恨什么,歌颂什么,暴露什么,肯定什么,反对什么。经过这样的综合分析,可以概括出作品的主题。

在《药》中，作者以鲜明的爱憎倾向描写了三类人物：资产阶级革命者、人民群众和封建统治阶级的爪牙（注意小说中人物的外貌、动作、语言、心理等描写）。

1. 华老栓的人物形象

华老栓是小说中正面详细描绘的人物形象。他是一个劳动群众，经济困难，地位低下。他愚昧、落后。他爱子心切，深信人血馒头能够治儿子的病，他为能买到这种药深感"爽快"，感到"幸福"。他只关心儿子，对革命不关心更不理解，不知他儿子吃的人血馒头正是革命者的鲜血浸泡的。这又表现了他麻木、无知。但他又和一切劳动者一样，具有勤劳、善良、俭朴的品格。

作者对华老栓的态度，可用"哀其不幸，怒其不争"来概括。既同情他的不幸，又批判他的愚昧落后；他的愚昧落后是封建统治者长期统治和毒害所造成的。

2. 夏瑜的人物形象

夏瑜在作品中没有出场，作者主要是通过刽子手和茶客的谈话来侧面描写他的行为思想。

夏瑜是资产阶级民主革命者。家境贫寒，对革命矢志不渝，具有革命者英勇无畏、大义凛然的英雄气概和为革命而献身的精神。

作者既赞扬夏瑜的革命精神，也形象地指出他的斗争的悲剧性，即：他的主张、行动、牺牲未能赢得群众的理解、支持、同情。

3. 康大叔的人物形象

康大叔是封建统治阶级统治和镇压群众的工具。他凶暴、残忍、贪婪、无耻，他对群众蛮横凶恶，对革命极端仇视，是个穷凶极恶、贪得无厌的刽子手。

通过作者对康大叔的外貌、行动、语言的描述，我们足可见作者对其憎恶的态度。

（三）通过了解创作的时代背景和创作小说的动机了解主题

《药》一文创作于1919年4月，此时作者正是一个在黑暗中摸索的战士。他说："我的取材，多采自病态社会不幸的人们中，意思是揭出病苦，引起疗救者注意。"并非批判辛亥革命严重脱离群众。鲁迅与友人谈到《药》时说："《药》描写群众的愚昧，和革命者的悲哀；或者说，因群众的愚昧而来的革命者的悲哀；更直接地说，革命者为愚昧的群众奋斗而牺牲了，愚昧的群众并不知道这牺牲为的是谁，却还要因了愚昧的见解，以为这牺牲可以享用，增加群众中的某一私人的福利。"（孙伏园《鲁迅先生二三事·〈药〉》）

鲁迅先生自己的说法，既符合作品本身的实际，又符合当时他的思想，是对《药》的主题的精当的概括。

四、《药》的主要写作特点

（一）精巧的构思和别致的结构

首先，小说标题发人深省。它不仅概括了小说的主要情节，而且连接了华、夏两家的故事，使明暗线互相连接。更重要的是具有揭示主题的作用，它从不成其药的人血馒头被落后群众当作药的悲剧里，探索什么才是医治半殖民地半封建旧中国的痼疾的"药"。

另外，华、夏两家都死了儿子的故事说明了群众的愚昧和革命者的悲哀，构思十分巧妙。

最后是别致的双线结构。

故事情节	华家（明线）	交织点	夏家（暗线）
开端	老栓买"药"	刑场（明暗接连）	夏瑜就义,血被卖
发展	小栓吃"药"	老栓家（交织）	夏瑜血被吃
高潮	茶客谈"药"	茶馆（汇集）	茶客谈夏瑜（血的由来）
结局	华大妈上坟	坟场（融合）	夏四奶奶上坟

（二）巧用侧面描写和气氛烘托

《药》的侧面描写主要体现在对夏瑜的刻画上,从康大叔对夏瑜的极度仇视,我们了解到夏瑜的坚贞不屈、大义凛然,使文章短小精悍而意味深长。

本文运用景物描写来烘托气氛,别具一格。如,开头写"秋天的后半夜""夜是黑沉沉的",烘托出黎明前的黑暗时刻的突出特征：阴暗、凄清、恐怖,也渲染了夏瑜就义时沉寂而肃杀的气氛。又如,借对坟场的描写,荒凉的穷人丛冢,"铁铸一般站着"的乌鸦,"枯草"发出"一丝发抖的声音",烘托了坟场的悲凉的气氛。

五、知识拓展

（一）《药》的象征手法

《药》是一篇写实主义的作品,但它并没有排斥象征手法的运用,没有排斥象征主义的某些成分。小说是这样开头的：秋天的后半夜,月亮下去了,太阳还没有出,只剩下一片乌蓝的天；除了夜游的东西,什么都睡着,华老栓忽然坐起身,擦着火柴……

这除了交代华老栓去买人血馒头的时间以外,也象征地点明了故事发生的时代,告诉读者这是深夜,是最昏黑的时候,是人们还在沉睡的年代。"什么都睡着"五个字,作者决不是随便落笔的,它是一种暗示。接下去写老栓买到人血馒头时的高兴心情："他的精神,现在只在一个包上,仿佛抱着一个十世单传的婴儿,别的事情,都已置之度外了。他现在要将这包里的新的生命,移植到他家里,收获许多幸福。"用暗喻笔法反衬出老栓迷信思想的严重,预示悲剧的即将到来。作者没有把《药》的悲剧仅仅看做两个家庭的悲剧,而是看成整个中华民族的悲剧,是全民族千千万万个家庭的悲剧。因此,在写实之外,又增加了一点象征的色彩：特意安排两个悲剧的主人公一家姓"华",一家姓"夏",合起来恰恰是中国的古称——"华夏"。

这是淡淡的不显眼的一笔,然而这一笔把悲剧的普遍而深广的意义提到了一个新的高度。

——严家炎《复调小说：鲁迅的突出贡献》

（二）对《药》的结尾的理解

对于长期争论不休的《药》的结尾的含意……就必须承认鲁迅自己所说的,《药》的结尾的描写留着"安特莱夫式的阴冷""比王婆鬼气"。(顺便说一句,有的同志曾作了长篇引证,试图说明"五四"时期及鲁迅自己都是以"乌鸦"作为"革命者"的象征;但在我看来,即使有再多的证据都不能说明,《药》里的"乌鸦"就必然是"革命者"的象征,因为艺术创造是最具有创造性的。我们很容易就提出反证,比如,难道能够说鲁迅《奔月》里的"乌鸦"也象征革命者吗)?而这"阴冷"和"鬼气",所要传达的,正是一种"绝望"的情绪、心理与气氛(这里还有一个值得注意的细节:华大妈期待乌鸦飞上夏瑜的坟顶,结果乌鸦却或站在笔直的树枝间,或飞向远空,"显灵"的"希望"也终于落空)。也有的同志注意到了"坟上的花环"与《药》的"结尾"之间的内在联系,但他们却不能理解(因而不能接受)"一个是渲染坟场上的阴冷的气氛,一个是光明的象征"这两者之间的"不调和",而一定要将二者"统一"起来,从而得出"'乌鸦'也只有是革命者的象征,才使作品结尾的乐观气氛协调一致","才使作品放射出革命浪漫主义的光辉"的结论。而在我看来,"不调和"才是鲁迅思想、艺术的特质,"坟上的花圈"与"坟场的阴冷气氛"正是前述鲁迅内心深处的"希望"与"绝望"的艺术的外化,二者互相交织,补充,对错交流,而又互相撞击,否定(消解),汇合成了鲁迅式的心灵的大颤动。片面地将"坟上的花环"的意义绝对化、夸大化,并把《药》及《呐喊》中的类似作品归之于"革命浪漫主义",这显然是将鲁迅的思想、艺术简单化。

——钱理群《解读鲁迅小说的一把钥匙——〈读呐喊·自序〉兼论〈药〉的结尾》

鲁迅在《呐喊自序》中写道:"我往往不恤用了曲笔,在《药》的瑜儿的坟上平添一个花环。"所谓"平添"不仅指小说前面无伏笔可寻,清末也没有用花环寄托哀思的习俗,还指不够恰当地拔高了严重脱离群众的旧民主主义革命者的历史地位。鲁迅认为坟上的"花环"是"曲笔",是"平添"上去的,这是对自己作品从严解剖。严格说来,情节的选择一定要符合生活实际,哪怕细节也应该这样。"平添"花环是小说美中不足,但也不能因此否定这篇小说深刻的思想性和高超的艺术性。从总体看,添"花环"并不影响故事情节的展开。而对表现人物性格,倒起了一定的促进作用。当然,作为艺术创造的更高要求来说,应该忠于生活实际。

(三)《药》的语言

钱理群先生说:"鲁迅语言里的色彩感、音乐感和镜头感,不仅充分展示了中国汉语的绘画美、音乐美、游戏性,而且也是最接近中学生的思维、欣赏趣味,最容易为他们所接受的。"

小说《药》中,刑场买药、茶馆里吃药谈药和坟场上坟,这三个场所、四个情节,就像四幅图画,充分体现了鲁迅语言的绘画性、色彩感和镜头感。

比如在刑场买药,我们看到了"乌蓝的天",茶馆屋子里"青白的光",街上"灰白的路","那三三两两的人,也忽然合作一堆,潮一般向前进;将到丁字街口,便突然立住,簇成一个半圆",一个"浑身黑色的人","一只手却撮着一个鲜红的馒头,那红的还是一点一点的往下滴"。这画里阴冷的色调与馒头的鲜红形成强烈对比,更给人添加几分恐惧。而我们看刑场买药又像是由一个一个的镜头组成的,华老栓起身取钱、出门路上、遇到官兵和看客、买人血馒头,在这几组镜头里,环境的处理、人物言行所传达的感情都体现出来,同学们在学习中可以发挥自己的想象力,将鲁迅的文字文本转换为电影、电视镜头,甚至可以将这些想象排练出一个课本剧,那是非常生动而有意义的一种艺术创作。

六、美文欣赏

祝 福

旧历的年底毕竟最像年底,村镇上不必说,就在天空中也显出将到新年的气象来。灰白色的沉重的晚云中间时时发出闪光,接着一声钝响,是送灶的爆竹;近处燃放的可就更强烈了,震耳的大音还没有息,空气里已经散满了幽微的火药香。我是正在这一夜回到我的故乡鲁镇的。虽说故乡,然而已没有家,所以只得暂寓在鲁四老爷的宅子里。他是我的本家,比我长一辈,应该称之曰"四叔",是一个讲理学的老监生。他比先前并没有什么大改变,单是老了些,但也还未留胡子,一见面是寒暄,寒暄之后说我"胖了",说我"胖了"之后即大骂其新党。但我知道,这并非借题在骂我:因为他所骂的还是康有为。但是,谈话是总不投机的了,于是不多久,我便一个人剩在书房里。

第二天我起得很迟,午饭之后,出去看了几个本家和朋友;第三天也照样。他们也都没有什么大改变,单是老了些;家中却一律忙,都在准备着"祝福"。这是鲁镇年终的大典,致敬尽礼,迎接福神,拜求来年一年中的好运气的。杀鸡,宰鹅,买猪肉,用心细细地洗,女人的臂膊都在水里浸得通红,有的还带着绞丝银镯子。煮熟之后,横七竖八地插些筷子在这类东西上,可就称为"福礼"了,五更天陈列起来,并且点上香烛,恭请福神们来享用,拜的却只限于男人,拜完自然仍然是放爆竹。年年如此,家家如此,——只要买得起福礼和爆竹之类的——天色愈阴暗了,下午竟下起雪来,雪花大的有梅花那么大,满天飞舞,夹着烟霭和忙碌的气色,将鲁镇乱成一团糟。我回到四叔的书房里时,瓦楞上已经雪白,房里也映得较光明,极分明地显出壁上挂着的朱拓的大"寿"字,陈抟老祖写的,一边的对联已经脱落,松松的卷了放在长桌上,一边的还在,道是"事理通达心气和平"。我又无聊赖地到窗下的案头去一翻,只见一堆似乎未必完全的《康熙字典》,一部《近思录集注》和一部《四书衬》。无论如何,我明天决计要走了。

况且,一直到昨天遇见祥林嫂的事,也就使我不能安住。那是下午,我到镇的东头访过一个朋友,走出来,就在河边遇见她;而且见她瞪着的眼睛的视线,就知道明明是向我走来的。我这回在鲁镇所见的人们中,改变之大,可以说无过于她的了:之前的花白的头发,已经全白,全不像四十上下的人;脸上瘦削不堪,黄中带黑,而且消尽了先前悲哀的神色,仿佛是木刻似的;只有那眼珠间或一轮,还可以表示她是一个活物。她一手提着竹篮。内中一个破碗,空的;一手拄着一支比她更长的竹竿,下端开了裂:她分明已经纯乎是一个乞丐了。

我就站住,预备她来讨钱。

"你回来了?"她先这样问。

"是的。"

"这正好。你是识字的,又是出门人,见识得多。我正要问你一件事——"她那没有精采的眼睛忽然发光了。

我万料不到她却说出这样的话来,诧异地站着。

"就是——"她走近两步,放低了声音,极秘密似的切切地说,"一个人死了之后,究竟有没有魂灵的?"

我很悚然,一见她的眼盯着我的,背上也就遭了芒刺一般,比在学校里遇到不及预防的临时考,教师又偏是站在身旁的时候,惶急得多了。对于魂灵的有无,我自己是向来毫不介意的;但在此刻,怎样回答她好呢?我在极短期的踌蹰中,想,这里的人照例相信鬼,然而她,却疑惑了,——或者不如说希望:希望其有,又希望其无……人何必增添末路的人的苦恼,为她起见,不如说有罢。

"也许有罢,——我想。"我于是吞吞吐吐地说。

"那么,也就有地狱了?"

"阿!地狱?"我很吃惊,只得支吾着,"地狱?——论理,就该也有。——然而也未必,……谁来管这等事……"

"那么,死掉的一家的人,都能见面的?"

"唉唉,见面不见面呢?……"这时我已知道自己也还是完全一个愚人,什么踌蹰,什么计画,都挡不住三句问,我即刻胆怯起来了,便想全翻过先前的话来,"那是,……实在,我说不清……其实,究竟有没有魂灵,我也说不清。"

我乘她不再紧接地问,迈开步便走,匆匆地逃回四叔的家中,心里很觉得不安逸。自己想,我这答话怕于她有些危险。她大约因为在别人的祝福时候,感到自身的寂寞了,然而会不会含有别的什么意思的呢?——或者是有了什么预感了?倘有别的意思,又因此发生别的事,则我的答话委实该负若干的责任……但随后也就自笑,觉得偶尔的事,本没有什么深意义,而我偏要细细推敲,正无怪教育家要说是生着神经病;而况明明说过"说不清",已经推翻了答话的全局,即使发生什么事,于我也毫无关系了。

"说不清"是一句极有用的话。不更事的勇敢的少年,往往敢于给人解决疑问,选定医生,万一结果不佳,大抵反成了怨府,然而一用这说不清来作结束,便事事逍遥自在了。我在这时,更感到这一句话的必要,即使和讨饭的女人说话,也是万不可省的。

但是我总觉得不安,过了一夜,也仍然时时记忆起来,仿佛怀着什么不祥的预感,在阴沉的雪天里,在无聊的书房里,这不安愈加强烈了。不如走罢,明天进城去。福兴楼的清炖鱼翅,一元一大盘,价廉物美,现不知增价了否?以往同游的朋友,虽然已经云散,然而鱼翅是不可不吃的,即使只有我一个……无论如何,我明天决计要走了。

我因为常见些但愿不如所料,以为未必竟如所料的事,却每每恰如所料的起来,所以很恐怕这事也一律。果然,特别的情形开始了。傍晚,我竟听到有些人聚在内室里谈话,仿佛议论什么事似的,但不一会,说话声也就止了,只有四叔且走而且高声地说:

"不早不迟,偏偏要在这时候——这就可见是一个谬种!"

我先是诧异,接着是很不安,似乎这话于我有关系。试望门外,谁也没有。好容易待到晚饭前他们的短工来冲茶,我才得了打听消息的机会。

"刚才,四老爷和谁生气呢?"我问。

"还不是和祥林嫂?"那短工简捷地说。

"祥林嫂?怎么了?"我又赶紧地问。

"老了。"

"死了?"我的心突然紧缩,几乎跳起来,脸上大约也变了色,但他始终没有抬头,所以全不觉。我也就镇定了自己,接着问:

"什么时候死的?"

"什么时候?——昨天夜里,或者就是今天罢。——我说不清。"

"怎么死的?"

"怎么死的?——还不是穷死的?"他淡然的回答,仍然没有抬头向我看,出去了。

然而我的惊惶却不过暂时的事,随着就觉得要来的事,已经过去,并不必仰仗我自己的"说不清"和他之所谓"穷死的"的宽慰,心地已经渐渐轻松;不过偶然之间,还似乎有些负疚。晚饭摆出来了,四叔俨然的陪着。我也还想打听些关于祥林嫂的消息,但知道他虽然读过"鬼神者二气之良能也",而忌讳仍然极多,当临近祝福时候,是万不可提起死亡疾病之类的话的,倘不得已,就该用一种替代的隐语,可惜我又不知道,因此屡次想问,而终于中止了。我从他俨然的脸色上,又忽而疑他正以为我不早不迟,偏要在这时候来打搅他,也是一个谬种,便立刻告诉他明天要离开鲁镇,进城去,趁早放宽了他的心。他也不很留。这样闷闷的吃完了一餐饭。

冬季日短,又是雪天,夜色早已笼罩了全市镇。人们都在灯下匆忙,但窗外很寂静。雪花落在积得厚厚的雪褥上面,听去似乎瑟瑟有声,使人更加感得沉寂。我独坐在发出黄光的菜油灯下,想,这百无聊赖的祥林嫂,被人们弃在尘芥堆中的,看得厌倦了的陈旧的玩物,先前还将形骸露在尘芥里,从活得有趣的人们看来,恐怕要怪讶她何以还要存在,总算被无常打扫得干干净净了。魂灵的有无,我不知道;然而在现世,则无聊生者不生,即使厌见者不见,为人为己,也还都不错。我静听着窗外似乎瑟瑟作响的雪花声,一面想,反而渐渐的舒畅起来。

然而先前所见所闻的她的半生事迹的断片,至此也联成一片了。

她不是鲁镇人。有一年的冬初,四叔家里要换女工,做中人的卫老婆子带她进来了,头上扎着白头绳,乌裙,蓝夹袄,月白背心,年纪大约二十六七,脸色青黄,但两颊却还是红的。卫老婆子叫她祥林嫂,说是自己母家的邻舍,死了当家人,所以出来做工了。四叔皱了皱眉,四婶已经知道了他的意思,是在讨厌她是一个寡妇。但是她模样还周正,手脚都壮大,又只是顺着眼,不开一句口,很像一个安分耐劳的人,便不管四叔的皱眉,将她留下了。试工期内,她整天地做,似乎闲着就无聊,又有力,简直抵得过一个男子,所以第三天就定局,每月工钱五百文。

大家都叫她祥林嫂;没问她姓什么,但中人是卫家山人,既说是邻居,那大概也就姓卫了。她不很爱说话,别人问了才回答,答的也不多。直到十几天之后,这才陆续的知道她家里还有严厉的婆婆;一个小叔子,十多岁,能打柴了;她是春天没了丈夫的;他本来也打柴为生,比她小十岁:大家所知道的就只是这一点。

日子很快的过去了,她的做工却丝毫没有懒,食物不论,力气是不惜的。人们都说鲁四老爷家里雇着了女工,实在比勤快的男人还勤快。到年底,扫尘,洗地,杀鸡,宰鹅,彻夜地煮福礼,全是一人担当,竟没有添短工。然而她反满足,口角边渐渐的有了笑影,脸上也白胖了。

新年才过,她从河边淘米回来时,忽而失了色,说刚才远远地看见几个男人在对岸徘徊,很像夫家的堂伯,恐怕是正为寻她而来的。四婶很惊疑,打听底细,她又不说。四叔一知道,就皱一皱眉,道:

"这不好。恐怕她是逃出来的。"

她诚然是逃出来的,不多久,这推想就证实了。

此后大约十几天,大家正已渐渐忘却了先前的事,卫老婆子忽而带了一个三十多岁的女人进来了,说那是祥林嫂的婆婆。那女人虽是山里人模样,然而应酬很从容,说话也能干,寒暄之后,就赔罪,说她特来叫她的儿媳回家去,因为开春事务忙,而家中只有老的和小的,人手不够了。

"既是她的婆婆要她回去,那有什么话可说呢。"四叔说。

于是算清了工钱,一共一千七百五十文,她全存在主人家,一文也还没有用,便都交给她的婆婆。那女人又取了衣服,道过谢,出去了。其时已经是正午。

"阿呀,米呢?祥林嫂不是去淘米的么?……"好一会,四婶这才惊叫起来。她大约有些饿,记得午饭了。

于是大家分头寻淘箩。她先到厨下,次到堂前,后到卧房,全不见淘箩的影子。四叔踱出门外,也不见,一直到河边,才见平平正正的放在岸上,旁边还有一株菜。

看见的人报告说,河里面上午就泊了一只白篷船,篷是全盖起来的,不知道什么人在里面,但事前也没有人去理会它。待到祥林嫂出来淘米,刚刚要跪下去,那船里便突然跳出两个男人来,像是山里人,一个抱住她,一个帮着,拖进船去了。祥林嫂还哭喊了几声,此后便再没有什么声息,大约给用什么堵住了罢。接着就走上两个女人来,一个不认识,一个就是卫老婆子。窥探舱里,不很分明,她像是捆了躺在船板上。

"可恶!然而……"四叔说。

这一天是四婶自己煮中饭;他们的儿子阿牛烧火。

午饭之后,卫老婆子又来了。

"可恶!"四叔说。

"你是什么意思?亏你还会再来见我们。"四婶洗着碗,一见面就愤愤地说,"你自己荐她来,又合伙劫她去,闹得沸反盈天的,大家看了成个什么样子?你拿我们家里开玩笑么?"

"阿呀阿呀,我真上当。我这回,就是为此特地来说说清楚的。她来求我荐地方,我哪里料得到是瞒着她的婆婆的呢。对不起,四老爷,四太太。总是我老发昏不小心,对不起主顾。幸而府上是向来宽宏大量,不肯和小人计较的。这回我一定荐一个好的来折罪……"

"然而……"四叔说。

于是祥林嫂事件便告终结,不久也就忘却了。

只有四婶,因为后来雇用的女工,大抵非懒即馋,或者馋而且懒,左右不如意,所以也还提起祥林嫂。每当这些时候,她往往自言自语地说,"她现在不知道怎么样了?"意思是希望她再来。但到第二年的新正,她也就绝了望。

新正将尽,卫老婆子来拜年了,已经喝得醉醺醺的,自说因为回了一趟卫家山的娘家,住下几天,所以来得迟了。她们问答之间,自然就谈到祥林嫂。

"她么?"卫老婆子高兴地说,"现在是交了好运了。她婆婆来抓她回去的时候,是早已许给了贺家墺的贺老六的,所以回家之后不几天,也就装在花轿里抬去了。"

"阿呀,这样的婆婆!……"四婶惊奇地说。

"阿呀,我的太太!你真是大户人家的太太的话。我们山里人,小户人家,这算得什么?她有小叔子,也得娶老婆。不嫁了她,哪有这一注钱来做聘礼?他的婆婆倒是精明强干的女人呵,很有打算,所以就将她嫁到山里去。倘许给本村人,财礼就不多;唯独肯嫁进深山野墺里去的女人少,所以她就到手了八十千。现在第二个儿子的媳妇也娶进了,财礼花了五十,除去办喜事的费用,还剩十多千。吓,你看,这多么好打算?……"

"祥林嫂竟肯依?……"

"这有什么依不依。——闹是谁也总要闹一闹的,只要用绳子一捆,塞在花轿里,抬到男家,捺上花冠,拜堂,关上房门,就完事了。可是祥林嫂真出格,听说那时实在闹得厉害,大家还都说大约因为在念书人家做过事,所以与众不同呢。太太,我们见得多了:回头人出嫁,哭喊的也有,说要寻死觅活的也有,抬到男家闹得拜不成天地的也有,连花烛都砸了的也有。祥林嫂可是异乎寻常,他们说她一路只是嚎,骂,抬到贺家墺,喉咙已经全哑了。拉出轿来,两个男人和她的小叔子使劲地捺住她也还拜不成天地。他们一不小心,一松手,阿呀,阿弥陀佛,她就一头撞在香案角上,头上碰了一个大窟窿,鲜血直流,用了两把香灰,包上两块红布还止不住血呢。直到七手八脚地将她和男人反关在新房里,还是骂,阿呀呀,这真是……"她摇一摇头,顺下眼睛,不说了。

"后来怎么样呢?"四婶还问。

"听说第二天也没有起来。"她抬起眼来说。

"后来呢?"

"后来?——起来了。她到年底就生了一个孩子,男的,新年就两岁了。我在娘家这几天,就有人到贺家墺去,回来说看见他们娘儿俩,母亲也胖,儿子也胖;上头又没有婆婆,男人所有的是力气,会做活;房子是自家的。——唉唉,她真是交了好运了。"

从此之后,四婶也就不再提起祥林嫂。

但有一年的秋季,大约是得到祥林嫂好运的消息之后的又过了两个新年,她竟又站在四叔家的堂前了。桌上放着一个荸荠式的圆篮,檐下一个小铺盖。她仍然头上扎着白头绳,乌裙,蓝夹袄,月白背心,脸色青黄,只是两颊上已经消失了血色,顺着眼,眼角上带些泪痕,眼光也没有先前那样精神了。而且仍然是卫老婆子领着,显出慈悲模样,絮絮地对四婶说:

"……这实在是叫作'天有不测风云',她的男人是坚实人,谁知道年纪轻轻,就会断送在伤寒上?本来已经好了的,吃了一碗冷饭,复发了。幸亏有儿子;她又能做,打柴摘茶养蚕都来得,本来还可以守着,谁知道那孩子又会给狼衔去的呢?春天快完了,村上倒反来了狼,谁料到?现在她只剩了一个光身了。大伯来收屋,又赶她。她真是走投无路了,只好来求老主人。好在她现在已经再没有什么牵挂,太太家里又凑巧要换人,所以我就领她来。——我想,熟门熟路,比生手实在好得多……"

"我真傻,真的,"祥林嫂抬起她没有神采的眼睛来,接着说。"我单知道下雪的时候野兽在山坳里没有食吃,会到村里来;我不知道春天也会有。我一清早起来就开了门,拿小篮盛了一篮豆,叫我们的阿毛坐在门槛上剥豆去。他是很听话的,我的话句句听;他出去了。我就在屋后劈柴,淘米,米下了锅,要蒸豆。我叫阿毛,没有应,出去一看,只见豆撒得一地,没有我们的阿毛了。他是不到别家去玩的;各处去一问,果然没有。我急了,央人出去寻。直到下半天,寻来寻去寻到山坳里,看见刺柴上挂着一只他的小鞋。大家都说,糟了,怕是遭了狼了。再进去;他果然躺在草窠里,肚里的五脏已经都给吃空了,手上还紧紧地捏着那只小篮呢。……"她接着但是呜咽,说不出成句的话来。

四婶起初还踌躇,待到听完她自己的话,眼圈就有些红了。她想了一想,便教拿圆篮和铺盖到下房去。卫老婆子仿佛卸了一肩重担似的嘘一口气;祥林嫂比初来时候神气舒畅些,不待指引,自己驯熟地安放了铺盖。她从此又在鲁镇做女工了。

大家仍然叫她祥林嫂。

然而这一回,她的境遇却改变得非常大。上工之后的两三天,主人们就觉得她手脚已没有先前一样灵活,记性也坏得多,死尸似的脸上又整日没有笑影,四婶的口气上,已颇有些不满了。当她初到的时候,四叔虽然照例皱过眉,但鉴于向来雇用女工之难,也就并不大反对,只是暗暗地告诫四婶说,这种人虽然似乎很可怜,但是败坏风俗的,用她帮忙还可以,祭祀时候可用不着她沾手,一切饭菜,只好自己做,否则,不干不净,祖宗是不吃的。

四叔家里最重大的事件是祭祀,祥林嫂先前最忙的时候也就是祭祀,这回她却清闲了。桌子放在堂中央,系上桌帏,她还记得照旧地去分配酒杯和筷子。

"祥林嫂,你放着罢!我来摆。"四婶慌忙地说。

她讪讪的缩了手,又去取烛台。

"祥林嫂,你放着罢!我来拿。"四婶又慌忙地说。

她转了几个圆圈,终于没有事情做,只得疑惑的走开。她在这一天可做的事是不过坐在灶下烧火。

镇上的人们也仍然叫她祥林嫂,但音调和先前很不同;也还和她讲话,但笑容却冷冷的了。她全不理会那些事,只是直着眼睛,和大家讲她自己日夜不忘的故事:

"我真傻,真的,"她说,"我单知道雪天是野兽在深山里没有食吃,会到村里来;我不知道春天也会有。我一大早起来就开了门,拿小篮盛了一篮豆,叫我们的阿毛坐在门槛上剥豆去。他是很听话的孩子,我的话句句听;他就出去了。我就在屋后劈柴,淘米,米下了锅,打算蒸豆。我叫,'阿毛!'没有应。出去一看,只见豆撒得满地,没有我们的阿毛了。各处去一问,都没有。我急了,央人去寻去。直到下半天,几个人寻到山坳里,看见刺柴上挂着一只他的小鞋。大家都说,完了,怕是遭了狼了;再进去,果然,他躺在草窠里,肚里的五脏已经都给吃空了,可怜他手里还紧紧地捏着那只小篮呢。……"她于是淌下眼泪来,声音也呜咽了。

这故事倒颇有效,男人听到这里,往往敛起笑容,没趣地走了开去;女人们却不独宽恕了她似的,脸上立刻改换了鄙薄的神气,还要陪出许多眼泪来。有些老女人没有在街头听到她的话,便特意寻来,要听她这一段悲惨的故事。直到她说到呜咽,她们也就一齐流下那停在眼角上的眼泪,叹息一番,满足地去了,一面还纷纷的评论着。

她就只是反复的向人说她悲惨的故事,常常引住了三五个人来听她。但不久,大家也都听得纯熟了,便是最慈悲的念佛的老太太们,眼里也再不见有一点泪的痕迹。后来全镇的人们几乎都能背诵她的话,一听到就烦厌得头痛。

"我真傻,真的,"她开首说。

"是的,你是单知道雪天野兽在深山里没有食吃,才会到村里来的。"他们立即打断她的话,走开去了。

她张着口怔怔地站着,直着眼睛看他们,接着也就走了,似乎自己也觉得没趣。但她还妄想,希图从别的事,如小篮,豆,别人的孩子上,引出她的阿毛的故事来。倘一看见两三岁的小孩子,她就说:

"唉唉,我们的阿毛如果还在,也就有这么大了……"

孩子看见她的眼光就吃惊,牵着母亲的衣襟催她走。于是又只剩下她一个,终于没趣的也走了,后来大家又都知道了她的脾气,只要有孩子在眼前,便似笑非笑地先问她,道:

"祥林嫂,你们的阿毛如果还在,不是也就有这么大了么?"

她未必知道她的悲哀经大家咀嚼赏鉴了许多天,早已成为渣滓,只值得烦厌和唾弃;但从人们的笑影上,也仿佛觉得这又冷又尖,自己再没有开口的必要了。她单是一瞥他们,并不回答一句话。

鲁镇永远是过新年,腊月二十以后就忙起来了。四叔家里这回须雇男短工,还是忙不过来,另叫柳妈做帮手,杀鸡,宰鹅;然而柳妈是善女人,吃素,不杀生的,只肯洗器皿。祥林嫂除烧火之外,没有别的事,却闲着了,坐着只看柳妈洗器皿。微雪点点的下来了。

"唉唉,我真傻,"祥林嫂看了天空,叹息着,独语似的说。

"祥林嫂,你又来了。"柳妈不耐烦地看着她的脸,说。"我问你:你额角上的伤痕,不就是那时撞坏的么?"

"唔唔。"她含糊地回答。

"我问你:你那时怎么后来竟依了呢?"

"我么?……"

"你呀。我想:这总是你自己愿意了,不然……"

"阿阿,你不知道他力气多么大呀。"

"我不信。我不信你这么大的力气,真会拗他不过。你后来一定是自己肯了,倒推说他力气大。"

"阿阿,你……你倒自己试试看。"她笑了。

柳妈的打皱的脸也笑起来,使她蹙缩得像一个核桃,干枯的小眼睛一看祥林嫂的额角,又盯住她的眼。祥林嫂似很局促了,立刻敛了笑容,旋转眼光,自去看雪花。

"祥林嫂,你实在不合算。"柳妈诡秘地说。"再一强,或者索性撞一个死,就好了。现在呢,你和你的第二个男人过活不到两年,倒落了一件大罪名。你想,你将来到阴司去,那两个死鬼的男人还要争,你给了谁好呢?阎罗大王只好把你锯开来,分给他们。我想,这真是……"

她脸上就显出恐怖的神色来,这是在山村里所未曾知道的。

"我想,你不如及早抵当。你到土地庙里去捐一条门槛,当作你的替身,给千人踏,万人跨,赎了这一世的罪名,免得死了去受苦。"

她当时并不回答什么话,但大约非常苦闷了,第二天早上起来的时候,两眼上便都围着大黑圈。早饭之后,她便到镇的西头的土地庙里去求捐门槛,庙祝起初执意不允许,直到她急得流泪,才勉强答应了。价目是大钱十二千。她久已不和人们交口,因为阿毛的故事是早被大家厌弃了的;但自从和柳妈谈了天,似乎又即传扬开去,许多人都发生了新趣味,又来逗她说话了。至于题目,那自然是换了一个新样,专在她额上的伤疤。

"祥林嫂,我问你:你那时怎么竟肯了?"一个说。

"唉,可惜,白撞了这一下。"一个看着她的疤,应和道。

她大约从他们的笑容和声调上,也知道是在嘲笑她,所以总是瞪着眼睛,不说一句话,后来连头也不回了。她整日紧闭了嘴唇,头上带着大家以为耻辱的记号的那伤痕,默默地跑街,扫地,洗菜,淘米。快够一年,她才从四婶手里支取了历来积存的工钱,换算了十二元鹰洋,请假到镇的西头去。但不到一顿饭时候,她便回来,神气很舒畅,眼光也分外有神,高兴似的对四婶说,自己已经在土地庙捐了门槛了。

冬至的祭祖时节,她做得更出力,看四婶装好祭品,和阿牛将桌子抬到堂屋中央,她便坦然地去拿酒杯和筷子。

"你放着罢,祥林嫂!"四婶慌忙大声说。

她像是受了炮烙似的缩手,脸色同时变作灰黑,也不再去取烛台,只是失神地站着。直到四叔上香的时候,教她走开,她才走开。这一回她的变化非常大,第二天,不但眼睛窈陷下去,连精神也更不济了。而且很胆怯,不独怕暗夜,怕黑影,即使看见人,虽是自己的主人,也总惴惴的,有如白天出穴游行的小鼠,否则呆坐着,直是一个木偶人。不半年,头发也花白起来了,记性尤其坏,甚而至于常常忘却了去淘米。

"祥林嫂怎么这样了?倒不如那时不留她。"四婶有时当面就这样说,似乎是警告她。

然而她总如此,全不见有伶俐起来的希望。他们于是想打发她走了,教她回到卫老婆子那里去。但当我还在鲁镇的时候,不过单是这样说;看如今的情状,可见最终终于实行了。然而她是从四叔家出去就成了乞丐的呢,还是先到卫老婆子家然后再成乞丐的呢?那我可不知道。

我给那些因为在近旁而极响的爆竹声惊醒,看见豆一般大的黄色的灯火光,接着又听得毕毕剥剥的鞭炮,是四叔家正在"祝福"了;知道已是五更将近时候。我在蒙胧中,又隐约听到远处的爆竹声连绵不断,似乎合成一天音响的浓云,夹着团团飞舞的雪花,拥抱了全市镇。我在这繁响的拥抱中,也懒散而且舒适,从白天以至初夜的疑虑,全给祝福的空气一扫而空了,只觉得天地圣众歆享了牲醴和香烟,都醉醺醺地在空中蹒跚,预备给鲁镇的人们以无限的幸福。

【作品导读】

《祝福》是鲁迅的小说代表作之一,它是鲁迅第二个小说集《彷徨》中的第一篇。写于1924年2月7日。

20世纪20年代,正是中国新文化运动的发展时期。鲁迅正以极大的热情欢呼辛亥革命的爆发,可是残酷的现实不久就让他失望了。他看到帝制政权虽被推翻,但取而代之的却是地主阶级的军阀官僚的高压化统治,封建社会的基础并没有彻底摧毁,中国的广大人民,尤其是农民,日益贫困化,他们过着饥寒交迫的生活,宗法观念、封建礼教仍然是压在人民头上的精神枷锁。因此他在作品《祝福》里,深刻地展示了这一时期中国农村的真实面貌。

在《祝福》中,祥林嫂是一个受尽封建礼教压榨的穷苦农家妇女。丈夫死后,狠心的婆婆要将她出卖。她被逼出逃,到鲁镇鲁四老爷家做佣工,受尽鄙视、虐待。很快她又被婆婆家抢走,卖到贺家成亲。贺老六是个纯朴忠厚的农民,很快又有了儿子阿毛,祥林嫂终于过上了安稳日子。然而命运多舛,贺老六因伤寒病复发而死,不久,阿毛又被狼吃掉。经受双重打击的祥林嫂,丧魂落魄,犹如白痴,可是人们还说她改嫁"有罪",要她捐门槛"赎罪",不然到了"阴间"还要受苦。她千辛万苦积钱捐了门槛后,依然摆脱不了人们的歧视。最后,她沿街乞讨,在鲁镇一年一度的"祝福"的鞭炮声中,惨死在街头。小说通过描写祥林嫂悲剧的一生,表现作者对受压迫妇女的同情,对封建思想、封建礼教的无情揭露。也更阐述了像文中的"我"一样的启蒙知识分子,对社会的这一现状的无动于衷而不知所措,且对这样的行为给予反思。

和《药》的双线结构不同,《祝福》是以描写一个人物事迹为主的单线结构。这篇小说的叙事顺序也与《药》不同,《药》是顺序,而《祝福》是倒叙。小说把祥林嫂悲惨的结局放在开头,巧妙地设置了悬念,使读者寄予探求事情的原委,有一定的吸引力;把祝福的景象和祥林嫂的死连在一起,形成强烈的对比,有震撼人心的力量,突出反封建的主题。

《祝福》的人物形象刻画很巧妙,祥林嫂三次来鲁镇,因为处境不同,在精神面貌和言行举止上有三处不同表现,同学们在阅读时找出来再作分析对比,进而向鲁迅先生学习外貌描写、肖像描写的写作方法,这对我们写作的提高是有帮助的。

《祝福》的环境描写很多,其中关于"祝福"的三次描写,对于塑造人物和表现主题,起到了十分重要的作用。小说中四处写到雪,看似轻轻点染,实则颇具意蕴。同学们在阅读时要思考这些环境描写的意义。

小说取名为祝福,是颇有用意的。首先,小说起于祝福,终于祝福,中间一再写到祝福,情节的发展与祝福密切相关;其次,祥林嫂的悲惨遭遇是在祝福的欢乐气氛中展开的,鲜明的对照增强了作品的悲剧色彩,深化了小说的主题。最先感到痛苦,最多地承受了痛苦——因为要解决痛苦而最多地思考了痛苦,最后也为此痛苦付出了生命的代价。所以,《祝福》的主题,应该是鲁迅先生对所有那些先知先觉者(也包括他自己)的深深祝福——这正好也是鲁迅先生这篇小说篇名"祝福"二字的真义。

七、推荐篇目

《阿Q正传》,这是鲁迅先生于1921—1922年撰写的中篇小说。小说最初发表于北京《晨报副刊》,后收入小说集《呐喊》。

《阿Q正传》继承中国小说的民族传统,用"传"的形式构成全篇。小说紧紧围绕阿Q

而"传",自始至终以阿Q的活动作为唯一线索,展开故事情节,写出阿Q短暂而可悲的一生,成功地塑造了一批艺术形象,特别是阿Q的形象血肉丰满,栩栩如生,有鲜明的个性,包含深广的社会和历史内容,成为不朽的艺术典型。

在《阿Q正传》里,鲁迅不仅刻画了一个旧中国社会里的典型的农民形象,而且还揭露出了造成个人精神病态的病态的社会,阿Q"精神胜利法"映射出了旧中国民族的多种劣根性和丑态。鲁迅先生创作《阿Q正传》就是意在"画出这样沉默的国民的魂灵"让世人清醒头脑。

鸿门宴

一、关于课文

1. 关于作者

司马迁(前145~前90),西汉史学家、思想家、文学家。字子长,夏阳(今陕西韩城)人。著有《史记》《汉书·艺文志》,著录有《司马迁赋》八篇,《隋书·经籍志》有《司马迁集》一卷。

父亲司马谈汉武帝时任太史令,学问修养广博,其学术思想对司马迁的思想、人格和治学态度都有较深的影响。20岁左右,司马迁在长安向当时的经学大师董仲舒学习《春秋》,向孔安国学习古文《尚书》,在他所接受的"黄老思想"(中国战国时的哲学、政治思想流派。尊传说中的黄帝和老子为创始人,故名。黄老之学始于战国盛于西汉,尊崇黄帝和老子的思想,黄老学派并兼采阴阳、儒、法、墨等诸家观点而成)的基础上又渗透了儒家思想。他20岁时开始漫游;35岁时,他又第二次漫游;做官期间,他还经常随侍武帝巡游,丰富了阅历,开阔了眼界和胸襟。通过踏遍名山大川,实地考察历史遗迹,了解到许多历史人物的逸闻轶事以及各地的民情风俗和经济生活。对以后编写《史记》有很大帮助。

据《史记·太史公自序》所说,其父司马谈一直想效法孔子写作《春秋》的精神,写一部体系完整的史书,可惜他只做了一些准备的工作,便病逝于洛阳,临死之前,把他的理想事业,交给了儿子。司马迁在父亲去世后继任太史令,42岁开始编写《史记》。隔年,正当他专心著述时,却因替投降匈奴的李陵辩护,触怒武帝,被捕入狱,并受宫刑。出狱后任中书令。为完成父亲遗愿,为了雪清耻辱,他发愤著书,以十分刚毅的精神和"究天人之际,通古今之变,成一家之言"的史识完成《史记》的写作,并通过《史记》鞭挞黑暗、表彰正义。

2. 关于《史记》

《史记》是我国第一部纪传体通史,记载上自传说中的黄帝,下至汉武帝时代3 000多年的历史。是"二十五史"之首,被鲁迅誉为"史家之绝唱,无韵之离骚"。《史记》开创了我国纪传体的史学,也开创了我国的传记文学。共计52万字,130篇,有12本纪、30世家、70列传、8书、10表。由5个部分组成:

本纪:记载历代最高统治者的政绩。

世家:先秦各诸侯国和汉代有功之臣的传记。

列传:历代有影响的人物的传记(少数列传是外国史和少数民族史)。

书:关于天文、历法、水利、经济、文化等方面的专史。

表:各个历史时期的大事记。

五种体例,互相配合,构成了《史记》全书的整体,其中本纪、世家、列传三个部分,都是写人物为主的。

《史记》还参考了众多典籍,如《左传》《国语》《世本》《战国策》《楚汉春秋》和诸子百家等,同时参考档案、民间古文书籍。

二、"鸿门宴"背景

"鸿门宴"这个历史事件发生于公元前206年(即陈涉起义后的第三年),地点在现在陕西省临潼新丰镇附近的"项王营",当时叫"鸿门"。参与者包括当时两支抗秦军的领袖项羽及刘邦。这是刘邦、项羽在推翻秦王朝后,为了争夺农民起义军胜利果实而展开的第一场惊心动魄的斗争。当时刘弱项强,在双方力量极为悬殊的情况下,刘邦冒险到项营,骗取项羽的信任,经过种种斗智斗勇的艰难曲折的斗争,终于脱险逃归营地。这次宴会对秦末农民战争及楚汉战争皆发生重要影响,被认为间接促成项羽败亡以及刘邦成功建立汉朝。后人也常用"鸿门宴"一词比喻不怀好意的宴会。

本文描写了刘邦如何从被动中争取主动,变劣势为优势,化险为夷;而项羽则由优势转为劣势,并由此导致最终的失败。

三、初读感知

(一)字词句式

1. 本文的异读字有:

(1)破音异读

沛公欲王关中(wàng)

道芷阳间行(jiàn)

数目项王:shuò 数次用目示意项王。目,用目示意,动词

(2)通假异读

具告以事(通"俱")

距关,毋内诸侯(同"拒""纳")

要项伯(通"邀")

愿伯具言臣之不敢倍德也(通"背")

旦日不可不蚤自来谢项王(通"早")

令将军与臣有郤(通"隙")

因击沛公于坐(通"座")

不者,若属皆且为所虏(通"否")

(3)生字

鲰生:zōu;浅陋的小人

卮酒:zhī;古代盛酒的器皿,杯

戮力:lù;合力

樊哙:kuài;刘邦的战将

瞋目:chēn;瞪大眼睛,表示发怒

目眦:zì;眼眶

跽：jì；直身而坐

参乘：cān shèng；负责警卫的骑士

彘肩：zhì；猪腿

啖：dàn；吃

靳强：jìn qiáng；刘邦的战将

杯杓：sháo；酒杯和勺子

（4）成语

秋毫不敢有所近（秋毫无犯）

今者项庄拔剑舞，其意常在沛公也（项庄舞剑，意在沛公）

劳苦而功高如此（劳苦功高）

大行不顾细谨，大礼不辞小让（不拘小节）

如今人方为刀俎，我为鱼肉（人为刀俎，我为鱼肉）

2. 古今异义

（1）山东　古：指崤山以东地区。　　今：指太行山东边的一个省。

（2）非常　古：意外的变故。　　　　今：程度副词，很不一般。

（3）河北　古：黄河以北地区。　　　今：黄河北部的一个省。

（4）河南　古：黄河以南地区。　　　今：黄河南部的一个省。

（5）寿　　古：敬酒。　　　　　　　今：长寿。

（6）细说　古：小人的谗言。　　　　今：详细地讲述。

（7）婚姻　古：儿女亲家　　　　　　今：结婚的事或者说因结婚而生的夫妻亲眷关系。

3. 一词多义

（1）谢

谢罪、道歉：旦日不可不蚤自来谢项王。

感谢：哙拜谢，起，立而饮之。

辞谢、告别：乃令张良留谢。

（2）辞

推辞：臣死且不避，卮酒安足辞！

告别：今者出，未辞也，为之奈何？

（3）故

故旧、交情：君安与项伯有故？

因此：故听之。

特意：故遣将守关者，备他盗出入与非常也。

（4）且

将：且为之奈何？

况且：臣死且不避，卮酒安足辞！

（5）幸

宠幸、亲近：妇女无所幸。

幸亏、幸而:故幸来告良。
(6) 之
到:项伯乃夜驰之沛公军。
代词,这:为之奈何?
取消句子的独立性:愿伯具言臣之不敢倍德也。
结构助词,的:今者有小人之言。
助词,衬字,无义:珍宝尽有之。
(7) 去
距离:相去四十里。
离去,离开:脱身独去。
(8) 于
向,对:沛公左司马曹无伤使人言于项羽曰:……
比:长于臣。
在:复得见将军于此。
(9) 因
就此:不如因善遇之。
就、于是:项王即日因留沛公与饮。
趁势、趁机:因击沛公于坐,杀之。
(10) 为
任,做:使子婴为相。
替,给:旦日飨士卒,为击破沛公军!
被:不者,若属皆且为所虏!
作为:军中无以为乐。
是:如今人方为刀俎,我为鱼肉。
句末语气词:何辞为?

4. 词类活用
(1) 名词用如动词
沛公军(驻军,动词)霸上。
沛公左司马使人言(告诉,动词)于项羽曰。
沛公欲王(为王、称王,动词)关中。
不可不语(告诉,动词)。
吾得兄事(做事、侍奉,动词)之。
籍(登记,动词)吏民。
范增数目(使眼色,动词)项王。
刑(施加肉刑,动词)人如恐不胜。
道(取道,动词)芷阳。
(2) 形容词用如动词

素善(友善、交好,动词)留侯张良

(3) 意动、使动

先破秦入咸阳者王之(以之为王,称王,意动)。

项伯杀人,臣活之(使之活,救了他的命,使动)。

沛公旦日从(使……跟从,意即带领,使动)百余骑来见项王。

交戟之卫士欲止(使之止,制止,使动)不内。

樊哙侧(使……斜侧着)其盾以撞

(4) 名词作状语

君为我呼入,吾得兄(用对侍兄长的礼节)事之。

项伯亦拔剑起舞,常以身翼(像鸟用翅膀)蔽沛公。

项伯乃夜(在夜里)驰之沛公军。

头发上(向上)指。

道芷阳间行、间至(抄小路)军中。

5. 句式变换

(1) 数词作谓语:举所佩玉玦以示之者三。

(2) 宾语前置:客何为者?(何为——为何)

大王来何操?(何操——操何)

沛公安在?(安在——在安)

籍何以至此?(何以——以何)

(3) 介词结构后置

具告以事

贪于财货

(4) 判断句

此天子气也。

楚左尹项伯者,项羽季父也。

亚父者,范增也。

夺项王天下者,必沛公也。

沛公之参乘樊哙者也。

如今人方为刀俎,我为鱼肉,何辞为?

(5) 省略句

欲呼张良与(省略"之")俱去。

毋从(省略"之")俱死也。

奉卮酒为(省略"之")寿。

旦日(省略主语"沛公")不可不蚤自来谢项王。

(6) 被动句

珍宝尽有之(被占有)。

若属皆且为所虏。

吾属今为之虏。

(二) 古代"座次"问题

1. 官职：古代以右为尊。"位在廉颇之右"。
2. 车骑：由以左为尊。"信陵君虚左以待侯生""坐定,公子从车骑,虚左"。
3. 室内：西为宾、长、贵；东为主、幼、贱。
4. 堂上座位：北为帝（尊），南为臣（卑）；左为贵，右为轻。
5. 四面环坐：由尊到卑，依次排列。西——北——南——东；项羽（伯）——亚父——沛公——张良。

(三) 古代的礼节

1. 坐：古人席地而坐，席小筵大，筵上铺席，人坐于席上，坐姿是膝跪在席上，臀坐于脚跟。
2. 跪：仍像坐姿态，但臀离脚跟，伸直腰板。
3. 跽：长跪，把身体挺得很直。
4. 顿首：跪而头碰地后再抬起。
5. 稽首：较"顿首"礼节更重，头碰地时停留的时间较"顿首"长。
6. 拜：跪而用手碰地，头不碰地。
7. 再拜：拜了又拜为"再拜"。

四、精读赏析

(一) 故事情节

本文中心：鸿门宴　　　　　本文线索：杀不杀刘邦
本文顺序：时间顺序　　　　本文结构：开端、发展、高潮、结局和尾声
宴前（幕后活动）：无伤告密——亚父定计——夜访张良——刘邦定策——项伯说情
宴中（明争暗斗）：沛公谢罪——范增示意——项庄舞剑——樊哙闯帐——义责项羽
宴后（脱身除患）：沛公逃席——张良留谢——项王受璧——范增愤骂——诛杀无伤

全文以"鸿门宴"为中心，以"杀不杀刘邦"为线索，按时间顺序来展开故事情节：以项羽欲击刘邦始，到刘邦被放终；以曹无伤密告始，到曹无伤被诛终；以范增劝说项羽始，到范增怒骂项羽终。矛盾复杂，波澜起伏，虽是《项羽本纪》中的节选部分，而结构却十分严谨，前后呼应紧密，也可说是一个动人的完整故事。

(二) 性格形象分析

※ 项羽和刘邦（双方首脑）

1. 项羽

有"力拔山兮气盖世"的英雄气概，骄矜自负，听到"沛公欲王关中"的密报，大怒曰："旦日飨士卒，为击破沛公军！"项伯斡旋泄露军机，项羽麻痹不问，项伯说项羽"今人有大功而击之，不义也"，项羽又在"义"字上思虑不定。鸿门宴上刘邦一席花言巧语，竟使项羽不好意思，暴露了无伤，说明他无知而愚蠢。范增多次目示、举玦，"项王默然不应"，"项庄拔剑起舞"，项伯"翼蔽沛公"，听之任之，说明项羽不听人言，犹豫不决，举棋不定，优柔寡断，坐

失良机。樊哙闯宴,威慑项羽,慷慨陈词,指斥项羽。项羽沽名钓誉,不但不怒,反而大加赞赏、赐坐。刘邦逃跑,项羽受璧,无可奈何,缺乏深谋远虑。

听曹无伤言(大怒)决意伐刘——受项伯说(许诺)答应善遇——受刘谢罪(留饮)自愧设宴——见增举玦(默然)纵容刘邦——见伯护刘(不应)继续纵容——樊哙闯斥(称赞)赐坐赐酒——张良留谢(不追)安然受璧

性格特点:

唯我独尊、光明磊落、宽宏大量、"仁义"皆施、直率鲁莽、沽名钓誉、轻敌自大、寡谋轻信、优柔寡断、眼见不远、不善用人。

2. 刘邦

出身农家,不务正业,贪财好色,一心称王。鲰生献计"距关,毋内诸侯,秦地可尽王也",正中刘邦下怀。这样重大事件,刘邦都没有告诉过谋士张良,真有心计。紧急关头,摇尾乞怜,又向张良求救。张良不计前事,连发数问,从实际出发,提出"沛公不敢背项王"的方针。刘邦首先怀疑张良与项伯的关系,继而心领神会,立刻接见项伯,说得天花乱坠,做得天衣无缝,机敏过人,贯彻执行张良的方针真叫漂亮!拉拢收买了项伯,通过项伯软化了项羽,在鸿门宴上受到项伯的"翼蔽"。

刘邦鸿门谢罪是迫不得已,但有胆量有气魄,而又卑躬屈节,称项羽为"将军",自称"臣",奉承项羽,掩饰自己,拉旧关系,自己"北向坐","张良西向侍",低三下四。

刘邦进入咸阳,住在皇宫,尽享荣华富贵,不肯离开。见状,樊哙与张良质问刘邦:"欲有天下耶?将为富家翁耶?"力劝刘邦封宫室府库,还军霸上。刘邦察纳雅言,"沛公军霸上"。项羽扬言要"击破沛公军"的时候,他听取了张良的意见;刘邦要逃跑的时候,又听取了樊哙的意见。总之,刘邦还是善听人言的。赔罪时,项羽暴露了曹无伤,刘邦不露声色,置若罔闻,密记在心;回军后,"立诛曹无伤"。刘邦多有心计,处事多么果断!

为之奈何(惊)——求救张良(问)——拉拢项伯(谋)——谢罪项羽(奸)——脱身独去(识)——留良代谢(周)

性格特点:

生性懦弱、虚心请教、奸诈多谋、能言善辩、头脑清醒、善于应变、虑事周到、善于用人。

※ 张良和范增(双方谋士,智囊团,事件演变的关键人物)

3. 范增

根据刘邦入关前后的变化,透过现象看到了本质,提出了策略,"急击勿失"。鸿门宴上,数次目示、举玦击杀刘邦,项王不应。出召项庄,说"君王为人不忍",说明范增对项羽的思想还不甚了解。刘邦跑后,范增指桑骂槐说:"唉!竖子不足与谋!夺项王天下者必沛公也。吾属今为之虏矣!"尔后的历史证实了这一点。可见范增有远见卓识,老谋深算。但处事浮躁,不该把矛盾暴露给敌方,其后果被刘邦利用。他不能准确把握项羽的思想动态,一味将自己的意见强加于他,一方面由于他年龄地位,一方面由于他对时事观察和对项羽的忠心。老谋深算:夺天下者必沛公也!

洞察敏锐:力促击刘、举玦示意、出召项庄、骄横浮躁、拔剑击斗、斥骂项羽

4. 张良

对刘邦忠诚,"今事有急,亡去不义"。鲰生之计,刘邦没有告诉张良,大事当前,张良不计较。紧急关头,张良运筹帷幄,沉着冷静,深谋远虑,能够提出正确的策略。张良的话语行为并不多,但刘邦集团的一切活动,实际上都是张良导演的。

多谋善断(言沛公不敢倍项王也、出招樊哙)、处事不惊(亡去不义、君臣商议、军门见哙)、沉稳机智(张良留谢)、处事有方(大王来何操)

※曹无伤和项伯(叛徒)

5. 项伯

讲哥们义气,为救友不顾失节。禁不住刘邦的拉拢,竟然做了刘邦的内奸。"沛公不先破关中,公岂敢入乎?"这有什么不敢的呢,简直是长刘邦的志气,灭项羽的威风,这完全是替刘邦说话。"今人有大功而击之,不义也。"更是对刘邦歌功颂德,对项羽进行指责。难怪在项庄舞剑的时候,项伯"常以身翼蔽沛公",使"庄不得击"。

周密,谋略:夜访张良、极力劝羽、翼蔽沛公、宴上东向坐

6. 曹无伤

项强刘弱,密报项王,暗中投托,"欲以求封"。投机未成丢了小命。

鲁莽、草率:使人告密、激化矛盾、宴后被诛

7. 项庄

没有头脑,剑术不佳,刺杀刘邦未成,笨拙无能。有勇无谋,被动。

8. 樊哙

忠诚。知道今日之事甚急,立即表示"此迫矣!臣请入,与之同命"。

勇武。"哙即带剑拥盾入军门。交戟之卫士欲止不内。樊哙侧其盾以撞,卫士仆地。哙遂入,披帷西向立,瞋目视项王,头发上指,目眦尽裂。"一个威风凛凛的武士。难怪项王都得"按剑而跽",惊呼:"壮士!"大斗饮酒,大块吃肉,粗犷,真乃英雄本色。

能言善辩,慷慨陈词,痛责项王,说来头头是道。有勇有智。骂得项羽,"未有以应",只好赐坐。有勇有谋,粗中有细,主动请战。

(三) 写作特点

1. 在矛盾斗争中刻画人物。作者塑造项羽的形象主要抓住四个问题:是否对刘邦发动进攻;是否在席间杀死刘邦;对樊哙的越礼行为采取什么态度;对刘邦逃席又采取什么态度。这些,上面已有分析。这里附带说说樊哙。樊哙在危急的关头不顾卫士阻拦,闯入中军帐,表现了极大的勇敢。但入帐后的种种行动都是有礼有节的,先"披帷西向立,瞋目视项王",以引起项羽注意;项羽赐酒,他先拜谢,然后站着喝,随后连生彘肩也吃了;他借机讥讽项王,却又替刘邦求赏,暗寓尊崇项羽之意,这又说明他粗中有细。

2. 运用对照手法烘托人物形象。如:刘邦和项羽;张良和范增。

五、知识拓展

鸿门宴上刘、项性格的较量,不过是"楚汉相争"的缩影,要充分认识项羽的性格,不妨

看看以下几篇：

（一）

秦始皇游会稽，渡浙江，梁与籍俱观。籍曰："彼可取而代也。"梁掩其口，曰："毋妄言，族矣！"梁以此奇籍。高祖常徭咸阳，纵观秦皇帝，喟然太息曰："嗟乎！大丈夫当如此也！"

可见：项羽直率粗犷与刘邦胸有成竹判若分明。

（二）

秦末，怀王与诸将约，先入定关中者王之。当是时，秦兵强，常乘胜逐北。诸将莫利先入关。独项羽怨秦破项梁军，奋，愿与沛公西入关。怀王诸老将皆曰："项羽为人剽悍猾贼。项羽尝攻襄城，襄城无遗类，皆坑之，诸所过无不残灭。今诚得长者往，毋侵暴，宜可下。今项羽剽悍，不可遣。独沛公素宽大长者，可遣。"卒不许项羽，而遣沛公西略地。

可见：在灭秦战争中，刘邦大军几乎兵不血刃，秦军即闻风瓦解。反观项羽却一路苦战，在刀光剑影、腥风血雨之中来到咸阳时，已是姗姗来迟。

（三）

项羽已定东海来，西，与汉俱临广武而军，相守数月。当此时，彭越数反梁地，绝楚粮食，项王患之。为高俎，置太公其上，告汉王曰："今不急下，吾烹太公。"汉王曰："吾与项羽俱北面受命怀王，约为兄弟，吾翁即若翁，必欲烹而翁，则幸分我一杯羹。"

可见：项羽性格急躁与刘邦老奸巨猾对比鲜明。

六、课外阅读

（一）历史上还有许多人对项羽做出过自己的评价。请大家品读下面的作品，思考作者的态度。

题乌江亭

杜 牧

胜败兵家事不期，包羞忍耻是男儿。
江东子弟多才俊，卷土重来未可知。

乌江亭

王安石

百战疲劳壮士哀，中原一败势难回。
江东子弟今虽在，肯与君王卷土来。

咏项羽

李清照

生当作人杰，死亦为鬼雄。
至今思项羽，不肯过江东。

参考：杜牧——男儿应当能屈能伸，不轻言失败。应从"包羞忍耻""卷土重来"分析入手。　王安石——军民离心,败势难回。由"壮士哀""势难回""肯与君王卷土来"分析入手。　李清照——气势豪壮,令人敬仰。结合李清照身世来理解。

(二) 名人评项羽

周恩来妙语评项羽

　　1966年,周恩来总理在北京新街口总政排演场审查出国节目时,对京剧《霸王别姬》中的项羽,从头至尾连用了六个"一"字开头的成语,这六个成语不仅把项羽的性格特征和失败的全过程刻画得入木三分,而且妙语连珠,风趣幽默,画龙点睛,每句成语都运用得恰到好处,听罢令人既哑然失笑,又耳目一新。

　　京剧《霸王别姬》的一开头就是刘邦发兵攻打项羽,接着是项羽金殿议事。群臣根据当时的不利形势,纷纷劝阻项羽不要出兵迎敌。但项羽刚愎自用,不听劝阻,决意出战,最后竟然蛮横地宣布"退班"。戏演到这里,周恩来总理轻轻地说道:"一言堂。"

　　项羽回到内宫后,虞姬又苦口婆心,继续规劝项羽千万不要出兵迎战,以免中了刘邦的奸计。项羽却不耐烦地挥了挥手,武断地说道:"孤意已决,明日发兵。"周恩来总理评论说:"一家之长。"

　　当戏演到项羽率领军队孤军深入到刘邦早已设好的埋伏圈时,周恩来总理评论说:"一意孤行。"随后,当项羽被围垓下,难以脱身时,周恩来总理评论说:"一筹莫展。"演到虞姬安慰项羽,项羽心情沮丧,摔了酒杯,奋起咏唱"力拔山兮气盖世"时,周总理十分惋惜地说道:"一曲挽歌。"戏快要结束时,项羽四面楚歌,虞姬被迫拔剑自刎,香消玉殒。周恩来总理叹了一口气,说:"一败涂地。"

(摘自《文史春秋》)

易中天:项羽之死

　　项羽原本是可以不死的。

　　当项羽来到乌江边时,有一条船在那里等他。驾船的乌江亭长大约是一位崇拜项羽的人,因此早早等在那里,一心要救项羽过江。他对项羽说,现在整个乌江之上,只有臣这一只小船,请大王立即上船,汉军无论如何追不过江的。江东虽小,地方千里,数十万人,完全可以在那里再成就霸业。然而项羽却谢绝了亭长的好意。他只是请亭长把他心爱的战马带过江去,自己却和随扈亲兵全都下马步行,冲入重围,同前来追杀的汉军短兵相接。这无疑是一场寡不敌众的战斗,也是一场无济于事的战斗。然而,如果因此就放弃战斗,举手投降,束手就擒,那就不是项羽了。项羽是宁肯站着去死,也不会跪下求生的。他当然也不会放下手中的武器。从他拿起这武器的那一天起,就没想过要放下它。相反,在生命的最后一刻,更应该把它高高举起,就像优秀的表演艺术家一定要让演出在谢幕时达到高潮一样。这也是项羽随扈亲兵们的共识。于是这场敌强我弱的战斗就打得风云变色气壮山河,光是项羽一个人就杀了数百汉军士兵,自己也受伤十多处。这时,前来追杀的汉军越来越多,其中就有项羽当年的旧部吕马童。项羽笑了。他大声地招呼说:啊哈,这不是老朋友吗!背楚降汉的吕马童难以为情,不敢正视项羽,扭过头去对另一员汉将王翳说:这就是项王。这可是"新朋友"了。于是项王对王翳说:听说贵国出大价钱,赏千金,封万户,买我的人头,我就送个人情给你吧！说完，便一剑砍下自己的头颅。

不用多说什么了。谁都不难看出，项羽死得壮烈，死得英雄，死得气势磅礴，惊天地，泣鬼神，就连乌江之水也要为之呜咽，为之洪波涌起，浊浪翻腾。显然，项羽的死是高贵的。无论他是为什么死的，他的死，都有无与伦比的人格魅力和审美价值。

然而项羽死得也很惨。

就在王翳一把抢得项羽头颅的同时，其他汉军将士也一拥而上，争相纵马践踏，争夺项王的尸体，以至于互相残杀，死数十人。最后，王翳得一首，杨喜、吕马童、吕胜、杨武各得一体。他们分摊了刘邦封赏的那块土地，每个人都当了个小小的什么官。而我们的英雄，曾经让这些人闻风丧胆、不敢仰视的英雄，却在他们卑劣的争夺下竟不得全尸而终。

这可真是"虎落平阳被犬欺"。

项羽的悲剧是时代的悲剧。项羽以前的时代，是一个英雄的时代，也是一个贵族的时代。高贵感和英雄气质，是那个时代的精神。这种精神是以虎和豹为象征的。与之相对应的，则是犬和羊。孔子的学生子贡就曾用虎豹和犬羊来比喻两种不同的人格，并惊叹于虎豹之可能沦落为犬羊："文犹质也，质犹文也，虎豹之犹犬羊之。"虽然，在孔子师徒看来，虎豹的精神是高贵的，当是审美的，它不该被代之以狗的粗鄙和羊的平庸。

然而，自从秦始皇开创了中央集权的专制统治，英雄的时代也就开始走向没落。君臣之间的促膝谈心没有了，而代之以行礼如仪、磕头如捣蒜；游侠谋士纵横天下各展才华没有了，而代之以拉帮结派、巴结权贵往上爬；诸子百家争鸣自由辩论也没有了，而代之以独尊儒术、只许一个人思想。权欲和利欲将成为主宰和动力，人格和灵魂则将被阉割和践踏，就像王翳、吕马童们践踏项羽一样。

于是我们看到的便是这样一个画面：一只代表着英雄精神和高贵感的虎或豹，在草原上孤独地死去，而一群代表着权欲和利欲的粗鄙的狼和平庸的羊，则一拥而上，恣意践踏着那只虎或豹，然后每个人都扯下一块豹皮或一根虎骨叼在嘴里，准备回去邀功请赏。而在不久之前，他们是根本不敢看那只虎或豹的眼睛的。

这群狼和羊的首领是刘邦。刘邦是他们的君，他们的牧。

就个人魅力而言，刘邦虽然既不可爱也不可敬，但也不可鄙。刘邦虽然出身流氓，难免有些无赖气，一些事做得也不地道，但好歹也是英雄，骨子里也有英雄气概，也是血性男儿。公元前195年，他回到故乡沛县，尽召故人父老子弟畅饮。酒酣之际，刘邦亲手击筑，自为歌诗："大风起兮云飞扬，威加海内兮归故乡，安得猛士兮守四方！"此歌一出，和声四起，刘邦离座起舞，慷慨伤怀，泣数行下。他拉着父老乡亲们的手说，游子悲故乡！我虽然不得不定都关中，但百年之后，我的魂魄还是要回沛中来的。可见，他虽无情，却并不冷酷，虽现实，却也浪漫。然而，他代表的，却毕竟是一个冷酷无情、摧残人性的制度，是一个必然要以权欲和利欲代替英雄气质和高贵精神的制度。事实上，他正是靠着权欲和利欲完成他所谓"大业"的。就连陈平也坦言，他的身边，尽是些顽钝嗜利的无耻之徒，而这些人正是靠刘邦"饶人以爵邑"，也就是靠权欲和利欲集结起来的。因为刘邦继承的是秦始皇的事业。为了建立中央集权的一统天下，以天下万民臣朕一人，他不能不打击摧残践踏英雄气质和高贵精神，包括对他自己内心深处残留的这些东西下手，这正是他心灵深处不无痛苦不无孤独的原因。

显然,刘邦是代表着"历史方向"的,项羽则"不合时宜"。事实上,此后,像项羽这样傻,这样天真、任性的英雄越来越少,阴险毒辣的阴谋家和迂腐愚忠的书呆子则越来越多。从这个意义上讲,项羽说他的失败是"天之亡我",也对。

项羽之死,似乎预示着一个时代的结束。虎和豹的时代结束之后,取而代之的便是狼和羊的时代。而且,那狼也会退化为狗,走狗。

项羽,大约生于公元前233年,死于公元前202年。起兵时二十四岁,是个少年英雄;自刎时三十出头,是一个男儿告别少年走向成熟的最有魅力的年龄。

项羽的一生虽然短暂,却留下了许多故事、传说、成语,还有许多话题。大家熟知的成语有:破釜沉舟、作壁上观、锦衣夜行、沐猴而冠、四面楚歌、霸王别姬,以及"项庄舞剑,意在沛公"和"无颜见江东父老"等。最脍炙人口的诗则是李清照的五绝:"生当作人杰,死亦为鬼雄,而今思项羽,不肯过江东!"

七、对比阅读

烛之武退秦师
左丘明

晋侯、秦伯围郑,以其无礼于晋,且贰于楚也。晋军函陵,秦军氾南。佚之狐言于郑伯曰:"国危矣,若使烛之武见秦君,师必退。"公从之。辞曰:"臣之壮也,犹不如人;今老矣,无能为也已。"公曰:"吾不能早用子,今急而求子,是寡人之过也。然郑亡,子亦有不利焉!"许之。

夜缒而出。见秦伯曰:"秦、晋围郑,郑既知亡矣。若亡郑而有益于君,敢以烦执事。越国以鄙远,君知其难也。焉用亡郑以陪邻?邻之厚,君之薄也。若舍郑以为东道主,行李之往来,共其乏困,君亦无所害。且君尝为晋君赐矣;许君焦、瑕,朝济而夕设版焉,君之所知也。夫晋,何厌之有?既东封郑、又欲肆其西封,若不阙秦,将焉取之?阙秦以利晋,唯君图之。"秦伯说,与郑人盟。使杞子、逢孙、杨孙戍之,乃还。

子犯请击之。公曰:"不可。微夫人之力不及此。因人之力而敝之,不仁;失其所与,不知;以乱易整,不武。吾其还也。"亦去之。

【译文】

九月甲午,晋文公、秦穆公联合围攻郑国,因为郑国曾经没有用应有的礼仪来接待他,并且在依附于晋国的同时又依附于楚国。晋军驻扎在函陵,秦军驻扎在氾南。佚之狐对郑伯说:"郑国处于危险之中,如果能派烛之武去见秦伯,一定能说服他们撤军。"郑伯同意了。烛之武推辞说:"我年轻时候,尚且不如别人;现在老了,做不成什么了。"郑文公说:"我早先没有重用您,现在危急之中求您,这是我的过错。然而郑国灭亡了,对您也不利啊!"烛之武就答应了。

夜晚用绳子将烛之武从城墙上放下去,去拜见秦伯,烛之武说:"秦、晋两国围攻郑国,郑国已经知道即将要灭亡了。如果使郑国灭亡对您有好处，怎敢冒昧地拿这件事情来麻烦您。越过别国（晋国）把远方的郑国作为（秦国的东部）边邑，您知道这件事是困难的，为什么要使郑国灭亡而增加邻邦晋国的土地呢？邻国的势力雄厚了，您的势力也就相对削弱了。如果放弃灭郑，而让郑国作为您秦国东方道路上的主人，秦国使节来来往往，郑国可以随时供给他们所缺乏的东西，对您秦国来说，也没有什么害处。况且，您曾经对晋惠公有恩惠，他也曾答应把焦、瑕二邑割让给您。然而，他早上渡过黄河回到晋国，晚上就修筑防御工事拒秦，这是您知道的。晋国，有什么满足的（时候）呢？把郑国当作东部的疆界后，又想往西扩大疆域。如果不侵损秦国，晋国怎么取得它所企求的土地呢？秦国受损而晋国受益，希望您好好考虑考虑吧！"秦伯高兴了，就与郑国签订了盟约。并派杞子、逢孙、杨孙帮郑国守卫，就撤军回国。

子犯请求晋文公下令攻击秦军。晋文公说："不行！假如没有那人的支持，我到不了今天这个地步。借助了别人的力量而又去损害他，这是不仁义的；失掉自己的盟国，这是不明智的；以混乱相攻代替联合一致，这是不勇武的。我们还是回去吧！"晋军也撤离了郑国。

【概述】

《烛之武退秦师》见《左传》。《左传》又名《左氏春秋》《左氏春秋传》，是中国最早的一部编年体历史名著，也是一部优秀的文学作品。全书从政治、军事、外交等方面，比较系统地记叙了整个春秋时代各诸侯国所发生的重要事件，同时也较为具体地描绘了一些人物的生活琐事，真实地反映了当时的社会面貌和政治状况。《左传》长于叙事，善于描写战争和记述行人辞令。作者以其敏锐的观察力，深刻的认识和高度的文学修养，对许多大小历史事件，作了深刻而生动的记述，形象鲜明，语言优美，成为历代散文的典范。

本篇所记述的，是秦晋联合攻打郑国之前开展的一场外交斗争。事情发生在公元前630年（鲁僖公三十年）。前此两年（公元前632年，即鲁僖公二十八年），爆发了晋楚争霸的城濮之战，结果楚国战败，晋国称霸。在城濮之战中，郑国曾经出兵帮助楚国，因而结怨于晋，这就是晋秦联合攻打郑国的直接原因。这次战争，也可以说是城濮之战的余波。

秦、晋围郑，形势紧迫，在这千钧一发之际，郑臣烛之武仅凭口舌说服秦伯，使秦转变对郑的态度，化敌为友，对晋以友为敌，这是什么原因呢？为什么会有这么大的突变呢？关键在于烛之武所说的两点针对了秦的切身利益。首先，灭郑于秦有害无益。秦对郑鞭长莫及，若以郑为东道主，就为秦称霸提供了住、食等种种方便，更何况"亡郑以陪邻"，这对秦有什么好处呢？其次，也是更为重要的晋有野心（对此秦本有戒心），烛之武列举了秦伯曾亲身领略过的事实，再进行科学的推理，使秦伯恍然大悟——晋是大敌。烛之武用语不多，对秦穆公动之以情，晓之以理。

这是一篇记述行人辞令的散文。郑国被晋、秦两个大国的军队所包围，国家危在旦夕，烛之武奉郑君之命，去说退秦军。他善于利用矛盾，采取分化瓦解的办法，一番说辞，便说服了秦君，撤出围郑的军队，并且派兵帮助郑国防守，最后晋军也不得已而撤退，从而解除了郑国的危机。

这篇文章，赞扬了烛之武在国家危难之际，能够临危受命，不避险阻，只身去说服秦君，维护了国家安全的爱国主义精神。同时也反映了春秋时代各诸侯国之间斗争的复杂性。

八、课后作业（二选一）

1. 以《我最喜欢……》或者《我最讨厌……》为题，写一篇议论文。要求：标题横线上填写《鸿门宴》中的人物名字。

2. 请以"假如项羽鸿门宴上杀了刘邦……"为话题展开想象，编写一段故事。

邹忌讽齐王纳谏

一、文学常识

《战国策》是一部国别体史书,是战国时期各国史官和策士的言论辑录和谋略,这是一部研究战国历史的重要典籍。原作者已无从考证,西汉末刘向整理并编辑,此书实为刘向集百家作品而编辑整理。此书有十二国策,总共三十三篇,书名亦为刘向所拟定。反映了战国时期各国政治、军事、外交方面的一些重要活动,着重记载了谋臣策士的谋略和言论。宋时已有缺失,由曾巩作了订补。

本书故事中的劝说往往讲究策略。邹忌的故事就是一个成功的范例。

二、创作背景

春秋战国之际,七雄并立,各国间的兼并战争,各统治集团内部新旧势力的斗争,以及民众风起云涌的反抗斗争,都异常尖锐激烈。在这激烈动荡的时代,士作为一种最活跃的阶层出现在政治舞台上。他们以自己的才能和学识,游说于各国之间,施展着自己治国安邦的才干。各国统治者也认识到,人心的向背,是国家政权能否巩固的决定性因素。失去了民心,国家的统治就难以维持。所以,他们争相延揽人才,虚心纳谏,争取"士"的支持。

本文通过邹忌自己的经历和亲身感受,讽劝齐威王要纳谏除弊,从而说明国君时刻要保持清醒的头脑,广泛听取采纳各方面的批评建议,只有兴利除弊,才可以兴国的道理。

三、初读感知

（一）通假字

1. 邹忌修八尺有余　　　有:通"又"。
2. 孰视之　　　　　　　孰:通"熟",仔细。
3. 受上（中、下）赏　　受:通"授",给予、赋予。

（二）词类活用

1. 朝服衣冠（名词作状语,在早上）
2. 朝服衣冠（名词作动词,穿,戴）
3. 吾妻之美我者,私我也（形容词意动用法,认为……美）
4. 能面刺寡人之过者（名词作状语,当面）
5. 闻寡人之耳者（动词使动用法,使……听到）
6. 私我也（形容词作动词,偏爱）
7. 王之蔽甚矣（形容词用作动词,受蒙蔽）

（三）古今异义

1. 邹忌**讽**齐王纳谏　　古：(对君主、尊长、朋友等)委婉地规劝,讽谏

　　　　　　　　　　　今：诽谤,嘲讽

2. **窥**镜而自视　　　　古：照,看

　　　　　　　　　　　今：偷看

3. 今齐**地方**千里　　　古：土地方圆

　　　　　　　　　　　今：地点,处所

4. 能面**刺**寡人之过　　古：指责

　　　　　　　　　　　今：用尖的物体进入或穿过

5. **谤讥**于市朝　　　　谤,古：公开指责别人的过错

　　　　　　　　　　　　今：诽谤。

　　　　　　　　　　　讥,古：谏

　　　　　　　　　　　　今：讽刺

6. 臣之妻**私**臣　　　　古：偏爱

　　　　　　　　　　　今：自私

7. 宫妇**左右莫**不私王　左右,古：国君身边的近臣

　　　　　　　　　　　　　今：方位名词或表示范围的副词"大概"

　　　　　　　　　　　莫,古：没有谁;没有什么

　　　　　　　　　　　　今：不,不要

8. 邹忌**修**八尺有余　　古：长,原文指身高

　　　　　　　　　　　今：改正

9. **明日**徐公来　　　　古：第二天

　　　　　　　　　　　今：明天,今天的下一天

10. 朝**服**衣冠　　　　古：穿戴

　　　　　　　　　　　今：衣服

（四）特殊句式

1. 判断句

城北徐公,齐国之美丽者也。（用"……者……也"表示判断）

2. 倒装句

忌不自信。（宾语"自"前置,正常语序为"忌不信自"）

我孰与城北徐公美。（介词结构"与城北徐公"后置,正常语序为"我与城北徐公孰美"）

此所谓战胜于朝廷。（语句可调整为"此所谓于朝廷战胜"）

欲有求于我。（状语"于我"后置,正常语序为"欲于我有求"）

谤讥于市朝。（状语"于市朝"后置,正常语序为"于市朝谤讥"）

3. 省略句

与坐谈［省略主语"邹忌"和介词"与"的宾语"之"(代客人),(邹忌)与(之)坐谈。与坐谈,介宾。之,代词宾语］

4. 被动句

王之蔽甚矣。(蔽,受蒙蔽)

(五)一字多义

1. 之

齐国之美丽者也(的)

问之(代词,他)

吾妻之美我者(取消句子独立性)

徐公不若君之美也(取消句子独立性)

孰视之(代词,指徐公)

暮寝而思之(代指这件事)

朝廷之臣莫不畏王(的)

由此观之(代词,指这件事)

臣之妻私臣(的)

王之蔽甚矣(不翻译)

群臣吏民能面刺寡人之过者(的)

数月之后(不译)

燕、赵、韩、魏闻之(代词,指上面这件事)

2. 朝

相如每朝时常称病(《史记·廉颇蔺相如列传》上朝)

燕、赵、韩、魏闻之,皆朝于齐(《战国策·邹忌讽齐王纳谏》朝见)

于是入朝见威王(《战国策·邹忌讽齐王纳谏》朝廷)

朝服衣冠(《战国策·邹忌讽齐王纳谏》早晨)

3. 孰

我孰与城北徐公美(代词,谁)

孰视之,自以为不如(通"熟",仔细)

4. 于

欲有求于我也;臣之客欲有求于臣(向)

能谤讥于市朝(在)

皆以美于徐公(比)

5. 美

我孰与城北徐公美(认为……美)

徐公不若君之美也(漂亮,好看。这里的意思是俊美)

四、精读赏析

(一)关于课文

课文通过邹忌以自身经历对齐王进行类比从而得出直言不易的道理,讽劝齐王纳谏除弊的故事,从而说明国君必须广泛采纳各方面的批评建议,兴利除弊,才可以兴国的道理。

这个故事明确说明了这样一个道理：一个人在受蒙蔽的情况下，是不可能正确认识自己和客观事物的。作为领导，更要时刻保持清醒的头脑，防止被一些表面现象所迷惑；不要偏听偏信，要广泛听取他人的批评意见，对于奉承话要保持警惕，及时发现和改正自己的缺点错误，不犯或少犯错误。

应该说明的是，这篇课文所记述的，未必全是事实，很可能是战国时期流传的名人逸事。所谓纳谏能导致"战胜于朝廷"的结果，在诸侯割据称雄、以攻伐为主的战国时代，只能是一种无法实现的幻想。但作者善于观察日常生活，从中提炼出有意义的主题，而且通俗生动，说服力强，文笔流畅而富有变化，充满情趣等，都是值得我们学习、借鉴的。

(二) 内容分析

第1段，进谏的缘起。

作者先刻画了邹忌的外貌：身材修长，仪表堂堂。"窥镜""自视"，逼真地刻画出他不无自得的神情。正是有了这点自信，才使他敢于和齐国有名的美男子徐公比"美"，也与下文见徐公后"弗如远甚"的自惭心理形成了鲜明的对比。这种对比，烘托出他感到受蒙蔽的心情。明明是"弗如远甚"，可他的妻、妾和客却异口同声地认为他比徐公漂亮，显然是由于各自特殊的原因，使他们没有勇气说出真实的情况。这里，三个人的回答，由于身份和心理不同，虽然都是赞扬，但语气上却有明显的不同。妻的回答表现了妻对他由衷的喜爱，爱恋之情溢于言表。妾因其地位低下，与主人之间并没有多少真情可言，但又不能不顺从，所以她的回答就有些勉强，说话比较拘谨，不敢越雷池一步。客人的回答则明显地流露出奉承的意味。

难能可贵的是，邹忌在这一片赞扬声中，并没有昏昏然、忘乎所以，而是保持着清醒的头脑。先是"不自信"，等见到徐公后，又实事求是地承认自己"弗如远甚"，甚而至于"暮寝而思之"。

这一段，作者并没有把人物局限于家庭琐事之中，一般性地写他不因妻、妾和客的赞美而感到自满，而是将人物形象进一步提高、升华，由自身想到国家，从中体味出国君不易听到直言的道理，于是"入朝见威王"。

第2段，进谏的内容。

这一段是课文的中心部分。邹忌见威王后，并没有单刀直入地向威王进谏，而是先讲自己的切身体会，用类比推理、推己及人的方式讲出"王之蔽甚矣"。他先叙述了妻、妾、客蒙蔽自己的原因，然后从自己的生活小事推而至于治国大事，说明齐王处在最有权势的地位，因而所受的蒙蔽也最深。这里，没有对威王的直接批评，而是以事设喻，启发诱导齐威王看到自己受蒙蔽的严重性，从而使他懂得广开言路、虚心纳谏的重要性。他以自己的亲身经历为依据，推己及人。"王之蔽甚矣"一句，点明了进谏的主旨，犹如当头棒喝，一针见血，使其猛醒，具有强烈的表达效果。他为什么敢下这样的结论呢？一是邹忌曾任齐相，是国家的重臣，言不在私而益于公，所以他无所顾忌；二是以小见大，由自己的受蒙蔽推想到国君的受蒙蔽，这种现身说法的方式具有较强的说服力。

第3段，进谏的结果。

齐王接受了邹忌的劝告，立即发布政令，悬赏求谏，广开言路，开张圣听，对于关心国事、积极进谏者,分不同情况给予奖赏。齐王纳谏之后,齐国果然发生了可喜的变化。"门庭若市"说明在此以前,齐国确实有许多积弊,"时时而间进"说明最初的进谏已经取得了预期的效果,齐威王已经根据人们的意见,改革了弊政。"虽欲言,无可进者",说明威王已完全纠正了缺点和错误,齐国政治清明。齐威王纳谏去蔽,从而使齐国国势强盛,威震诸侯。

(三)课文赏析

本文着重写齐相邹忌以自身生活中的小事设喻,劝说齐王必须以广泛听取人民的意见作为施政依据的故事。

全文可以分三部分。

从开始到"欲有求于我也"是第一部分,写邹忌从妻、妾、客三人都谬赞自己比城北徐公还美这件事悟出一个深刻的道理。这一段的第一层,写邹忌之美。先说明邹忌是个高大美丽的男子,再通过三问三答,从妻、妾、客三个人异口同声的回答中印证了邹忌的美丽,而且比齐国的美男子徐公更美。然后在这一段的第二层,记叙邹忌和徐公实地比较的情况。邹忌深信:"城北徐公,齐国之美丽者也。"因此在比美中颇有自知之明,他怀疑妻、妾、客同声肯定他比徐公美是一种阿谀,他要从客观现实中找到正确的答案。通过"孰视""窥镜",终于发现自己远远不如徐公,于是引起他的深思。夜深人静,独自思忖,最后悟出妻、妾、门客阿谀自己的原因:凡对自己有偏私,有所畏惧,或者有所企求的人,在自己面前只会说些献媚讨好的假话,不会指出自己的缺点。这一段文字虽然不多,但用了铺陈和对比的手法,最后点明道理,是一则情节非常生动的故事。

从"于是入朝"到"王曰:'善'"是第二部分,写邹忌"因小见大,自容貌之微,推及于朝廷大事"。(见《郑堂札记》卷四)

邹忌从比美的生活经验中深刻认识到一个统治者听到真话之不易。在齐国地位最高、权力最大的齐威王,处在许多人对他有所偏私、有所畏惧、有所企求的环境中,必然是个耳不聪、目不明的受蒙蔽者。于是他把切身体会告诉了齐威王,揭示了这个发人深思的问题,并以此来讽喻齐威王纳谏去蔽。为了使齐王能接受谏言,先述说自己的生活体验,指出妻、妾、客的三种回答是出于不同的动机,先给齐王一个清晰的印象,然后再以齐王所处的生活环境和自己的经历作比较,指出齐王受蒙蔽的严重。这样现身说法确实收到了预期的效果。

从"乃下令"到结束是第三部分,写齐威王听取邹忌的规劝下令求谏和群臣在一年中进谏的情况。齐威王欣然接受了邹忌的劝告,下令奖励臣民向他进谏。齐威王纳谏结果是提高了齐国的威望,赢得了很多诸侯的尊敬。

在这一部分记述中,有几点值得注意:(1)文章没有写群臣受赏的情况,也没有写威王对待意见的情况。但是,从越来越没有人提意见和越来越提不出意见的情况就暗示了齐威王不仅听取意见,而且虚心接受意见改革了政治。(2)齐王下令号召"群臣吏民"都来提意见,可是踊跃进谏者只写到群臣而没提到吏民。可见地位低下的吏和民,实际上是不可能参与政治发表看法的。文章不提吏民只写群臣,真实地反映了这一政治活动的阶级局限性;同时,我们不能只从"虽欲言,无可进者",就认为威王的统治十分清明。(3)文章只写"燕、赵、韩、魏闻之,皆朝于齐",未及秦楚。燕、赵、韩、魏是战国时期齐国北方和西方的邻国,国力和齐国相若,后来都比齐国弱小。秦、楚则是齐国西方和南方的大国,文章没提秦楚,还是比较符合当时实际形势的。(4)最后一句"此所谓战胜于朝廷",点出全文的主旨。说明只要去蔽纳谏,修明内政,就能"战胜于朝廷"。

本文篇幅不长,但完整地记叙了邹忌与徐公比美和威王纳谏强齐两则故事,而且包含了深刻而明白的寓意,容量是很大的。文章之所以写到这样,在技巧上有几点值得我们注意:(1)用设喻的方法讲述道理。邹忌劝说齐王广开言路,不是像一般人那样正面讲道理,而是用一段具体的家庭琐事为譬喻来阐明"纳谏"的必要性和迫切性。(2)具体形象地刻画人物。如写邹忌,先是"朝服衣冠,窥镜",然后是问妻、问妾、问客;见到徐公,先是"孰视之,自以为不如",再是"窥镜而自视,又弗如远甚",最后是"暮寝而思之",人物的动作心理,无不刻画入微。有了这一段有声有色的描写,才使下文的进谏入情合理。(3)语言简练生动。一篇三百多字的短文,从家事说到国事。写人物,声貌毕肖;叙事实,曲折引人;用语言,简洁生动:如"于是入朝见威王曰:……"几个字就交代了朝见的过程,省去了进谏的"导语",开门见山地直陈其事。齐王听了谏辞以后,只用了一个"善"字就写出了齐王纳谏的决心。威王下令纳谏以后,只三十来字就交代清楚了"令初下""数月之后""期年之后"三个阶段的具体情况,说明了纳谏后发生的巨大变化;纳谏的效果,只写邻国的动态,而略去国内的情况。这些都称得上简洁有力。再看语言的生动:邹忌与妻、妾、客的三问三答,意思基本一样,句法却各不相同,文字错综,毫不呆板。妻、妾、客的答话并不雷同,反映各自的心理十分切合人物身份。

文章内容未必尽合历史事实,但所表达的思想有积极意义,并且有很强的艺术表现力。

(参考资料:黄岳洲、茅宗祥主编《中华文学鉴赏宝库》,陕西人民教育出版社1995年版)

五、知识拓展

(一)标题

本文选自《战国策·齐策一》原是没有小标题的,本文的题目为编者所加。题目用"讽"齐王纳谏。而不用"劝",一个"讽"字抓住了这篇文章的主要特点。讽,就是用委婉的语言暗示、劝告或指责。讽谏,不同于直谏或劝谏,关键在于不直指其事,而用委婉曲折的言语进谏,去启发、开导被谏者。良药而不苦口,便于对方接受。邹忌正是以自身的生活体悟,委婉地劝谏齐威王广开言路,改革弊政,整顿吏治,从而收到很好的效果。本文以"孰美"的问答开篇,继写邹忌暮寝自思,寻找妻、妾、客人赞美自己的原因,并因小悟大,将生活小事与国家大事有机地联系起来。由自己的"蔽",用类比推理的方法婉讽"王之蔽甚",充分显示了邹忌巧妙的讽谏艺术与娴熟的从政谋略。

(二)内容

本文通过齐人邹忌劝齐威王纳谏的故事,说明只有虚心听取他人意见,做到纳谏除弊,才能把事情做好。邹忌劝谏的对象是齐威王,目的是让齐王听纳忠言,振兴齐国。但是文章却以很大的篇幅写邹忌与徐公的比美,以及他从中所受到的启发。邹忌用自己的例子和体会劝说齐威王,看来似与主题游离,实则邹忌是以自己的切身感受为喻,从自己的私事说起,随后用来比国事,让齐威王从两事的类比中受到启发,明白其中道理。文章的思路是由近及远,由小到大,由生活琐事推及国家大事。这种写法委婉动听,浅显易懂,能使读者受到启发和教育。

(三) 人物刻画

本文作者极善于刻画人物,其表现手法,不重于形体的描绘,而着墨于对人物的举止细节的摹画和对话的细微差别。例如邹忌"朝服衣冠,窥镜""窥镜而自视"。两处都用"窥"而不用"对","窥"不能解作"偷看"而应释为"暗自",将人物私下品评自己容貌的内心世界传神地表现出来。"孰视",仔仔细细、认认真真地端详徐公,内心里反反复复地做着比较,这些细节都惟妙惟肖。再如,第一段的三问三答,句式相同而略有变化,尤其是三答,虽然异口同声地说"你比徐公美",但是各自答话的微小差别,却显示了人物关系的亲疏与各自的心态。妻的回答是不假思索的为之骄傲的;妾的回答却多少有些迟疑、紧张而谨慎;客的回答虽然斩钉截铁挺干脆,但敷衍应酬也是显而易见的。

(四) 道理

本文通过齐人邹忌劝说齐威王纳谏的故事,说明只有虚心听取他人的意见,纳谏除弊,方能把事情做好。文章不是直抒其意,而是先从自己的切身体会谈感受,强调蒙蔽的害处。层层设喻,进而谈论到君王执政这件国家大事,让齐威王从类比中受到启迪,感到察纳众言的必要。文章思路清晰,由近及远,由小到大,由生活琐事推及国家大事,层层深入。这种写法委婉生动,浅近易懂,很值得我们学习借鉴。

修法律而督奸吏。邹忌接受相印后,淳于髡前去会见他,向他提出五点建议。其中一条是"大车不经过校正,就不能托载规定的重量;琴瑟不经过校正,就不能成就五音"。意即一个国家的政治,就像大车运转、琴瑟弹奏和弦一样,要有一定的制度约束,使百官协调一致。邹忌回答说:"谨受令,请谨修法律而督奸吏。"即颁布法律,督责不法官吏,不使为非。这样就树立起正气,打击官场中阿谀大夫之徒的歪风邪气。

六、对比阅读

触龙说赵太后
《战国策》

赵太后新用事,秦急攻之。赵氏求救于齐,齐曰:"必以长安君为质,兵乃出。"太后不肯,大臣强谏。太后明谓左右:"有复言令长安君为质者,老妇必唾其面。"

左师触龙言:愿见太后。太后盛气而揖之。入而徐趋,至而自谢,曰:"老臣病足,曾不能疾走,不得见久矣。窃自恕,而恐太后玉体之有所郄也,故愿望见太后。"太后曰:"老妇恃辇而行。"曰:"日食饮得无衰乎?"曰:"恃粥耳。"曰:"老臣今者殊不欲食,乃自强步,日三四里,少益耆食,和于身。"太后曰:"老妇不能。"太后之色少解。

左师公曰:"老臣贱息舒祺,最少,不肖;而臣衰,窃爱怜之。愿令得补黑衣之数,以卫王宫。没死以闻。"太后曰:"敬诺。年几何矣?"对曰:"十五岁矣。虽少,愿及未填沟壑而托之。"太后曰:"丈夫亦爱怜其少子乎?"对曰:"甚于妇人。"太后笑曰:"妇人异甚。"对曰:"老臣窃以为媪之爱燕后贤于长安君。"曰:"君过矣!不若长安君之甚。"左师公曰:"父母之爱子,则为之计深远。媪之送燕后也,持其踵,为之泣,念悲其远也,亦哀之矣。已行,非弗思也,祭祀必祝之,祝曰:'必勿使反。'岂非计久长,有子孙相继为王也哉?"太后曰:"然。"

左师公曰:"今三世以前,至于赵之为赵,赵王之子孙侯者,其继有在者乎?"曰:"无有。"曰:"微独赵,诸侯有在者乎?"曰:"老妇不闻也。""此其近者祸及身,远者及其子孙。岂人主之子孙则必不善哉?位尊而无功,奉厚而无劳,而挟重器多也。今媪尊长安君之位,而封之以膏腴之地,多予之重器,而不及今令有功于国,一旦山陵崩,长安君何以自托于赵?老臣以媪为长安君计短也,故以为其爱不若燕后。"太后曰:"诺,恣君之所使之。"

于是为长安君约车百乘,质于齐,齐兵乃出。

子义闻之曰:"人主之子也、骨肉之亲也,犹不能恃无功之尊、无劳之奉,已守金玉之重也,而况人臣乎。"

【译文】

赵太后刚刚执政,秦国就加紧进攻赵国。赵太后向齐国求救。齐国说:"一定要用长安君来做人质,援兵才能派出。"赵太后不答应,大臣们极力劝谏。太后明白地告诉身边的近臣说:"如果有再说让长安君去做人质的人,我一定朝他脸上吐唾沫!"

左师触龙希望去见太后。太后气势汹汹地等着他。触龙缓慢地小步快跑,到了太后面前向太后道歉说:"我的脚有毛病,连快跑都不能,很久没来看您了。私下里自己原谅自己,又总担心太后的贵体有什么不舒适,所以想来看望您。"太后说:"我全靠坐车走动。"触龙问:"您每天的饮食该不会减少吧?"太后说:"吃点稀粥罢了。"触龙说:"我现在特别不想吃东西,自己却勉强走走,每天走上三四里,就慢慢地稍微增加点食欲,身上也比较舒适了。"太后说:"我做不到。"太后的怒色稍微消解了些。

左师说:"我的儿子舒祺,年龄最小,不成才;而我又老了,私下疼爱他,希望能让他替补上黑衣卫士的空额,来保卫王宫。我冒着死罪禀告太后。"太后说:"可以。年龄多大了?"触龙说:"十五岁了。虽然还小,希望趁我还没入土就托付给您。"太后说:"你们男人也疼爱小儿子吗?"触龙说:"比妇女还厉害。"太后笑着说:"妇女更厉害。"触龙回答说:"我私下认为,您疼爱燕后就超过了疼爱长安君。"太后说:"你错了!不像疼爱长安君那样厉害。"左师公说:"父母疼爱子女,就得为他们考虑长远的利益。您送燕后出嫁的时候,拉着她的脚后跟为她哭泣,这是惦念并伤心她嫁到远方,也够可怜的了。她出嫁以后,您也并不是不想念她,可您祭祀时,一定为她祝告说:'千万不要被赶回来啊。'难道这不是为她作长远打算,希望她生育子孙,一代一代地做国君吗?"太后说:"是这样。"

左师公说:"从这一辈往上推到三代以前,甚至到赵国建立的时候,赵国君主的子孙被封侯的,他们的子孙还有能继承爵位的吗?"赵太后说:"没有。"触龙说:"不光是赵国,其他诸侯国君的被封侯的子孙的后继人有还在的吗?"赵太后说:"我没听说过。"左师公说:"他们当中祸患来得早的就会降临到自己头上,祸患来得晚的就降临到子孙头上。难道国君的子孙就一定不好吗?这是因为他们地位尊贵而没有功勋,俸禄丰厚而没有功劳,占有的象征国家权力的珍宝太多了啊!现在您把长安君的地位提得很高,又封给他肥沃的土地,给他很多珍宝,而不趁现在这个时机让他为国立功,一旦您去世之后,长安君凭什么在赵国站住脚呢?我觉得您为长安君打算得太短了,因此我认为您疼爱他比不上疼爱燕后。"太后说:"好吧,任凭您指派他吧。"

因此就替长安君准备了一百辆车子,送他到齐国去做人质,齐国的救兵才出动。

子义听到这事说:"国君的孩子,可算是国君的亲骨肉了,尚且还不能凭靠无功的尊位、没有劳绩的俸禄来守住金玉宝器,更何况是人臣呢!"

【故事背景】

这个故事大约发生在赵孝成王元年(公元前265年)。公元前266年,赵国国君惠文王去世,他的儿子孝成王继承王位,因为年纪轻,故由太后执政。赵太后即赫赫有名的赵威后。当时的赵国,虽有廉颇、蔺相如、平原君等人辅佐,但国势已大不如前。而秦国看到赵国正在新旧交替之际,国内动荡不安,孝成王又年少无知,认为有机可乘,于是派遣兵将"急攻之",一举攻占了赵国的三座城池,赵国危在旦夕,太后不得不请求与赵国关系密切的齐国增援。齐王虽然答应出兵,但提出赵国必须派太后的幼子长安君到齐国去作人质。文中的赵太后曾是一位青史留美名的人物,在《战国策齐策》里,有一段"赵威后问齐使"的佳话。她先问收成,后问百姓,最后才问候君王,致使齐使不悦,说她是"先贱而后尊贵"。赵威后据理以对,道出"苟无岁,何有民?苟无民,何有君"的千古名言。但在这篇文章中,她溺爱少子而置国家安危于不顾,简直到了蛮横不讲理的地步,全不像一个开明君主的样子,这才引出了触龙说赵太后的一段故事。这个故事说明了一个深刻的道理:国君和居高位的执政者应该让自己的子女去为国家建功立业,以取得人民的拥戴,决不能使子女安享由父母的权势而得到的尊位、高薪和宝器。安富尊荣,坐享其成,不仅业无继者,就连已有的财富也将荡然无存。

【阅读启示】

开口说话,看似简单,实则不容易,会说不会说大不一样。古人云:"一言可以兴邦,一言也可以误国。"苏秦凭三寸不烂之舌而身挂六国相印,诸葛亮靠经天纬地之言而强于百万之师,烛之武因势利导而存郑于危难,触龙循循善诱而救赵于水火。言语得失,小则牵系做人难易,大则连及国家兴亡,非常重要。下面就以《触龙说赵太后》为例,谈谈说话的艺术。

1. 察言观色,避其锋芒。

赵太后刚刚执政,秦国就急攻赵国,危急关头,赵国不得不求救于齐,而齐国却提出救援条件——让长安君到齐国做人质。溺爱孩子、缺乏政治远见的赵太后不肯答应这个条件,于是大臣竭力劝阻,惹得太后暴怒,"有复言令长安君为质者,老妇必唾其面"。面对此情此景,深谙说话艺术的左师触龙并没有像别的朝臣那样一味地犯颜直谏,批逆龙鳞,而是察言观色,相机行事。他知道,赵太后刚刚执政,缺乏政治经验,目光短浅,加之女性特有的溺爱孩子的心理,盛怒之下,任何谈及人质的问题都会让太后难以接受,使得结果适得其反。所以触龙避其锋芒,对让长安君到齐国做人质的事只字不提,而是转移话题。先问太后饮食住行,接着请托儿子舒祺,继之论及疼爱子女的事情,最后大谈王位继承问题。不知不觉之中,太后怒气全消,幡然悔悟,明白了怎样才是疼爱孩子的道理,高兴地安排长安君到齐国做人质。

2. 关心问候,缓和气氛。

面对怒气冲冲、盛气凌人的赵太后,首要的问题是让她能够心平气和、平心静气,给人以劝说的契机,从而引起她谈话的兴趣,一步步进入正题。触龙拜见太后并不难,但见到太后谈什么却很关键。话不投机,三言两语也许就会被拒之于千里之外。因此,触龙反复揣摩太后的心理,选择了老年人都共同关心的饮食起居话题,先从自己脚有毛病(也许是假的)、不能快走谈起,以己推人,关心起太后的身体情况,自然而然,合乎情理。别人发自内心的真诚的问候,老年人同病相怜的真实的感受,让赵太后冰冷的内心有了一丝的感动,她无法拒绝触龙提出的问题,于是"色少解",和触龙交谈了起来。紧张的气氛得到缓和,谈话有了良好的开端。

3. 大话家常,拉近距离。

触龙和太后接上了话,此时还不能步入正题,因为谈话才刚刚开始,太后也只是"色少解",此时如果谈及人质问题,太后马上会翻脸不认人,必定会唾触龙满面。但谁都知道,触龙觐见太后不可能只是为了问寒问暖,谈话还要继续,怎样才能让谈话既显得合情合理,又自然会引到人质问题上呢?触龙于是想到了人性中最合乎人之常情的一面——求请安排孩子。自己虽然脚有毛病,太后虽然怒气冲冲,但为了孩子将来能有一个好的归宿,进宫求见太后,这是非常自然的。因此,触龙和太后谈起了孩子,拉起了家常,无形之中拉近了两人之间的距离,使得谈话得以继续,事情向着触龙预先设计好的方向发展。

4. 投其所好,请君入瓮。

应当说,触龙问候起居、关心孩子,都切中了赵太后的心理,但最能打动赵太后的恐怕不是这些,而是触龙的一句话,"老臣窃以为媪之爱燕后贤于长安君"。孩子是娘的心头肉,做父母的谁不疼爱自己的孩子呢?赵太后溺爱孩子,众人皆知,触龙从请托孩子谈起,欲擒故纵,故意诱导赵太后谈及"丈夫亦爱怜其少子乎?",从而自然引到赵太后疼爱孩子问题上,这一对话深深地打动了赵太后。它道出了赵太后疼爱孩子的事实。此时,作为母亲的赵太后的心中也许会涌现出哺养长安君、持燕后踵哭泣、祭祀必祈祷的一幕幕往事。她的思想、感情已完全为触龙所控制,自然也就完全听由他摆布了。

5. 晓之以理,循循善诱。

说话技巧再高,它高不过"理"字。《十善业道经》中说:"言必契理,言可承领,言则信用,言无可讥。"意思是说,言论一定要合理,要让别人能接纳领受,要有信用,要令人无懈可击。说话的前提要讲一个"理"字。触龙的话最终之所以能够让赵太后欣然信服,愿意安排长安君到齐国做人质,关键在于他能够在动之以情的基础上,以理服人。谁不疼爱自己的孩子,爱孩子就要为孩子考虑得长远一些,就要让孩子有立身之本,不要仅仅依靠权势、父母。站在客观事实的角度,触龙步步诱导,旁敲侧击,明之以实,晓之以理,全部对话无一字涉及人质,但又句句不离人质。迂回曲折之中尽显语言奥妙,循循善诱之余凸现事情必然。

说话是一门艺术,为人处世离不开说话,要想把话说好,不妨多跟古人学学。

七、课外作业

邹忌和触龙虽是古人,但身处现代的我们是可以借鉴他们说话的技巧的。

假如我们的一位好友沉溺于网络,整天以电脑为友,无所事事。那么同学们,我们应该如何劝导他?如何使他走上正途?请结合邹忌和触龙的说话技巧,以此为话题写一段200字左右的小短文。